SCHÖNBERG · STIL UND GEDANKE

KUNSTWISSENSCHAFTEN

Arnold Schönberg

STIL UND GEDANKE

1989

Verlag Philipp Reclam jun. Leipzig

Im Original englische Texte übersetzt von Gudrun Budde
Herausgegeben von Frank Schneider
Mit zahlreichen Notenbeispielen

ISBN 3-379-00404-9

© Verlag Philipp Reclam jun. Leipzig 1989 (für diese Ausgabe)
Die Abdruckgenehmigung für die Texte von Arnold Schönberg erteilte uns der S. Fischer Verlag, Frankfurt (Main), für die DDR und die anderen sozialistischen Länder
Die Textwiedergabe erfolgt nach:
Arnold Schönberg, Gesammelte Schriften 1, Stil und Gedanke.
Aufsätze zur Musik, herausgegeben von Ivan Vojtěch, S. Fischer, Frankfurt (Main) 1976

Reclams Universal-Bibliothek Band 1274
1. Auflage
Umschlaggestaltung: Friederike Pondelik unter Verwendung eines Selbstporträts von Arnold Schönberg, 1911. Öl
Lizenz Nr. 363. 340/113/89 · LSV 8384 · Vbg. 18,0
Printed in the German Democratic Republic
Grafischer Großbetrieb Völkerfreundschaft Dresden
Gesetzt aus Garamond-Antiqua
Bestellnummer: 6614307
00250

FRANK SCHNEIDER

Schönbergs Denken über Musik

Sieben Paraphrasen zu „Stil und Gedanke"

I

Im Jahre 1950, wenige Monate vor Schönbergs Tod, erschien in der New-Yorker Philosophical Library ein Sammelband mit Aufsätzen des Komponisten unter dem Titel „Style and Idea". Als Herausgeberin zeichnete eine seiner amerikanischen Schülerinnen, Dika Newlin, die in engem Kontakt mit dem ehemaligen Lehrer einige unentbehrliche praktische Vorbereitungen für dieses Buch in die Hand genommen hatte. Sie übersetzte insbesondere die älteren Texte aus der Zeit vor Schönbergs Emigration und redigierte die neueren, die von ihm selbst in recht eigenwilligem Englisch formuliert worden waren.[1] Die Konzeption des Bandes jedoch bestimmte zweifellos er ganz allein, denn kein anderer konnte damals schon den enormen Umfang des meist noch ungedruckten schriftlichen Materials überblicken oder gar entscheiden, was als Extrakt eines etwa vierzigjährigen Denkens über Musik zu gelten habe. Auf nichts Geringeres indessen kam es Schönberg wohl an: er wollte so vielseitig wie möglich und so konzentriert wie nötig gerade diesen für ihn grundlegenden Bereich seiner schöpferischen Lebensarbeit noch selbst zusammenfassend dokumentieren. Daher enthält die Sammlung fünfzehn programmatische Texte sehr unterschiedlicher Thematik, Bestimmung und Länge aus einem weit gespannten Zeitraum der Entstehung in annähernd chronologischer Reihenfolge.

Es mag sein, daß Schönberg die Auswahl vorrangig unter Aspekten der gefächerten Mannigfaltigkeit und fortschreitenden Entwicklung seiner musiktheoretischen Interessen traf. Aber kaum weniger Gewicht legte er bei dieser späten, erstmals übergreifenden Präsentation von Resultaten auf deutliche Einsicht in ihren inneren Zusammenhang und ihr gemeinsames geistiges Fundament. So verbindet die Texte ein „Cantus firmus" leitender Motive, der, wie bei kunstvollen Variationen, mehr oder weniger prägnant immer wieder zum Vorschein kommt. Vielleicht am eindringlichsten exponiert ihn der Aufsatz „Neue Musik, veraltete Musik, Stil und Gedanke". Das vordere Begriffspaar benutzt Schönberg, um es als falsche Alternative eines flachen Verständnisses von Fortschritt in der Musikgeschichte abzuweisen. Als realen und kategorischen Gegensatz faßt er demgegenüber die beiden anderen Begriffe: Sie bezeichnen nach seiner Meinung nicht nur den Unterschied zwischen schlechter und guter Musik, minderwertiger oder echter Kunst, sondern sie symbolisieren einen existentiellen Widerspruch in beinahe jeder Beziehung, in persönlicher, gesellschaftlicher oder sogar menschheitlicher Hinsicht. Deshalb wird ihm die latent dialektische Konjunktion von „Stil" und „Gedanke" als Titel für ein Buch, das solche Probleme schließlich auch über die Musik hinausweisend behandelt, inhaltlich zwingend – nämlich zugleich sach-gerecht und spannungs-reich – erschienen sein.

Das Bild seiner wesentlichen Denkfiguren, das Schönberg mit jener Sammlung zu verbreiten wünschte, hat der inzwischen zugängliche, faszinierende Nachlaß[2] zwar in vielen Details verfeinern, nicht aber prinzipiell korrigieren können. Er legt nur endgültig offen, in welch außerordentlich profunder und insistenter Weise die reflektierende Sphäre zur Substanz kompositorischer Entscheidungen gehört. Neben der künstlerischen Produktivität und der pädagogischen Leidenschaft wird hier eine dritte Passion sichtbar, die unter Musikern seiner Zeit singulär ist und zuvor bestenfalls bei Wagner oder Liszt in vergleichbarer Intensität begegnet. Sicher dienen die „Anstrengungen der Begriffe" oft der unmittelbaren Klärung von Problemen, die die Praxis der beiden anderen Bereiche in ihrer jeweiligen Spezifik oder gegenseitigen Vermittlung betreffen. Doch schon auf Grund der wachsenden Verzweigung, und mehr noch angesichts der zugleich methodischen Aneignung und polemischen Verfremdung von Gegenständen des theoretischen Interesses, dürften solche internen, kurz-geschlossenen Zwecke nur selten im Vordergrund gestanden haben. Da Schönberg von Natur aus vielseitig begabt war, folgte er einem gleichsam unwillkürlichen Zwang, seine Individualität möglichst umfassend, in variablem Material, in verschiedensten Formen, in einander ergänzenden Medien der Erkenntnis auszudrücken. Die Überzeugung, dazu nicht nur technisch befähigt, sondern vor allem moralisch verpflichtet zu sein, diktierte ihm ebenso der Glaube an sein Genie wie der Geist seiner Jugendzeit, da Universalität der Bildung noch als Tugend des Spezialisten galt. Dennoch entfaltete Schönberg theoretische Ambitionen wohl kaum, um dem Ehrgeiz professioneller Gelehrsamkeit zu frönen oder irgendeinem Standard geistfähiger Künstlerschaft zu genügen. Sie leiten sich vor allem von dem stets akuten Bedürfnis her, die ihn durchaus irritierenden, gewaltsamen Vorstöße in regelloses, wahrhaft unerhörtes kompositorisches Neuland eingehend zu bedenken, systematisch zu prüfen und rational abzusichern. Und sie resultieren aus der stets schmerzlichen wie lustvollen Notwendigkeit, diese klanglichen Revolten gegen eine anhaltende Übermacht an publizistischer Ignoranz, Feindschaft und Aggressivität öffentlich verteidigen zu müssen.

Unschwer erkennt man, daß ein strategischer Impuls die Schriften Schönbergs wesentlich prägt. Von ihm empfangen sie ihren prophetischen Ernst, ihr kämpferisches Pathos, auch die rhetorische Kraft und jene scharfe Gedanklichkeit, die sie zusammenschließt. Gleichwohl sind sie im Ton reich differenziert und in vielfältige Facetten zerlegt, so daß je nach inhaltlichen, formellen oder funktionalen Gesichtspunkten mehrere Möglichkeiten der Gliederung offenstehen. Der Bereich theoretischer Reflexion wird einerseits von poetischen Texten, meist Vorlagen zur Komposition, andererseits von anekdotischer Prosa, autobiographischen Notaten und der ebenso umfänglichen wie gewichtigen Korrespondenz flankiert. Was ihn selbst anbelangt, so umfaßt er die vollendeten und projektierten Lehrbücher im engeren musiktheoretischen Sinne wie etwa die „Harmonielehre" oder eine fragmentarische „Kompositionslehre", dann alles Weitere zur Analyse, Ästhetik, Geschichte oder Kritik eigener und fremder Musik, schließlich eine riesige Fülle von Aufzeichnungen zu nichtmusikalischen Gegenständen. Allein für dieses letzte Gebiet benötigte Schönberg in einem Themarium von 1932[3] neun Rubriken, die beispielsweise „andere Künste" und „Sprachliches", „Politisches, Wirtschaftliches, Soziales", „Natur" und „Moral" betreffen.

Vom weiten Horizont der gedanklichen Arbeit zwischen werkanalytischer Argumentation und geschichtsphilosophischer Spekulation vermitteln die Aufsätze in „Style and Idea" einen lebendigen Eindruck. In ihnen ist zwar ganz überwiegend von musikalischen Phänomenen die Rede, für deren Erhellung Schönberg aber oft eine ganze Welt von Vergleichen und Verweisen heranzieht. Dahinter steht seine feste Überzeugung, daß Fragen der Kunst zugleich solche des Lebens sind, wie auch umgekehrt die Probleme des Lebens in der Kunst ausgetragen werden. Gerade die essayistische Form erlaubt ihm, das jeweilige Thema aus unterschiedlichen Perspektiven zu belichten und in ein Gefüge weitgespannter Argumentation zu betten. So bilden die Studien wirkliche Kristallisationspunkte auf der Entwicklungslinie seines Denkens, zumal sie überwiegend aus Vorträgen entstanden, die ihrerseits meist durch eine Fülle von vorbereitenden und begleitenden Überlegungen bereichert werden. Dem resümierenden Charakter der Gedanken entsprechen die Faßlichkeit der Darstellung und eine stilistische Brillanz, deren literarischer Rang kaum bezweifelt werden kann. Mühelos vermag das Buch einzulösen, was sein Titel annonciert.

II

Wenn man versucht, Schönbergs musikalisches Weltbild zu rekonstruieren, soweit es in den Texten von „Stil und Gedanke" aufscheint, wäre ein Maßstab von Anforderungen, wie ihn moderne Wissenschaft kennt, von vornherein verfehlt. Anstatt sich universell zu orientieren, erfaßt der Blick nur einen historisch wie geographisch relativ eng begrenzten Raum. Die entscheidenden Triebkräfte musikalischer Praxis reduziert er auf jene schöpferische Sphäre der Produktion, in der bedeutende Männer alle Geschichte machen. Und auch hier gilt nicht ausgleichende Gerechtigkeit, sondern parteiische Auswahl einer kleinen Elite, die prädestiniert sei, den gesellschaftlich sinnstiftenden Fortschritt zu tragen und zu verbürgen. Am vorläufigen Ende solcher teleologisch verstandenen Bewegung, als eines ihrer aufs neue „anstößigen" Organe, sah Schönberg natürlich sich selbst. Daß er die musikalische Landschaft Europas weitge-

hend „entvölkerte" und das Kompendium der Musikgeschichte rücksichtslos zusammenstrich, daß er nur „auserwählte" Traditionen des Musikdenkens auf die eigene Person projizierte und zur Legitimierung seiner kompositorischen Arbeit nutzte, können eigentlich nur Dogmatiker für erstaunlich oder gar verwerflich halten. Derartiges gehört zu den wenigen wirklichen Vorrechten, die zumindest bedeutende Künstler jederzeit, mit gutem produktivem Grund und daher ungestraft, in Anspruch nehmen dürfen. Aber im Gegensatz zu vielen von ihnen überwindet Schönberg die üblichen Schranken einer bloß subjektivistischen Gesinnungsästhetik, weil er innerhalb der vorgegebenen Denkstrukturen nach systematischer Erkenntnis sucht und mit logischen Argumenten operiert. Stets drängt es ihn nach möglichst vielseitiger, kritischer, verbindlicher Aufklärung der untersuchten Probleme, wobei er seine Wahrheiten und Wertungen strikt auf grundlegende, nachvollziehbare Kriterien zu beziehen versucht.
Zunächst hat man hinzunehmen, daß Schönberg einzig die europäische Musik für historisch bemerkenswert und ästhetisch relevant hielt. Er bestritt nicht, daß im „Rest der Welt" auch klingende Phänomene hervorgebracht werden, die für die betreffenden Regionen interessant und nützlich sein können, aber die Beschäftigung mit ihnen überließ er gern dem Spezialistentum der Ethnologen. Im europäischen Kontext wußte er selbstverständlich um den Anteil der verschiedenen Nationen an der musikalischen Entwicklung, wobei er nicht Differenzierungen oder Pluralitäten bestaunte, sondern nur einen gültigen Hauptweg anerkannte, der spätestens seit Bach ausschließlich auf deutschem Boden gebahnt würde. Mochte in neuerer Zeit auch anderswo etwas Gutes und Wertvolles entstehen, gemessen an den großen einheimischen Meistern fiel die Probe kaum einmal zu dessen Gunsten aus. Während Schönberg hier aber Vergleiche immerhin für sinnvoll hielt (und übrigens aus dem Bereich der „leichten" Musik – der Wiener klassischen Operette etwa – manches zu schätzen wußte), zog er eine scharfe Trennlinie gegenüber jeglicher Art von Volksmusik: sie existiere in einem völlig anderen Lebensraum, gehorche einem eigenen Wertsystem, das sich mit künstlerischen Ansprüchen sowenig vermischen lasse wie Wasser mit Öl.

Auch im Bereich hochrangiger Musik sah er – zumindest theoretisch – ihr wahres Wesen um so reiner und „absoluter" verwirklicht, je konsequenter sie empirische Bindungen oder stoffliche Belastungen überwindet. So galt folgerichtig der klassischen Instrumentalmusik des 18. und 19. Jahrhunderts zwischen Bach und Brahms das volle Ausmaß seiner Bewunderung. Vor allem hier verkörperte sich ihm geniale Schöpferkraft auf höchstmöglichem Niveau der Entwicklung und als ideale Kombination der geistigen und technischen Potenzen. Für das geschichtlich bewegende Grundmotiv hielt Schönberg die Produktion neuer musikalischer Gedanken, die in einem entsprechenden Stil dargestellt werden, wobei nicht der Wechsel der Stile, sondern die Kontinuität der ideellen Innovationen ausschlaggebend ist. Soweit dabei an Fortschritt zu denken sei, gehe zunehmende Emanzipation von äußerlichen Zwecksetzungen parallel mit anwachsender Verbindlichkeit, materialer Einheit und maximaler Beziehungsfülle der musikalischen Ereignisse im Innern der Kunstwerke. Genau an diesem Punkt – an dem Problem, wie unbedingtes Ausdrucksbedürfnis nicht allein unbewußt und spontan, sondern mittels logisch begründeter, integraler Kompositionstechnik realisierbar ist – entzündete sich Schönbergs musikhistorisches Engagement. Er suchte nach einer Geschichte fortschreitender musikalischer Logik, und wo er sie vorzufinden glaubte, dort enthüllten die Ereignisse ihren wahren geschichtlichen Sinn und jenen sich entwickelnden Zusammenhang, in den er sich eingeschlossen fühlte. Vor allem Bach, Mozart und Beethoven, dann Schubert, Schumann, Brahms und Wagner, schließlich Mahler und auch Reger stifteten in diesem Sinne die Tradition, die ihn allein tief berührte, der er sich kompositorisch verpflichtete und die er seinen Schülern vermittelte.[4]

Erstaunlich sind die schöpferischen Konsequenzen, weniger die geistigen Grundlagen solcher Anschauungen. Im großen und ganzen adaptieren sie das typische bürgerliche Bildungsgut mit all den sozialen und kulturellen Ressentiments, die sich unter den Deutschen seit dem vorigen Jahrhundert selbst aufgeklärteste Köpfe leisteten. Schönbergs politisches und künstlerisches Weltbild festigte sich bereits wesentlich in seiner Wiener Jugendzeit, und die germano-

philen Vorurteile oder illiberalen Anwandlungen, die es zeitlebens bewahrt, lassen sich unschwer als Derivate damals und dort vorherrschender Denkmuster identifizieren. Trotz vieler anderer Einflüsse widerspiegeln seine Ansichten einerseits die persönlichen, spezifischen Erfahrungen aus dem autodidaktisch intensiven Studium der Musik wie andererseits den offenbar engen Kontakt mit jenem intellektuellen Klima, das für den Kreis der aufrührerischen künstlerischen Moderne in Wien nach der Jahrhundertwende charakteristisch war. So ist es natürlich kein Zufall, daß er nur bestimmte Protagonisten des philosophischen Idealismus bevorzugte, weil etwa Platons Ideenlehre, Kants Erkenntniskritik, Schopenhauers Willensmetaphysik oder Nietzsches herostratischer Vitalismus gerade bei dieser progressiven Elite Wiens hoch im Kurs standen.[5] Vor allem wohl solche Philosophen, die den Vorrang subjektiven Denkens gegenüber einer unsicheren, ja hinfälligen Wirklichkeit propagierten, vermochten Schönbergs Generation in ihrem oft individualistischen Lebensanspruch, rebellischen Freiheitsdrang und antibürgerlichen Ästhetizismus zu bestärken. Schwerlich läßt sich insbesondere der Einfluß Schopenhauers auf den jungen Komponisten überschätzen (der auch über die Lektüre von Wagners Schriften gewirkt haben kann), denn gern und ausgiebig bekräftigt er, was jener große Metaphysiker über das irrationale Wesen der Kunst, die innersten Geheimnisse der Musik oder das dämonische Wirken des schöpferischen Genies so eloquent und beschwörend zu sagen weiß. Jedoch faszinieren ihn nicht nur die mystischen, religiös transzendierenden Züge der romantischen Musikästhetik, sondern er übernimmt auch die Ideen über „absolute" Musik mit ihren rationalistischen Aspekten, wie sie am prononciertesten in Hanslicks Theorie „Vom musikalisch Schönen" formuliert wurden. Dessen Axiome zur besonderen Reinheit der Instrumentalmusik, zur immanenten Logik sich wandelnder Klänge in „tönend bewegten Formen" sowie zur damit verknüpften Kritik der Gefühlswirkungen fielen bei Schönberg auf sehr fruchtbaren Boden.
Unter den Zeitgenossen aus der nächsten Wiener Umgebung außerhalb der musikalischen Sphäre – also neben Mahler – haben das theoretische Denken des Komponisten

vorzüglich jene beiden Männer bestimmt, denen auch „Style and Idea" im Geiste gewidmet sein sollte.[6] Auf die eingreifendste Weise dominiert hier Karl Kraus, dem Schönberg einmal schrieb, er „habe von ihm vielleicht mehr gelernt, als man lernen darf, wenn man noch selbständig bleiben will"[7]. Nicht nur für ihn natürlich verkörperte Kraus als radikaler Moralist und sprachgewaltiger „Fakkel"-Träger das wahre antithetisch-kritische Gewissen wider die offizielle Kultur und Gesellschaft seiner Zeit. Jahrzehntelang demaskierte er die gesetzliche Verlogenheit und Heuchelei der Presse, Justiz oder Politik des „kakanischen" Staates. Er bekämpfte die ideologischen Maskeraden ebenso unnachsichtig wie die Verflachungen der Lebens-Kunst und des Kunst-Lebens im Zeichen eines grassierenden Feuilletonismus, der Operetten-Seligkeit, des dekorativen Material-Schwindels, der Phrasen und Klischees aller Art. Wie Schönbergs anderer geistiger Mentor, der Wiener Architekt Adolf Loos, forderte er die schöpferische Separation der Kunst, die gedankliche Echtheit, Inspiriertheit und Wahrhaftigkeit des Kunstwerks, die Freiheit der Phantasie von Zwecken und die moralische Integrität des Künstlers. Kraus und Loos verfochten gegen die falschen Vermischungen der Zeit die strikte Unterscheidung zwischen „Urne und Nachttopf"[8], zwischen Gegenständen der Kunst und Gebrauchsgegenständen also, und Loos' berühmte Formel vom Ornament als Verbrechen[9] hätte ebensogut von Kraus stammen können, weil sie am schärfsten zusammenfaßt, was als ästhetisches Kampfprogramm beider gelten darf. Diesen Überzeugungen, aber vor allem der Art, wie Kraus sie formulierte, folgte Schönberg rückhaltlos von der Logik der Argumentation bis zur Diktion seines Schreibens. Nur der Maxime des Literaten, daß im guten wie schlimmen Sinne der Stil den Menschen mache, hätte er wohl mit der Behauptung widersprochen, dies gelte eher für dessen Gedanken.

III

Der Einfluß, den Karl Kraus und Adolf Loos auf Schönbergs geistige Entwicklung ausübten, signalisiert die enge Verbundenheit des Komponisten mit der intellektuellen

Kultur und den künstlerischen Traditionen seiner Geburtsstadt, in der er zunächst, zwei Berliner Jahre ausgenommen, zwischen 1874 und 1911 ununterbrochen lebte. Seine Eltern, aus deutsch-jüdischen Familien Prags und Preßburgs stammend, betrieben in der Wiener Josephstadt einen kleinen Schuhladen. Im Rahmen solch kleinbürgerlich bescheidener Verhältnisse erhielt der junge Schönberg mit seinen Geschwistern eine moralisch strenge, doch wohl auch freisinnige und musischen Neigungen förderliche Erziehung. Seine musikalische Begabung entwickelte er gleichsam auf eigene Faust und lange ohne berufliche Ambitionen, doch von Anfang an mit systematischer Intensität und starkem Leistungswillen. Achtjährig begann er Geige zu spielen; bald kam das Cello hinzu; und wenig später entstanden schon erste kleine Kompositionen, die er teilweise nach lexikalischen Definitionen und theoretischen Beschreibungen anfertigte. Besonders nach dem Tod des Vaters 1889 geriet die Familie in eine finanziell schwierige Lage, und auch Schönberg selbst mußte über Jahrzehnte mit kärglichen, zudem unregelmäßigen Einkünften auskommen. Zeitweilig dirigierte er Arbeiterchöre und Gesangsvereine, häufig instrumentierte er fremde Schlager und Operetten, später kamen die Honorare seiner Schüler aus der privaten Unterrichtstätigkeit hinzu. Entscheidend für seine musikalische Entwicklung wurde 1893 die Begegnung mit dem kaum älteren Alexander von Zemlinsky, der als Komponist und Dirigent in Wien hervorzutreten begann. Ihm verdankt Schönberg, der bislang die Stile der Klassiker nur zu kopieren verstand, die ersten wirklichen Unterweisungen in kompositorischem Handwerk und jene Einsichten in die Probleme des Metiers, die gefehlt hatten und nun seine klangliche Phantasie entfesselten. Zemlinsky vermittelte jedoch nicht nur den Anschluß an das technische Niveau der Zeit, sondern auch an das geistige Klima des Orts, indem er ihn allmählich mit der Jung-Wiener Literaten- und Künstlerszene bekannt machte. Zu den Themen, die man dort diskutierte, gehörte nicht zuletzt der Parteienstreit um Brahms und Wagner, der damals noch die musikalischen Gemüter erhitzte und auch Schönberg nicht unberührt ließ.

In Wien hatte sich Brahms mit starker musikalischer Hausmacht etabliert, während Wagners Werke dort besonders feindseligem Widerstand ausgesetzt waren. In der Auseinandersetzung ging es einerseits um die Frage, ob zu Recht dieser als progressiv und zukunftsträchtig, jener als konservativ und akademisch gelten dürfe. Andererseits verquickte sich damit die Kontroverse darüber, welche Etikettierung als Lob oder Kritik, Vorzug oder Mangel, Anerkennung oder Verurteilung zu werten sei. In seinem großen Vortrag von 1933, „Brahms, der Fortschrittliche", der schon durch den Titel, mehr noch im Inhalt polemisch auf solche überdauernden Vorurteile anspielt, resümierte Schönberg in eigener Sache: „Diejenigen, die Wagner nicht mochten, hingen Brahms an und umgekehrt. Es gab viele, denen beide nicht lagen. Sie waren vielleicht die einzigen Unparteiischen. Nur wenige waren imstande, die Polarität der beiden gegensätzlichen Gestalten zu übersehen, während sie sich an den Schönheiten beider freuten. Was 1883 eine unüberbrückbare Kluft schien, war 1897 kein Problem mehr. Die größten Musiker jener Zeit, Mahler, Strauss, Reger und viele andere, waren unter dem Einfluß beider Meister groß geworden. Sie alle spiegelten die geistigen, emotionalen, stilistischen und technischen Errungenschaften der vorausgegangenen Periode wider. Was damals ein Streitobjekt gewesen war, war zum Unterschied zwischen zwei Persönlichkeiten, zwei Ausdrucksstilen geschrumpft, nicht gegensätzlich genug, die Einbeziehung von Eigenschaften beider in ein Werk zu verhindern."[10]

Tatsächlich knüpfte Schönberg in seinen ersten Kompositionen, die er für ausgereift hielt, unmittelbar und etwa zu gleichen Teilen bei Brahms und Wagner an. Wenn man aber sagt (was inzwischen zum Klischee erstarrt ist), daß ihm die stilistische Synthese aus diesen antipodischen „Vorleistungen" gelang, so darf dies in erster Linie keineswegs als eine additive Prozedur, als simple Kombination klanglicher Erfahrungen verstanden werden. Vielmehr lernte er durch gründliche, subkutane Analyse aus den Meisterwerken, indem er die konstruktiven Prinzipien, die rationale Substanz ihrer Musik für sich entdeckte und nutzbar machte – ein heuristisches Verfahren übrigens, das er gegenüber der klassischen Tradition generell praktizierte und in späterer Zeit auch zur Methodik seines vielbewunderten

Kompositionsunterrichts ausbaute. Der erwähnte Brahms-Vortrag demonstriert einige Elemente solcher Aneignung, denn Schönberg hebt (mit einer Unbedenklichkeit und Einseitigkeit, die dem Problem nicht annähernd gerecht wird) vor allem diejenigen kompositionstechnischen Aspekte hervor, die er für „fortschrittlich" hielt, weil er sie selbst produktiv weiterentwickelt hat. Ausgehend von der These, auch Brahms habe sich „von den Fesseln einer Ästhetik volkstümlicher Gefälligkeit"[11] befreit (wie vor ihm Mozart oder Beethoven!), demonstriert er Beispiele für stufenreiche Harmonik, metrische und melodische Asymmetrien, für die Tendenz zur konsequenten Vereinheitlichung des motivisch-thematischen Materials und seiner permanenten Variation. Schönberg qualifiziert diese Eigenarten als unentbehrliche Ausdrucksmittel auf dem Wege zu jener „musikalischen Prosa"[12], die zu komponieren ihm schon frühzeitig vorschwebte: Musik ähnlich der Sprache, aus einheitlichen thematischen Gedanken gefügt, deren Gestalt sich konsequent, aber auch unregelmäßig, gleichsam in dialektischer Bewegung entfaltet, ohne Rücksicht auf klangliche Periodizität und Ebenmaß der Form, ohne Rekurs auf ornamentale Schönheit und wohldosierten Ausdruck.

In der gleichen Richtung, wenn auch in anderer Hinsicht, rezipierte Schönberg Wagners Musik. Hier interessierten ihn die kühne Dissonanzbehandlung, das leitmotivische System und die Wandlungsfähigkeit der daraus entwickelten thematischen Charaktere, natürlich auch Chromatismus und Koloristik sowie die Flexibilität der musikalischen Formung zwischen autonomer Gesetzlichkeit und den Erfordernissen dramatischer Darstellung. Äußerlich scheinen die ersten wichtigen Werke Schönbergs Wagner näher zu stehen als Brahms, weil deren oft glühende und fiebernde Klangsinnlichkeit im Verbund mit programmatischen Sujets ihre innere gestalterische Ökonomik leicht verdeckt. Das gilt ebenso für die Fülle von Liedern, die um die Jahrhundertwende entstanden (charakteristischerweise überwiegend auf Texte nicht der Wiener, sondern der weniger impressiven, mehr aggressiven, auch sozialkritischen Berliner Moderne), wie für das berühmte Streichsextett „Verklärte Nacht", das 1899 nach einem Gedicht von Richard Dehmel komponiert wurde und noch ganz im Banne spätromantischer Expressivität steht. Zur Wagner-Brahms-Nachfolge in einem wirklich produktiven Sinne, aber auch schon bereichert um Anregungen von Reger, Strauss und Mahler, gehören die oratorischen „Gurre-Lieder" nach Jens Peter Jacobsen von 1900/01 (1911 instrumentiert), die Symphonische Dichtung „Pelleas und Melisande" nach Maurice Maeterlinck von 1903 sowie das programmatisch verschlüsselte, großformatige 1. Streichquartett in d-Moll op. 7 von 1905. Doch bereits diese Werke zeigen, ohne jeden epigonalen Anflug, eine bemerkenswerte stilistische Individualität und Selbständigkeit gegenüber irgendwelchen Vorbildern. Die Gründe dafür liegen in kompositionstechnischer Hinsicht wahrscheinlich besonders bei Schönbergs Vorliebe für kammermusikalische Strukturen, die seinen Sinn für polyphone Stimmigkeit, äußerste thematische Verdichtung und streng konstruktives Denken früh schärfte. Als expressive Konsequenz ergab sich ein relativ rascher Verzicht auf alle bloß illustrativen, äußerlich effektvollen Reiz- und Bindemittel konventioneller Art – zugunsten einer möglichst komplexen Darstellung dessen, was er den „Drang sich auszudrükken"[13] nannte, indem sich logisch „Gedanke mit Gedanken"[14] verbindet, „ohne jegliches Flickwerk, ohne bloßes Beiwerk und leere Wiederholungen"[15].

Die originellen Züge bereits in den Anfängen von Schönbergs künstlerischer Entwicklung lassen sich dennoch leichter hören als erklären. Obwohl bei wechselnder Problemstellung von Werk zu Werk das Moment explorativer Kontinuität (und natürlich auch gestalterischer Sicherheit) auffällig hervortritt, besteht über das Verhältnis zwischen intuitiven und kalkulierten, spontanen und planvollen Komponenten wenig Klarheit. Wenn Schönberg selbst ein Leben lang nicht müde wurde – und fast alle Texte in „Stil und Gedanke" zeugen leitmotivisch davon –, die Entstehung seiner wichtigen Werke als Akte der Inspiration und der ganzheitlichen Empfängnis unter höherem Diktat auszuweisen, so ist damit keine Entscheidung in der Sache gegeben. Wie Beethoven war er stolz darauf, „Hirnbesitzer"[16] zu sein und einen scharfen Verstand nicht nur auf musikalischem Gebiet zu haben. Daß aber das „Herz" im kompositorischen Prozeß dazu keineswegs eine alternative, sondern eine komplementäre Instanz bildet, die im Falle wirklich schöpferischer Begabung sogar ausschlaggebend sein muß, galt ihm als Gewißheit aus eigener Erfahrung – wie er in dem Aufsatz „Herz und Hirn in der Musik" an mehreren Beispielen aus dem eigenen Schaffen darzulegen versucht. Auch von anderer Seite ist im übrigen Schönbergs Fähigkeit, gleichsam intuitiv, äußerst intensiv und rasch zu produzieren, glaubwürdig belegt.[17] Allerdings weisen der oftmals beschwörende Ton, die religiösen Vergleiche und das theologische Vokabular gerade in diesem Zusammenhang auf einen Eskapismus, der sich auf romantische Inspirationsmythen und einen Kult des genialen Irrationalismus nur allzugern beruft, um die massiven und hämischen Vorwürfe zu entkräften, denen Schönberg, der angebliche Konstruktivist, der kalte Rechner und bloß kalkulierende Bluffer, ein Leben lang ausgesetzt war. Gleich der erste (und früheste) Aufsatz in „Stil und Gedanke" scheint seine kompositorische Spontaneitätstheorie vor dem Hintergrund zwingender Selbstverteidigung zu entfalten. Bezugnehmend auf das „Verhältnis zum Text" vieler seiner Lieder, auch der frühen, behauptet Schönberg, er habe sie, „berauscht von dem Anfangsklang der ersten Textworte, ohne mich auch nur im geringsten um den weiteren Verlauf der poetischen Vorgänge zu kümmern, ja ohne diese im Taumel des Komponierens auch nur im geringsten zu erfassen, zu Ende geschrieben" und sei „erst nach Tagen" darauf gekommen, „nachzusehen, was denn eigentlich der poetische Inhalt meines Liedes sei. Wobei sich dann zu meinem größten Erstaunen herausstellte, daß ich niemals dem Dichter voller gerecht worden bin, als wenn ich, geführt von der ersten unmittelbaren Berührung mit dem Anfangsklang, alles erriet, was diesem Anfangsklang offenbar mit Notwendigkeit folgen mußte."[18] Der erstaunliche Vorgang, den Schönberg beschreibt, mag der Wahrheit entsprechen, wenn auch nicht der ganzen: Denn dem analytischen Blick gerade in die Lieder des Komponisten erschließen sich so vielfältige wie subtile Beziehungen der musikalischen zur verbalen Ebene, die ohne planende Mitarbeit rationaler Kräfte als Wunder der Zufälligkeiten angesehen werden müßten. Man tut also gut daran, wenn man Schönbergs Verlautbarungen vor allem an diesem empfindlichen Punkt seiner Ästhetik mit ein wenig Skepsis zur Kenntnis nimmt.

IV

Die Frage nach dem Anteil unwillkürlicher und bewußter Faktoren in Schönbergs schöpferischer Entwicklung enthüllt ihre volle Brisanz für den Zeitraum des Jahrzehnts vor dem ersten Weltkrieg. In dieser Phase maximaler Kreativität gelangte der Komponist zu jener radikalen Umstülpung der eigenen Klangsprache, die die bis dahin allgemein akzeptierten Grenzen kommunikativer Zumutbarkeit durchbrach. Zwar folgte Schönberg, wie er oft genug darstellte, damit einem inneren Ausdruckszwang und seinem eigenen Gefühl für entsprechende kompositionstechnische Konsequenzen, aber gleichzeitig beförderte er den Prozeß objektiv fälliger „Material-Revolutionen", an dem gleichzeitig und auf je eigene Weise viele andere Komponisten wie beispielsweise Strawinsky, Bartók, Busoni, Skrjabin, Ives, Satie, Debussy oder Ravel beteiligt waren. Auch in diesem Punkt zieht es Schönberg vor, seinen Anteil ungeteilt einem höheren Diktat zuzuschreiben, dem er habe entsprechen müssen. Was er demgegenüber selber wirklich wollte, ob er nicht doch klare Ziele absteckte, um Entwicklungen herbeizuzwingen, und in welchem Maße er dabei selbst-bewußt entschied oder zweck-entsprechend handelte: in dieser Richtung erfahren wir wenig von ihm (und keineswegs nur in den veröffentlichten Texten), obwohl hier genaueres Wissen (statt einiger Indizien) von biographischem und historiographischem Belang sein würde.

Sicheren Boden erreicht man hingegen wieder mit der Skizze des äußeren Lebens, das nun freilich mehr denn je auf schwankendem Untergrund verläuft. 1901 heiratete Schönberg eine Schwester Zemlinskys, nachdem er schon drei Jahre zuvor von der mosaischen zur protestantischen Konfession übergetreten war. Im gleichen Jahr, offenbar aus finanziellen Gründen, ließ er sich als Kapellmeister an ein literarisches Kabarett, Ernst von Wolzogens „Überbrettl", nach Berlin verpflichten. Weder dieses Engagement noch der Lehrauftrag, den ihm Richard Strauss an einem privaten Konservatorium verschafft hatte, gestalteten sich zu seiner Zufriedenheit, so daß er bereits 1903 wieder nach Wien zurückkehrte. Die reformfreudige Pädagogin Eugenie Schwarzwald bot ihm an, in einer ihrer Schulen Kurse für

Komposition abzuhalten. Zu seinen ersten Schülern, seit 1904, gehörten Alban Berg und Anton Webern, und bald sammelte sich ein wechselnder Kreis von Adepten um ihn, über den er mit Liebe und Strenge herrschte und der seine unbedingte Autorität hingebungsvoll akzeptierte. Schönberg war ein genialer und leidenschaftlicher Lehrer, der zwar die Individualität eines jeden Schülers zu entwickeln wußte, aber strikte Beherrschung der traditionellen Musiktheorie forderte. Zu den großartigen Ergebnissen seiner Lehre (über die er in dem Aufsatz „Der Segen der Sauce" Prinzipielles mitteilt) gehört die 1911 erschienene „Harmonielehre", die weit über ihren eigentlichen Gegenstand hinaus eine geschichtsphilosophische Begründung kompositorischer Prozesse vermittelt und in ihren zahlreichen, teils soziologisch, teils psychologisch argumentierenden Exkursen ein Grundbuch der künstlerischen Ethik darstellt. Um 1908, als er mit ersten, schon weitgehend atonalen Werken an die Öffentlichkeit trat, begann eine Reihe von Aufführungsskandalen, die – auch angeheizt durch ein beispielloses Kesseltreiben der Kritik – den Komponisten zunehmend verbitterten, zumal sie mit bewirkten, daß seine Bewerbung um eine Professur an der Wiener Akademie vereitelt wurde. Erst dieses vergiftete Klima reizte ihn zum journalistischen Gegenangriff, zur Entfaltung seiner auch schriftstellerischen Talente, die er von da an verständlicherweise mit Vorliebe gegen Kritiker und Musikologen ins Feld führte. Im Herbst 1911 übersiedelte er zum zweiten Mal nach Berlin, wo er am Sternschen Konservatorium unterrichtete und überhaupt günstigere Bedingungen in existentieller und künstlerischer Hinsicht vorfand. Erst die Einberufung zum Militär nach Ausbruch des ersten Weltkrieges setzte diesem Lebensabschnitt ein Ende.

Um das Gewaltige und Gewaltsame zu verstehen, das die Veränderungen in Schönbergs kompositorischem Denken während dieser ganzen Entwicklungsphase charakterisiert, muß man sich nochmals den anfänglichen Bezugspunkten zuwenden: Das war Wien, das politische und kulturelle Zentrum eines riesigen Imperiums, das noch über alle Probleme hinweg, von der Hofburg aus, mit einem mythisch entrückten Franz Joseph an der kaiserlichen Spitze, wie eine „Despotie" – aber „gemildert durch Schlamperei"[19] –

regiert wurde. Das waren die Wiener als saturiertes Bürgertum mit seiner nonchalanten, genießerischen, eben (wie schon Beethoven sagte:) „phäakischen" Lebensart inmitten eines riesigen Schmelztiegels aus Menschen, Erzeugnissen und Traditionen unterschiedlichster Völker, zwischen feudaler Prachtentfaltung und proletarischer Armut. Und das war das Wienerische als Mythos und Realität, oder besser Scheinrealität mit der prallen künstlerischen Aura grandioser Geschichte und deren modernen Schattenbildern zwischen Prater und Paraden, Operette und Tanzwut, Kaffeehaus und „Wiener Freier Presse". Doch nach der Jahrhundertwende verschärften sich auf allen Ebenen des gesellschaftlichen Lebens die Krisen- und Zerfallssymptome der alten, kapitalistisch verjüngten Monarchie – nicht zuletzt auf Grund linker und rechter, ja rechtsradikaler Massenbewegungen, die das System destabilisierten. Inmitten solcher Polarisierungen, als skeptische, teilweise blasierte Erben einer in Österreich nie starken liberalen Tradition, suchten viele Vertreter aus den Schichten der Intellektuellen und Künstler nach gleichsam unabhängigen, individualistischen Positionen und schließlich nach sinnvoller Kreativität im edlen Reich der Künste selbst. Die Besten unter ihnen spürten hellwach die bedrohlichen Abgründe unter der dünnen Decke der Sekurität, denn sie opponierten gegen eine Kultur des bloß dekorativen Blendwerks, die das Kritikwürdige verdrängte, verniedlichte, überzuckerte. Sie forderten, mehr oder weniger provokant, eine „Umwertung der Werte".

Schönberg, 1903 aus Berlin zurückgekehrt, spürte wohl die Unruhe jener avantgardistischen Bestrebungen in den unterschiedlichsten Kreisen, die gleichwohl weder spezialistisch dachten noch isoliert handelten. Man kann vermuten, daß die Wiener Moderne nach der Jahrhundertwende aus grenzüberschreitender Bildung, interdisziplinärer Kommunikation und einem feinen Gespür für die latente Gleichsinnigkeit wissenschaftlicher, philosophischer und künstlerischer Umwälzungen ein erhebliches Maß ihrer spezifischen Radikalität gewann. Ob sie es wußten und wollten oder nicht: daß sie mit neuen kühnen Ideen bzw. künstlerischen Methoden den geistigen Widerstand gegen die ungeistigen Zeichen der Zeit mobilisierten, verbindet so unter-

schiedliche Köpfe wie Ernst Mach, Otto Wagner, Sigmund Freud, Gustav Klimt, Arthur Schnitzler, Hermann Bahr sowohl untereinander als auch mit den etwas jüngeren Generationen der Loos und Kraus, Kokoschka und Wittgenstein, Schiele und Schönberg samt seinen Schülern Berg und Webern. Für die Musiker aber wurde Gustav Mahler zum unmittelbar wichtigsten Vorbild und zum bewunderten Propheten, der in seinem gewaltigen kompositorischen Werk nicht minder denn als zelotisch strenger Direktor der Wiener Hofoper den zermürbenden Aufmarsch aller verfügbaren Kräfte für ein Ideal integrer und rückhaltlos wahrhaftiger Kunst in Angriff nahm. In seiner Prager Rede über Mahler von 1913, die in „Stil und Gedanke" aufgenommen wurde, hat Schönberg seiner Verehrung geradezu inbrünstigen Ausdruck gegeben, indem er ihm zubilligt, er habe das Größte und Wichtigste geleistet, was ein Genie nur leisten könne: sich auszudrücken – und damit zugleich „die Sehnsucht der Menschheit nach ihrer zukünftigen Gestalt, nach einer unsterblichen Seele, nach Auflösung im Weltganzen, die Sehnsucht dieser Seele nach ihrem Gott"[20]. Auch was Schönberg ansonsten über Mahler, vor allem gegen dessen Widersacher zu sagen hat – es ist viel Schönes und noch mehr Polemisches: er spricht zugleich von sich selbst und wider die kritischen Gegner seiner Musik.
Als Schönberg diese Rede hielt, hatte er den äußersten Punkt seiner Vorstöße in eine klangliche terra incognita erreicht, und auf dem Weg der „Emanzipation der Dissonanz"[21] war er in ein Reich atonaler Freiheit gelangt, aus dem es keinen Rückweg in traditionelle Gefilde, sondern nur – später – den Ausweg der systematischen Erschließung des Neulandes und der regulierenden Aneignung mittels zwölftontechnischer Ordnungsprinzipien zu geben schien. Nicht geradlinig, in vielseitiger Erkundung vielmehr, erschütterte und zerfällte er mit jedem neuen Werk den harmonisch-inneren und thematisch-äußerlichen Zusammenhang des alten tonalen Gefüges. Er entzog sich den gängigen, standardisierten Formmustern, ließ sie sich verdichten und in den zeitlichen Dimensionen schrumpfen, kondensierte Ausdruck zum puren Extrakt in übergangslos kontrastierender, scharf zugespitzter Gestik. Dabei wurde eine Fülle neuer gestalterischer Möglichkeiten entdeckt

(aber niemals „manierlich" entfaltet), die, um hier nicht auszuufern, nur in wenigen Stichpunkten angedeutet werden kann: Im melodischen Bereich tendiert die irreguläre Verknüpfung oft aphoristisch knapper Motivgruppen zur deklamatorischen Prosa. In harmonischer Hinsicht etablieren sich Quart- und Tritonusstrukturen, die zu komplementären Klängen gekoppelt werden und die Möglichkeit universeller intervallischer Kombinationen durch rigoros lineare Kontrapunktik des Stimmengefüges eröffnen. Es kommt zur Auflösung funktionaler Beziehung und zum gleichsam thematischen Eigenwert von Klang, wobei tonale Akkorde im hergebrachten Sinn die Ausnahme bilden und bestenfalls „an Kreuzwegen der Konstruktion"[22] begegnen. Formen können induktiv, auch aus der zunächst alogisch erscheinenden, rein gefühlsmäßigen Verknüpfung motivischer oder sogar nur koloristisch bestimmter Impulse entstehen und dadurch vegetabilischen, irregulären Formen der Natur ähneln. Schließlich tauchen Idee und Versuch der Klangfarben-Melodik auf; es werden Möglichkeiten des rhythmisch fixierten Sprech-Gesangs ausgelotet; und ungewöhnliche Kombinationen von vokalen mit instrumentalen Stimmen führen zu völlig neuartigen Klang-Mischungen.

Wie gesagt: jedes Schönbergsche Werk in dieser Phase enthält Entdeckungen eigener Art und Ungewöhnliches in so nicht wiederkehrender Kombination. Mit der 1. Kammersymphonie für 15 Soloinstrumente aus dem Jahr 1906, mit ihrem signalhaften Motto-Thema aus aufsteigenden Quarten, wird gleichsam das Tor zur Zukunft der neuen Musik weit aufgestoßen. Das grandiose, überaus vitale Stück ist ein Markstein nicht allein seiner kühnen Harmonik, der enormen kontrapunktischen Künste und des originellen Formbaus wegen, sondern auch auf Grund des Ansatzes zu einem klanglich gleichsam entfetteten Stil des orchestralen Musizierens überhaupt. Das 2. Streichquartett in fis-Moll von 1907/08, das in den beiden letzten Sätzen den Gesang nach Gedichten von Stefan George einbezieht, thematisiert besonders im Finale, „Entrückung", Schönbergs kompositionsästhetischen Bruch mit konventionellen Rücksichten und seinen Vorstoß in Regionen der völligen Autonomie schöpferischer Entscheidungen. Wenig später konnte er anläßlich des großen Lied-Zyklus nach 15 Gedichten aus „Das

Buch der hängenden Gärten" von George, op. 15, mit vollem Recht sagen, er habe damit „alle Schranken einer vergangenen Ästhetik durchbrochen"[23]. Mit den nächsten Werken, die wie im Schaffensfieber Schlag auf Schlag entstehen, kommt er ähnlichen Bestrebungen in anderen Künsten, die unter dem Begriff des Expressionismus nicht eben scharf gefaßt werden, vielleicht am nächsten. Es sind die 3 Klavierstücke op. 11, die 5 Orchesterstücke op. 16, das Monodram „Erwartung" (nach einem psychoanalytisch inspirierten Text von Marie Pappenheim) von 1909; die 6 Kleinen Klavierstücke op. 19 und das hermetische Lied „Herzgewächse" für Sopran, Celesta, Harmonium und Harfe (nach Maurice Maeterlinck) von 1911; weiter der epochemachende Zyklus von 21 Melodramen „Pierrot lunaire" für Sprechstimme und 8 Instrumente (nach Giraud/Hartleben) von 1912; das Drama mit Musik „Die glückliche Hand" (nach eigenem Text) von 1910/13; und schließlich die 4 Orchesterlieder op. 22 (nach Dowson/George und Rilke) von 1913/16. Mit all diesen Werken, denkt man sie trotz größter individueller Verschiedenheit einmal zusammen, entband Schönberg eine Druckwelle von Neuerungen, die in der Musikgeschichte unseres Jahrhunderts nicht ihresgleichen hat. Daß sie dabei geheiligte Konventionen wegspülte, alte Gesetzestafeln zerstörte und Aufruhr verursachte, konnte er nur verschmerzen, weil er angeblich seine Revolutionen, statt sie zu wollen, wieder einmal „wie im Traum empfangen" und daher, überzeugt „von der Unfehlbarkeit der eigenen Phantasie"[24], auch akzeptiert habe. Das Resümee dieser allseits mit Bestürzung empfundenen Entwicklungsphase – es findet sich im einleitenden Teil des Aufsatzes „Komposition mit zwölf Tönen" – mißt ihr aus späterer Sicht eher nur transitorischen Wert zu – denn in der Tat folgte der Emanzipation der Dissonanz ihre Domestizierung auf dem Fuße. Schönberg war letztlich nicht der Mann, mit den Geistern des Umsturzes, die er gerufen hatte (die ihn berufen hatten, seiner Meinung nach), auf Dauer auch Umgang zu pflegen.

V

Während Schönberg an der Kodifizierung seiner kompositionstechnischen Grundlagen arbeitete, hörte die musikalische Öffentlichkeit kein neues Werk von ihm. Diese scheinbare Schaffenspause währte etwa sieben Jahre, vom Beginn des ersten Weltkrieges bis 1922/23, als seine ersten zwölftönigen Stücke – die 5 Klavierstücke op. 23, die Suite für Klavier op. 25, die Serenade für 7 Instrumente und Bariton op. 24 und das Bläserquintett op. 26 – teils fertig komponiert, teils weitgehend konzipiert waren. Zwar ruhte in jener langen Zeit die Arbeit keineswegs, doch fehlte es einerseits am Impuls zur Fertigstellung wie etwa im Falle des gewaltigen oratorischen Torsos der „Jakobsleiter", und andererseits beschäftigte ihn eben der langwierige Umbau seiner kompositorischen Prinzipien, der mit ebenso starken theoretischen Skrupeln wie „vielen erfolglosen Versuchen"[25] praktischer Art einherging. Aber auch private Umstände und die Verwirrung der politischen Verhältnisse vermehrten die hemmenden Faktoren. Daß Schönberg zweimal zum Militärdienst eingezogen wurde, enervierte ihn kaum minder als das Desaster des Kriegsverlaufes, der zum Zusammenbruch der alten Donaumonarchie und zur Gründung einer geschrumpften, instabilen Republik führte, für die er, der politische Konservative, kaum Sympathien aufbrachte. Nach dem Krieg lebte und unterrichtete er, teilweise durch Geldsammlungen von Freunden und Gönnern unterstützt, in Mödlingen bei Wien. Seine Gründung eines „Vereins für musikalische Privataufführungen"[26], zur Verbreitung neuer Musik in mustergültigen Aufführungen, erwies sich als didaktische Idee von weitreichender Bedeutung, der freilich aus materiellen und organisatorischen Gründen kein allzu langes Leben beschieden war.
Durch den Tod Ferruccio Busonis stand die Leitung einer Meisterklasse für Komposition an der Preußischen Akademie der Künste in Berlin zur Disposition. Daß die Wahl der Nachfolge für dieses bedeutende Lehramt auf Schönberg fiel, hatte er – neben seinem Ruf – entscheidend einem Schüler Busonis zu verdanken, Leo Kestenberg, der als Musikreferent im preußischen Kultusministerium eine progressive, liberale Musikpolitik durchzusetzen versuchte.

Schönberg kam mit seiner jungen zweiten Frau, Gertrud Kolisch, Anfang 1926 in die Reichshauptstadt, wo er erst nach längerer Suche eine großzügige Wohnung in Neuwestend fand. Hier unterrichtete er die rasch wachsende Zahl neuer Schüler, zu denen neben seinem Assistenten Josef Rufer unter anderem Walter Goehr, Walter Gronostay, Winfried Zillig, der Amerikaner Adolphe Weiss, der Spanier Roberto Gerhard, der Grieche Nikos Skalkottas und die junge Sowjetbürgerin Anna Prawossudowitsch gehörten. In diesen Berliner Jahren pflegte Schönberg einen durchaus geselligen, ja sogar mondänen Lebensstil, wie er überhaupt die urbanen Vorzüge der Weltstadt sichtlich genoß, Varietés, Theater und musikalische Novitäten intensiv zur Kenntnis nahm und im kulturellen Leben als prominente Figur seine Rolle spielte. Freilich registrierte er auch die wachsende politische Unruhe, die sich zuspitzenden Klassenkämpfe, die Zerrüttung der staatlichen Macht und besonders – in nicht geringer Furcht – den aggressiven Vormarsch der Nazipartei mit ihrem massenhaften Zulauf. So nutzte er die großzügigen Bedingungen seines Vertrages, der ihm einigen Wohlstand erlaubte, um die Stadt halbjährlich – auch der angegriffenen Gesundheit wegen – gen Süden, ans Mittelmeer, zu verlassen. In derart wechselhafter und spannungsvoller Atmosphäre schuf Schönberg eine Reihe seiner wichtigsten zwölftönigen Kompositionen, darunter das 3. Streichquartett op. 30 (1927), die Variationen für Orchester op. 31 (1926/28), die „Begleitungsmusik zu einer Lichtspielszene", einer imaginären, für Orchester op. 34 (1929/30), die einaktige Spieloper „Von heute auf morgen" nach einem Libretto seiner Frau op. 32 (1928/29) sowie das zweiaktige Fragment der Oper „Moses und Aron" nach eigenem Text (1930/32). Ende der zwanziger Jahre verdichteten sich die Vorzeichen des kulturellen Faschismus in seiner rechtsradikalen Musikkritik, die insbesondere Schönberg und seinen Schülern den Kampf ansagte. Musikalischer Bolschewismus, Brunnenvergiftung der deutschen Musik, Hochstapelei, Gemeingefährlichkeit und Gestotter waren noch die harmlosen Vokabeln einer Hetze,[27] die schon bald nach der sogenannten Machtergreifung zum Verbot dieser – und nicht nur dieser – Musik führte. Im März 1933 erklärte der Präsident der Akademie, der Komponist Max von Schillings, daß auf Goebbels' Weisung hin der jüdische Einfluß gebrochen werden müsse. Schönberg erklärte daraufhin, er halte sich nie dort auf, wo seine Anwesenheit unerwünscht sei. Am 17. Mai 1933 begann seine Emigration.

Die aufsehenerregende „Erfindung" der Zwölftontechnik, die sich als so unerhört folgenreich erwiesen hat, war für Schönberg selbst gewiß nicht das wichtigste Resultat seiner schöpferischen Arbeit in den zwanziger und frühen dreißiger Jahren. Entscheidend dürfte die Erfahrung gewesen sein, daß sich mit Hilfe einer derart einschränkenden, zwingenden, kontrollierenden Vor-Ordnung des musikalischen Materials nicht nur ebenso vielseitig, phantasievoll und ausdrucksstark komponieren lasse wie ohne sie, sondern daß die Anwendung dieser Technik eine größere Leichtigkeit, mehr Sicherheit und bessere Garantien für die innere Geschlossenheit wie äußerliche Faßlichkeit des Produzierens (und des Produzierten) ermöglichen. Daß Schönberg nach seiner „anarchischen" Phase neue konstruktive Regeln, damit Gebundenheit und Stabilität suchte, daß er der gestalterischen Willkür oder doch zumindest dem rein subjektivistischen „Formgefühl" zu mißtrauen begann und sogar, wie es Eisler formulierte, „in der Fülle und Geschlossenheit der Klassiker musizieren"[28] wollte, ist von ihm häufig betont und von anderer Seite – man denke beispielsweise an Boulez[29] – ihm noch weit häufiger als ästhetische Regression und affirmativer Kniefall vor allen möglichen denkbaren Götzen etablierter Macht, von der Kabbala bis zum damals herrschenden Zeitgeist, angekreidet worden. Im Aufsatz „Komposition mit zwölf Tönen" – er stellt eine etwas vereinfachte, aber dafür sehr instruktive Einführung in die Methode dar – hat Schönberg drei Gründe genannt, die ihn zur Suche nach neuartigen gesetzlichen Ordnungen des musikalischen Materials veranlaßten. Der erste Grund ist psychologischer Art, denn es habe ihn gedrängt, die Fülle der vor allem harmonischen Emanzipationen, trotz des Vertrauens in ihre Sinnfälligkeit, sich bewußtzumachen und „den dissonanten Charakter dieser Harmonien und ihre Aufeinanderfolge zu rechtfertigen"[30]. Die Möglichkeit zur Rechtfertigung sieht er, zweitens, in der ontologisch argumentierenden Überzeugung, daß die neuen Klänge, wie die alten, „den Gesetzen der Natur und den Gesetzen unserer Denkweise gehorchen"[31]; und sie habe man daher zu entdecken, um „Ordnung, Logik, Faßlichkeit und Form"[32] des Komponierens zu gewährleisten. Drittens schließlich glaubte er an die geschichtliche Folgerichtigkeit, an eine Tendenz der zunehmenden innertechnischen Vermitteltheit und Vereinheitlichung des Materials, so daß er seine Idee der „vollständigen motivisch-thematischen Ökonomie und permanenten Variation"[33] auf der Basis eines vertikal und horizontal gleichermaßen durchchromatisierten „musikalischen Raums"[34] „durch die historische Entwicklung"[35] – natürlich durch diejenige zwischen Bach und Wagner/Brahms – gerechtfertigt sah. Schönbergs genetische Begründungen seiner Reihentechnik wirken – trotz willkürlicher Argumentation – im ganzen schlüssiger als seine strukturbezogenen Dekrete, die aus Fragen resultieren, „warum eine solche Reihe aus zwölf Tönen bestehen, warum keiner dieser Töne allzubald wiederholt werden und warum dementsprechend nur eine Reihe in einer Komposition benutzt werden sollte"[36]. Schönbergs eigene kompositorische Praxis, die seiner Schüler und noch mehr diejenige seiner unzähligen Nachfolger hat stets der schöpferischen, entwickelnden, variativen Vernunft des Prinzips den Vorrang gegenüber orthodoxen Festlegungen der technischen Details eingeräumt, weil ihnen eine Tendenz zu privater Willkür ebenso innewohnt wie zu akademischer, dogmatischer Erstarrung. Nichts irritierte Schönberg mehr als das schon früh kursierende Mißverständnis, daß die Vor-Ordnung des Materials bereits als die entscheidende Kompositionsleistung gelte. Auch aus solcher Sorge akzentuierte er in seinen Schriften stets wieder die entscheidende Rolle der Inspiration, das Studium der Klassiker und das Primat der Gedanklichkeit vor den Methoden und Stilen der Darstellung in klingender Materie. Als Darius Milhaud ihn in Amerika besuchte und vom großen Interesse junger französischer Komponisten an der Zwölftontechnik berichtete, fragte er sofort: „Ja, machen sie denn auch Musik damit?"[37]

Die Formulierung der zwölftontechnischen Regeln betrachtete Schönberg als das Gerüst einer umfassenden kompositorischen Handwerkslehre, in deren Zentrum die Theorie

vom „Musikalischen Gedanken" stehen sollte. Spätestens seit 1925 beschäftigte ihn ein solches Projekt, wie Hunderte Manuskriptseiten im Nachlaß erweisen, und so fundamental, wie es konzipiert ist, hätte es sein theoretisches Opus magnum werden können. Der Vortrag von 1933, „Neue und veraltete Musik, oder Stil und Gedanke", der später in stark überarbeiteter Fassung in „Stil und Gedanke" aufgenommen wurde, ging aus diesem Konvolut von Aufzeichnungen zwar unmittelbar hervor, er zeigt aber den geschichtstheoretischen Diskurs im engen Zusammenhang mit den aktuellen polemischen Motiven, die ihn besonders stimulierten. Schönberg antwortet auf „Anwürfe gegen meine und andere veraltete Musik"[38], denen er sich paradoxerweise im Verlauf der zwanziger Jahre zunehmend ausgesetzt sah. Die Invektiven, daß seine Musik auf dem Boden des romantischen und expressionistischen Subjektivismus wuchere und daher hinter den Zeichen der Zeit zurückgeblieben sei, kamen von den verschiedensten Seiten, die aber alle mehr oder weniger beanspruchten, den Inbegriff der „Neuen Musik" zu repräsentieren. Auf diese diversen Stilrichtungen (wie „Neoklassizismus", „Neue Sachlichkeit", „Gebrauchsmusik" oder „Gemeinschaftsmusik") reagierte Schönberg radikal ablehnend, indem er ihren meist sehr erfolgreichen Anhängern (wie etwa Strawinsky, Bartók, Hindemith, Krenek, Weill und auch Eisler) eben eine gedankenlose Kollaboration mit dem von Moden und Parolen, flüchtigen Vergnügungen und falschen Verführungen profitierenden „Geist der Zeit" vorwarf. Wirkliche neue Musik, hielt er dagegen, werde nicht von vergänglichen Stilen, sondern von tragfähigen, haltbaren Gedanken definiert, vor allem von der nie veraltenden, immer innovatorischen Intention der Klassiker, so zu komponieren, „daß im kleinsten [musikalischen] Raum der größte und reichste Inhalt untergebracht wird"[39]. Solch ein „Gedanke kann warten, denn er hat keine Zeit"[40], lautet daher sein verblüffend einfaches Resümee, zu dem sich im Nachlaß das lakonische Gegenstück findet: „Stile herrschen, Gedanken siegen"[41].
Schönbergs Definition dieser grundlegenden Kategorie ist mehrschichtig, nicht starr und auch nicht völlig widerspruchsfrei. Als „musikalischen Gedanken" betrachtet er einerseits die „Totalität eines Stücks"[42], die klangliche Vision

einer Komposition im ganzen vor ihrer Realisierung. Aber so, wie Denken und Sprache auch allgemein in einem kaum trennbaren Zusammenhang stehen, umfaßt der „musikalische Gedanke" zugleich die wichtigsten gestalthaften Elemente und wird zum „Synonym für Thema, Melodie, Phrase oder Motiv"[43]. Weil jedoch die Verbindung dieser Elemente, die wechselseitige Beziehung von Klängen, notwendigerweise einen Prozeß instabiler, widersprüchlicher Kräfte anspannt, sei schließlich gar die „Methode, durch die das Gleichgewicht wiederhergestellt wird, ... der eigentliche Gedanke der Komposition"[44]. Wie immer solche Gedanken auch beschaffen sein mögen – für Schönberg kamen nur „tiefe", das heißt solche „von großem Beziehungsreichtum"[45] in Frage: sie bedürfen ihrer möglichst adäquaten Darstellung in einer bestimmten Form, mit Hilfe bestimmter Gestaltungsweisen und Stilmittel. (Den umgekehrten Weg tadelte Schönberg an seinen Gegnern, weil sie angeblich Mittel erzeugten und Stile erfänden, die meist nicht zu Gedanken führten, also Wirkungen ohne Ursachen produzierten.) Alles, was er über die „Darstellung" von Gedanken formulierte, über Zusammenhang und Mannigfaltigkeit, über Grundgestalten und entwickelnde Variation, über Faßlichkeit und den mehrdimensionalen, homogenen „musikalischen Raum", fußt auf dem ehernen Gesetz, an das er unerschütterlich wie an ein mosaisches Gebot glaubte: „In der Musik gibt es keine Form ohne Logik und keine Logik ohne Einheit."[46] Die Dialektik von „Gedanke" und „Darstellung", die für Schönberg auch jenseits musikalischer Sachverhalte zur schmerzlichen Antinomie, ja zur tragischen Aporie seiner Realitätsbeziehungen werden konnte, gehört zu den neukantianischen Philosophemen, die ganz besonders in der Sprachkonzeption von Karl Kraus zum Tragen kommen, jedoch auch schon bei Schopenhauer explizit begegnen. In dessen Vorrede (von 1818) zur ersten Auflage der „Welt als Wille und Vorstellung" wird beispielsweise von dem titelgebenden, „einzigen Gedanken" des Buchs gesagt, er müsse, „so umfassend er auch sein mag, die vollkommenste Einheit bewahren. Läßt er dennoch, zum Behuf seiner Mitteilung, sich in Teile zerlegen, so muß doch wieder der Zusammenhang dieser Teile ein organischer, d. h. ein solcher sein, wo jeder Teil ebensosehr das Ganze erhält, als er vom Ganzen gehalten wird, keiner der erste und keiner der letzte ist, der ganze Gedanke durch jeden Teil an Deutlichkeit gewinnt und auch der kleinste Teil nicht völlig verstanden werden kann, ohne daß schon das Ganze vorher verstanden sei."[47] Auch was Schopenhauer direkt anschließend über „Klarheit der Darstellung und Deutlichkeit des Ausdrucks", über „Faßlichkeit" und „leichte Verständlichkeit bei einem sehr schwierigen Gegenstande"[48] verlautbart, läßt sich im wörtlichen wie übertragenen Sinne als wichtige Anregung des Schönbergschen Denkens über Musik unschwer erkennen.

Sein philosophisch, vor allem aus jüdischer Tradition religionsphilosophisch geprägter Monismus hat grundlegende Bedeutung für Schönbergs Kunstverständnis und Weltverhältnis überhaupt. Gegenüber der Präexistenz und Priorität eines gesetzgebenden und einheitsstiftenden geistigen Prinzips – seiner werden nur wahrhaft schöpferische Menschen teilhaftig – ist die Welt mit ihren sinnlichen, pragmatischen Irrungen und Wirrungen stets nur ein minderwertiges Abbild, ein unvollkommenes Nachbild oder gar, die zeitgenössische Gesellschaft betrachtet, ein desolates Zerrbild für ihn. Gleichwohl wuchs in den zwanziger Jahren das Interesse des Komponisten an gesellschaftlichen Problemen und damit zugleich ein Bedürfnis, gegen vorwaltend negative Tendenzen kritisch zu opponieren. Es entsprach gleicher Überzeugung, wenn er auf theoretischem Gebiet seine grundlegende Lehre vom „Musikalischen Gedanken" entwickelte, der, gegenüber bloß äußerlich neuartigen „Stilen", die entscheidende kompositorische Instanz zu sein habe, und im Bereich des künstlerischen Schaffens immer nachdrücklicher ästhetische, moralische, sogar politische Grundwerte verteidigte, die ihm durch zeitbedingte Moden, kommerziellen Götzendienst und parteiischen Gesinnungsterror entmachtet zu sein schienen. Während die nur vordergründig komische Zwölfton-Oper „Von heute auf morgen" (1928/29) einen solchen moralischen Wertverfall noch als „Apokalypse im Familienmaßstab"[49] glossiert, treibt das gewaltige Ideendrama „Moses und Aron" (1930/32) einen solchen Konflikt am biblischen Gleichnis in den Ernstfall der Katastrophe und zu einer prinzipiellen Schärfe von Widersprüchen, bei der sich „äußerste metaphysische Ferne und härteste politische Nähe"⁵⁰ miteinander verschwören. Mit diesem Drama über die Ohnmacht des Geistes und die Macht des Ungeistes hat Schönberg zu Beginn der dreißiger Jahre seiner Welt einen symbolischen Spiegel vorgehalten, der durch „Gedanken" warnen wollte – und doch ein „Bild" selber nur war, dessen Menetekel von der folgenden Geschichte aufs grausamste übertrumpft wurde.

VI

Werke wie „Moses und Aron", der frühe pazifistische Chorsatz „Friede auf Erden" (1907), die späten antifaschistischen Proteststücke „Ode an Napoleon" (1942) und „Ein Überlebender aus Warschau" (1947), ebenso Texte wie „Ein gefährliches Spiel" oder „Menschenrechte" aus „Stil und Gedanke" belegen hinlänglich, daß Schönberg in seinem ganzen Leben für gesellschaftliche Probleme starkes Interesse zeigte und namentlich von politischen Fragestellungen höchst affiziert war. Er brachte seine künstlerische Produktion mehr oder weniger bewußt in eine permanent problematisierte Beziehung zu den „öffentlichen Angelegenheiten" beinahe jeder Art und Reichweite – nicht zuletzt, weil er offenbar gerade dieses Konfliktfeld als „erregenden" Wirkstoff seiner Kreativität brauchte. Obwohl man allenthalben spüren kann, wie schmerzlich ihn die Beziehung zwischen den Sphären der Musik und der Politik in all ihrer realen Widersprüchlichkeit berührte, postulierte er – wie das für die meisten Künstler charakteristisch ist – ihre Unvereinbarkeit und hielt Annäherungen oder wechselseitige Einmischungen eher für ein „gefährliches Spiel", dem er selbst stets auszuweichen gewillt gewesen wäre. In einer späten Notiz von 1950, „Meine Haltung zur Politik" überschrieben, resümiert Schönberg, er habe nach anfänglichen Sympathien für die „marxistischen Theorien" und für einige Ziele der Sozialdemokratie den Unterschied zwischen sich „und einem Arbeiter entdeckt; ich hatte dann herausgefunden, daß ich ein Bourgeois war und wandte mich ab von allen politischen Beziehungen. Ich war viel zu beschäftigt mit meiner eigenen Entwicklung als Komponist, und ich bin sicher, ich hätte nie die von mir entwickelte technische und ästhetische Kraft erworben, wenn ich irgendwelche Zeit für

Politik verwendet hätte."[51] Trotz taktischer Motive, die man bei Schönberg nicht gering veranschlagen darf, entspricht diese Aussage den Tatsachen im großen und ganzen oder wenigstens im Hinblick auf mangelnde Wünsche nach professionellen Aktivitäten. Denn andererseits entwickelte er sehr wohl politische Meinungen und Überzeugungen, aus denen Kenner seines Denkens, wie Adorno oder Eisler, schließlich jenes gebrochene Bild destillierten, in dem die kompositorische Größe des Komponisten, das Positive, weil historisch Progressive seiner Kunstleistung gegen die Negativität des Ideologischen bzw. das ideologisch Reaktionäre unvermittelt gesetzt erscheint.

Auf Politik reagierte Schönberg in vielerlei Form, aber am handgreiflichsten (und daher heute noch einsichtig) in dokumentierten Gesprächen, zahlreichen Notizen und in brieflichen Äußerungen. Dieses Interesse kann auch nicht verwundern, insofern man bedenkt, wie hart und nachhaltig politische Geschehnisse der Zeit bedrängend und umstürzend in sein Leben eingriffen. Solche äußeren Einwirkungen ebenso wie seine stabil verinnerlichten moralischen Grundsätze zwangen ihn immer wieder zur genauesten Rechenschaft über das eigene Verhältnis zu gesellschaftlichen Phänomenen: zur Frage der Logik, des Fortschritts in der Geschichte, zu Klassenkampf und rassistischer Diskriminierung, zum Problem der Kriege und der Friedenssicherung, des Zusammenhangs zwischen Technifizierung und Arbeitslosigkeit, zu Demokratie und Menschenrechten, Faschismus und Antifaschismus, Revolution und Kommunismus, zu den verschiedensten sozialen Reformen. Mag man sie teilen oder nicht: Schönberg entwickelte Gedanken, meist aus konkreten Anlässen heraus sofort verallgemeinernd, in einer Klarheit, Reichweite und universellen Verflochtenheit mit seinen künstlerischen Bestrebungen, die unter Musikern nur ganz selten begegnen und sogar eine ganz neuartige historische Qualität der theoretischen und künstlerischen Aneignung von Wirklichkeit in einer Person darstellen.

Trotzdem wäre es verfehlt, wollte man Schönberg einen „politischen Künstler" im Sinne neuartiger Produktionsästhetiken oder Funktionskonzepte nennen, die auf irgendwelche Direktverbindungen mit heteronomen Zwecken orientieren. Demgegenüber blieb sein musikalisches Gewissen zu „rein" und autark, sein politisches Denken zu kontemplativ und privatisierend, von den Bedürfnissen des ästhetischen Einzelkampfes, eines genialischen Messianismus gelenkt, auf die theologisch-philosophische Legitimation seines schöpferischen Selbstwertgefühls zugeschnitten. Vor allem aber fehlte ihm letztlich der Impetus, außerhalb musikalischer Belange Kräfte für weiterreichende Interessengebiete anzustrengen, sobald sie von seinem Denken nicht beeinflußt oder von seiner Person nicht direkt mitbestimmt werden konnten. Oder anders gesagt: Seiner Leidenschaft für das spekulativ Denkbare fehlten Maß und Ehrgeiz für das auch praktisch Machbare – und zwar um so nachdrücklicher, je weiter sich ein Sachproblem von fachspezifischer Entscheidungsfindung entfernt zeigte. Dadurch wurde schließlich politisches Bewußtsein auf Musik gleichsam zurückprojiziert, in sie hineinverlegt – also ohne Rekurs auf diesbezügliche Sujets und auch nicht mittels agitatorischer Vereinfachungen von Material- und Sprachniveaus, zwecks möglichen massenhaften Umgangs mit seiner Musik. Ganz im Gegenteil verstand er Komponieren als gleichsam zwangsläufige Äußerung des Subjekts, deren rezeptive Schwierigkeiten nicht durch Willkür des Autors, sondern durch sachliche Anforderungen erzeugt werden. Diese „Sache" bestand für ihn vor allem in der Aufgabe, die kritikwürdigen Zustände der gesellschaftlichen Wirklichkeit ihres ästhetisch beschönigenden Dekors zu entkleiden. Das aber kann, seiner Meinung nach, nur eine Musik leisten, die zunächst Alternativen zum herrschenden musikalischen Zeitgeist hörbar macht, eine in sich reich entwickelte, stimmig durchgebildete, höchst konzentrierte und gedankenstarke Musik. Die vielzitierte Forderung, daß Musik nicht schmücken, sondern wahr sein solle, bildet ein Kernstück von Schönbergs musikalischer Politik, obwohl er gerade durch die Absage an jedwedes „verbindliche" Kalkül – und betreffe es „nur" die Öffentlichkeit des Publikums – einem solchen Begriff schroff zu opponieren scheint. Wie der Komponist allerdings noch im vermeintlich solipsistischen Affront gegen den Hörer seiner Musik eine prinzipielle dialektische Strategie verfolgt, hat er vielleicht am bündigsten in einem Brief an Ferruccio Busoni vom Juli 1909 formuliert:

„Ihrem Einwurf, ich hätte des ‚mitarbeitenden' Publikums vergessen, kann ich begegnen: ich habe ans Publikum nicht gedacht; aber ich habe es nicht vergessen. Bei allem Schaffen und Nachschaffen ist dies doch der gleiche Vorgang; vorausgesetzt, daß es intuitiv vor sich geht; ohne Berechnung, aber mit dem ganzen Vollgefühl unserer menschlichen Bedingungen und Beziehungen. Aus diesem heraus schaffen wir, meinen nur uns darzustellen, erfüllen aber gleichzeitig jene Pflichten, die unsere Mitwelt uns auferlegt. Unbewußt! Dafür aber umso sicherer. Und diese unbewußt schaffende Kraft allein ist es auch, die Suggestionsmacht besitzt. In ihr gibt es keine Berechnungs-Fehler, weil sie nicht berechnet. Sie wirkt; ihr Wirkungskreis mag beschränkt sein; aber sie wirkt; auf jene, die gleichgestimmt sind. Auf jene, die ein Aufnahmsorgan besitzen, das unserem Absendungsorgan entspricht. Wie bei der drahtlosen Telegrafie. Deswegen, meine ich, muß jede Kunst, die ohne ‚Berechnung der günstigsten Wirkungsmöglichkeiten' geschaffen ist, schließlich und endlich diejenigen finden, denen sie gilt. Und je intensiver die Beziehungen des Schaffenden zu einem Zustande der Allgemeinheit ist – zu einem gegenwärtigen, oder zu einem zukünftigen – desto größer wird der Kreis derjenigen sein, denen sie gilt."[52]

Noch vierzig Jahre später hielt Schönberg an diesem Konzept fest, das – wie gesagt – politische Kunst als Möglichkeit einschloß, unter der Voraussetzung allerdings, daß sie nicht um billiger Opportunität willen ihre ästhetische Würde preisgebe. „Unleugbar hat die Kunst häufig politischen Zwecken gedient", notierte er 1949, und er „selber habe einige Stücke geschrieben, die unbestreitbar politisch sind ... Ich muß zugeben, daß ich bei meiner Inspiration nicht das Gefühl hatte, in diesem Fall von irgendeinem künstlerischen Prinzip abzuweichen."[53] Er polemisiert – wie auch verschiedentlich in „Stil und Gedanke" (besonders in „Symphonien aus Volksliedern") – vor allem gegen die falschen Vermischungen, die Idee also, „ernsthaftes und populäres Schreiben miteinander zu verbinden"[54]. So sei die Absicht „der kommunistischen Musiker, Musik für alle zu schreiben, in der die Menschen ihre alten Weisen, die sie ganz und gar verstehen, hören können, ein Verbrechen an der Kunst"[55]. Den Personen gegenüber, die seiner Meinung

nach derart „verbrecherisch" handelten (vor allem dürfte
Eisler gemeint sein), ließ er dennoch Nachsicht walten, und
so war er beispielsweise bereit, ein „großes Talent" wie
Schostakowitsch gegen hämische Kritik zu verteidigen: „Es
ist vielleicht nicht sein Fehler, daß er der Politik erlaubt hat,
seinen Kompositionsstil zu beeinflussen. Und selbst, wenn
das eine Schwäche seines Charakters ist – er mag kein Held
sein, aber ein talentierter Musiker. Es ist so: es gibt Helden,
und es gibt Komponisten. Helden können Komponisten
sein, und umgekehrt, aber man kann es nicht verlangen."[56]
Von einem komponierenden Helden – von sich selbst natürlich – verlangte er etwas anderes: jenes unbedingte
„Sich-Ausdrücken-Müssen", das die Texte von „Stil und Gedanke" leitmotivisch verbindet; ein rückhaltloses „Freiwerden des schöpferischen Geistes"[57], einzig dem Glauben verpflichtet, „daß ein Komponist, wenn er von seinen eigenen
Problemen spricht, zugleich die Probleme der Menschheit
behandelt". Doch könne er dies nur, so fährt er in einem
Brief von 1943 fort, „in symbolischer Weise" tun, „ohne bisher imstande gewesen zu sein, ein bestimmtes Vokabular
zu entwickeln, das Dinge der Philosophie, Ökonomie oder
Probleme der Arbeit, Gesellschaft oder Moral ausdrückte"[58].
Dies ist eine Variation seiner Gedanken von 1909, die belegt, daß sich Schönbergs kunstphilosophische Überzeugungen, mit deutlich expressionistischer Prägung, auch später kaum wesentlich verändert haben. Blieb er nun
deswegen jener komponierende „Bourgeois", als den er sich
in dem zitierten politischen Testament definierte? Streng
besehen war er nie einer gewesen, weder hinsichtlich seiner
sozialökonomischen Lage noch auf Grund seiner bisweilen
massiv antidemokratischen Anschauungen, und schon gar
nicht in bezug auf die Intentionen und Wirkungen seines
musikalischen Œuvres. Wie viele andere Künstler zeigt
Schönberg sich als ein so komplexer und widerspruchsvoller Charakter, dem mit einschichtigen Rubrizierungen
kaum beizukommen ist. Verglichen mit der offiziellen Musikkultur seiner Zeit und Umgebung, die sich wohl als „bürgerlich" bezeichnen läßt, steht Schönbergs Musik an ihrer
Peripherie, zugleich angezogen und doch stets auch wegstrebend von Zentren ihrer Lebenskräfte: den klassischen

Traditionen des kunstvollen Komponierens, den distribuierenden Mechanismen des Musikmarktes, dem hedonistischen Rezeptionsideal. Sein Weltbild und Schaffensethos sind von Antinomien durchsetzt, die er wohl nur um den Preis schöpferischen Stillstandes hätte schlichten können. Daher begegnen Haltungen des scharfen Protests und des konzilianten Arrangements, kühnste Visionen und altmodische Doktrinen, Fortschrittswille und muffiger astrologischer Aberglaube, elitärer Hochmut und rührende menschliche Solidarität gleichermaßen und nicht selten gleichsam in einem Atemzug. Mit ästhetischem und kompositorischem Radikalismus verschwistert sich bei ihm der Wunsch nach historischer, auch sozialer Einbettung und Anerkennung. Er versteht sich als Initiator umstürzender Entdeckungen und Veränderungen im musikalischen Denken unseres Jahrhunderts, und doch schreckt er immer wieder vor den möglicherweise anarchischen Folgen seines Wagemuts zurück, organisiert eigentlich Material-Revolutionen wider Willen, sehnt sich nach guter Tradition, baut auf und ordnet ein, was er zertrümmerte oder befreite. Er ist der hellsichtigste Kopf, wenn es um die Anstrengung der Vernunft in Fragen des musikalischen Metiers geht, und er kann gleichzeitig ein recht engstirniger, egoistischer Querulant sein, der die Vernunft beispielsweise von multiplen gesellschaftlichen Zwecksetzungen selbst höchstentwickelter Musik einfach nicht anerkennt.

Doch alles in allem: auch solche Widersprüche sind produktiv in das Werk Schönbergs eingegangen und bestimmen dessen Gestalten und Gehalte als Ausdruck eines unablässigen Suchens nach einer Musik, die, einem seiner geflügelten Worte zufolge, nicht schmücken, sondern wahr sein sollte. Denn „Schönbergs Haupttendenz", so Eisler, „richtete sich gegen den bürgerlichen Schwindel, auch den Strauss'schen Schwindel des Musikbetriebs, gegen die schlechte Art der Stardirigenten, gegen die kolorierten, oberflächlich komponierten Partituren. Das war die historische Aufgabe Schönbergs. Das andere war ihm versperrt ... Während der Strauss von den Bankdirektoren in den Soireen gefeiert wurde, saß der Schönberg hungernd in einer kleinen Wohnung und schrieb – eigentlich gegen das Ganze. Er wußte das nicht so genau, nur verachtete er es."[59]

VII

In den vermutlich schlimmsten Monaten seines Lebens, den ersten seiner Emigration in Paris, dachte Schönberg zeitweilig ernsthaft daran, als Komponist fortan zu verstummen. Er war eines der prominenten Opfer der faschistischen Kulturpolitik, und er war bereit, seine Kunst dem aktiven politischen Widerstand gegen die Nazibarbarei zu opfern. Demonstrativ vollzog er im Mai 1933 seinen Wiedereintritt in die jüdische Religionsgemeinschaft, um, wie er an Webern schrieb, „nichts anderes mehr zu machen, als für die nationale Sache des Judentums zu arbeiten"[60]. Er hatte dabei wenigstens drei Aktionsfelder im Auge: einen internationalen Werbefeldzug zugunsten materieller Hilfe für die in Deutschland verfolgten Juden, ideologische Vorbereitung einer jüdischen Staatsgründung mit Wort, Schrift und den dafür geeigneten Teilen seines musikalischen Werks, schließlich, als Merkwürdigstes, die Gründung einer „Jüdischen Einheitspartei" unter seiner Führung. Es waren dies extreme, verzweifelte Reaktionen auf den Schock seiner Ausbürgerung, die Schönberg in politisierende Rage trieb. In Amerika, wohin er bereits im Oktober 1933 kam, begann er allmählich realistischer zu operieren und die Dinge mit mehr Abstand zu betrachten – wohl auch in der Einsicht, daß er sich gegenüber seiner neuen Wahlheimat loyal verhalten müsse und eine Beteiligung an irgendwelchen politischen Aktivitäten besser zu meiden habe. Zudem brauchte er Zeit und Kraft, sich in den neuen Verhältnissen, eher dornigen als rosigen, zurechtzufinden und einzuleben.

Nach Zwischenaufenthalten in New York und Boston (wo er als Musikerzieher am Malkin Conservatory wirkte) ließ er sich aus gesundheitlichen Gründen 1934 endgültig in Los Angeles nieder. Hier erteilte er Privatunterricht und hielt Vorträge, unter anderem an der University of Southern California, bis er 1936 eine Berufung als Professor für Musik an die University of California erhielt. Erst diese finanzielle Sicherheit ermöglichte den Kauf eines eigenen Hauses in Brentwood Park und jenen geselligeren Lebensstil, der auch den Kontakt zu anderen befreundeten Emigranten – unter anderem Adorno und Eisler, Alma Mahler und Thomas Mann – festigte. Nach der Annexion Österreichs, besonders aber, nachdem er 1941 die amerikanische Staatsbürgerschaft erhalten hatte, bemühte sich Schönberg in selbstloser Weise um Hilfe für zahlreiche alte Freunde und Bekannte. 1944, aus Anlaß seines 70. Geburtstages, wurde er zwar viel geehrt, aber zugleich von der Universität in den Ruhestand versetzt. So mußte er das Existenzminimum für die fünfköpfige Familie schließlich wieder durch Privatunterricht und die spärlichen Einnahmen aus den Kompositionen bestreiten. Allerlei Krankheiten, darunter 1946 ein Herzinfarkt, beeinträchtigten Wohlbefinden und Schaffenskraft. Neben Unerfreulichem, wie der Kontroverse um Thomas Manns „Doktor Faustus" (bei der Schönberg neben sachlichen Einwänden das Verschweigen seiner Urheberschaft an der Zwölftontechnik reklamierte), erfuhr er noch die Genugtuung, die Ehrenbürgerrechte der Stadt Wien verliehen zu bekommen. Inmitten neuer Arbeit, der Komposition „Moderner Psalmen", starb er am 13. Juli 1951.

Schönbergs Kompositionen aus der amerikanischen Zeit lassen sich kaum auf einen bestimmten technischen oder stilistischen Nenner bringen. Einerseits entsteht eine Reihe dodekaphoner Werke von äußerster Avanciertheit in Struktur, Formung und Ausdruck. Hier wären vor allem das Violinkonzert (1934/36), das 4. Streichquartett (1936), das Streichtrio (1945/46) und die Fantasie für Violine und Klavier (1949) zu nennen. Daneben gibt es aber auch Stücke wie die „Ode an Napoleon" (1942), das Klavierkonzert (1942) oder das „Genesis"-Präludium (1945), in denen das zwölftönige Material nicht nur freier disponiert, sondern vor allem mit traditionellen Gestaltungsmodellen und sogar eingängigen Affektmustern stärker als je zuvor verbunden erscheint. Es mag sein, daß Schönberg bei wachsender, gleichsam spielerischer Souveränität über die rein formellen Prozeduren der Reihentechnik den „klang-sprachlichen" und „musizierenden" Aspekten wieder mehr Aufmerksamkeit schenkte, um nun im Alter vollends sein Schaffen ins Licht historischer Kontinuität zu rücken. Dafür sprechen andererseits auch die relativ zahlreichen Stücke mit teilweise deutlichem Gelegenheits- und konkretem Gebrauchscharakter, bei denen Schönberg auf die Anwendung der

Zwölftontechnik von vornherein zugunsten einfacherer, tonal zentrierter Harmonik, eines romantischen Espressivo und leichterer Spielbarkeit verzichtet. Dazu gehören etwa die Suite für Streichorchester (1934), das „Kol Nidre" für Sprecher, Chor und Orchester (1938), die zweite Kammersinfonie (1906/39), „Thema und Variationen" für Blasorchester (1944) sowie einige weitere Fragmente von Instrumental- und Vokalmusik. Über die seltsame Zwiespältigkeit und Kompromißbereitschaft dieser Werke ist viel gerätselt worden, während doch zumindest feststeht, daß sie aus der Notwendigkeit zu gewissen Anpassungen an den betont konservativen Geschmack auch der musikalischen Elite Amerikas resultieren, wenn sie nicht, was ebenso verständlich ist, mit Schönbergs Sehnsucht, „in der Fremde", nach der alten Heimat, des Alternden nach der Jugend, dem Rückblick auf die schöpferische Herkunft zu tun haben. In dem kleinen Beitrag „On revient toujours" für „Stil und Gedanke" ist davon, einen populären Schlager zitierend, aufs anrührendste und einsichtigste die Rede.

Kaum weniger umfangreich und vielseitig als das kompositorische Werk gestaltet sich in Schönbergs amerikanischen Jahren die theoretische Arbeit. Einerseits erforderte seine intensive Lehrtätigkeit die unmittelbar praktisch orientierte Aufbereitung von pädagogischen Erfahrungen, andererseits wuchs mit zunehmendem Alter das Bedürfnis nach zusammenfassender Darstellung seiner Erkenntnisse. So erschienen noch zu seinen Lebzeiten die „Modelle für Anfänger im Kompositionsunterricht" (1942) und ein Buch über „Die formbildenden Tendenzen der Harmonie" (1946), während andere Projekte wie die „Vorschule des Kontrapunkts" oder „Grundlagen der musikalischen Komposition" unvollendet blieben und erst später (1963 bzw. 1967) von Schönbergs Schüler Leonard Stein aus dem Nachlaß herausgegeben wurden. Neben diesen Lehrwerken im engeren Sinn, die methodisch streng aufgebaut sind und fast ausschließlich auf Beispielen klassischer Musik beruhen, entstand eine Fülle verschiedenartigster Texte, die Schönberg oft als Vorträge benutzte und in denen er durchaus von sich, seinem Schaffen und seinem musikalischen und natürlich auch ideologisch übergreifenden, nicht-musikalischen Weltbild handelte. Der Vortrag „Komposition mit zwölf Tönen", erstmals an der südkalifornischen Universität 1935 gehalten, will einführend diese Methode genetisch begründen, ihre wichtigsten Regeln demonstrieren sowie ihrem Mißverständnis und Mißbrauch vorbeugen. „Schulung des Ohrs durch Komponieren" war Schönbergs Beitrag zu einem Kongreß der Vereinigung von Musiklehrern in Kansas City 1939, in dem er gegen die Abstraktheit konventioneller Gehörbildung polemisiert, weil sie verfehle, worauf es allein ankomme: das Verständnis für komponierte Vorgänge. Über „Herz und Hirn in der Musik" und über „Kriterien für die Bewertung von Musik" referierte er im April 1946 an der Universität von Chicago. Im ersten Vortrag, einer Selbstanalyse, widmet er sich der Problematik der alten ästhetischen Kontroverse um den Vorrang „erfühlter" und „erdachter" Musik, vor allem – was dann in dem anderen Referat kritisch zur Sprache kommt –; wenn damit banausische Werturteile verknüpft werden, denen selbst wirkliche Fachleute und Autoritäten nicht entgehen können. Die restlichen Beiträge, die Schönberg in seine Aufsatzsammlung aufnahm, schrieb er entweder auf besondere Anlässe oder direkt im Hinblick auf das Buch, das er seit etwa 1945 zu planen begann. „Ein gefährliches Spiel", das die Zusammenarbeit so bedeutender deutscher Musiker wie Richard Strauss und Wilhelm Furtwängler mit dem Nationalsozialismus meint, bildet die Antwort auf eine Rundfrage der Zeitschrift „Modern Music" von November/Dezember 1944. „Symphonien aus Volksliedern", erstmals bereits 1947 in einer amerikanischen Musikzeitschrift erschienen, geißelt die nach Schönbergs Ansicht verwerfliche Vermischung unverträglicher Prinzipien in den Sphären hoher und niederer Musik. Die Sammlung von 19 Artikeln über „Menschenrechte" von 1947 (anderthalb Jahre vor deren Proklamation durch die Vereinten Nationen) notiert sarkastische und skeptische Einwände gegen demokratische Mimikry. Im Dezember 1948 veröffentlichte die New York Times „On revient toujours", Schönbergs Erläuterung, warum er gelegentlich, wie die Klassiker zur älteren Polyphonie, zur funktionalen Tonalität zurückkehrt. „Der Segen der Sauce", ebenfalls von 1948, formuliert sein pädagogisches Credo im Gegensatz zur neoklassizistischen Schule Nadja Boulangers, der er vorwirft, stilistische Rezepte ohne gedankliche

Substanz zu lehren. Gegen neue Musik ohne Ausdruck, ohne bestimmte Beziehungen zu einem Affekt oder dramatischen Sinn richtet sich die kleine Satire „Das ist meine Schuld" von 1949. Die symbolische Kurzgeschichte „Zu den Kais", die ihre Pointe aus der gleichsam musikalischen Mehrdeutigkeit des Wortspiels „Aux quais! – O.K." bezieht, ist von Schönberg wohl direkt als Schlußpunkt für „Stil und Gedanke" 1949 verfaßt worden. Sie verweist noch einmal auf die Spannweite seines Denkens – zwischen menschlicher Befangenheit und Hoffnung auf Erkenntnis im Zeichen göttlicher Gnade.

Als dieser Sammelband, dieses authentische Kompendium von Schönbergs Denken über Musik, 1950 erschien, weckte es kaum positive Resonanz. Der gebürtige Österreicher Hans Keller, der langjährig die Musikabteilung der BBC London leitete und als Musikkritiker der Schönberg-Schule nahesteht, schrieb dazu: „Eine Übermacht von Kritikern und Rezensenten zog über ‚Style and Idea' her, aus musikkritischen wie aus literarischen Gründen; ‚verschroben' war wohl das Günstigste, was die etablierte Kritik über das Buch zu sagen hatte. Nur zwei Journale erkannten den Wert des Werkes: die ‚Music Review', darin E. H. W. Meyerstein eine sachliche Beschreibung der Essays unter dem Titel ‚A Master's Testament' unternahm, und der von Donald Mitchell und mir geleitete ‚Music Survey'."[61] Solches anfängliche Unverständnis vor allem im englischsprachigen Raum ist nicht verwunderlich, galt doch Schönbergs Musik, trotz des Respekts für ihren Autor, dort noch lange Zeit als etwas Fremdes, Außenseiterisches, Verstiegenes, dem man kaum aktuelle Bedeutsamkeit oder gar geschichtliche Relevanz zugestehen mochte. Und sein Denken über Musik, das auf den ersten Blick durch Züge hemmungsloser Selbstgerechtigkeit, aggressiver Militanz und undemokratischer Blindheit verwirren kann, muß im Grunde unverständlich bleiben, wenn man es nicht von seinen geistigen Wurzeln, von seiner spezifisch kulturellen Tradition her begreift: jenem rigorosen, bei aller Subjektivität selbstlosen Moralismus, der sich der Sache der Kunst als höchstem Wert des Lebens bedingungslos verschreibt, sich ihr gegenüber keine Leichtfertigkeit erlaubt und allen Ernst der Erkenntnis auf sie konzentriert. Denn Kunstfragen haben für Schönberg wie für Kraus, Loos und die anderen Lehrmeister seiner Jugend- und Reifezeit Schlüsselgewalt über alle anderen Probleme des Menschen oder der Menschheit – oder, um es mit einem berühmten Wort des großen Wiener Philosophen Ludwig Wittgenstein zu sagen: Ästhetik und Ethik sind eins![62] Aus dieser Perspektive gewinnt Schönbergs Aufsatzsammlung „Stil und Gedanke" nicht nur Bedeutung, weil sie Zeugnis von einem der genialen Komponisten unseres Jahrhunderts gibt und zur Aufklärung über dessen Musik unerläßlich scheint. Vielmehr vermittelt sie weit darüber hinaus den Diskussionen um neue Musik in der Gegenwart Anregungen und Standpunkte von einer Klarsicht und auf einem Niveau der sachlichen wie engagierten Argumentation, die immer mehr verlorenzugehen drohen, aber immer dringlicher nötig wären in dieser auch ästhetisch und kunsttheoretisch so verunsicherten Zeit. Man kann von Schönbergs Denken noch unendlich viel lernen, ohne ihm stets folgen oder jedes Wort glauben zu müssen, denn es „mag sein, daß Schönberg an mancher Stelle mancher anderen Stelle widerspricht, aber sich widerspricht er nie"[63]

Notiz zur Edition

Die vorliegende Ausgabe von Arnold Schönbergs berühmter Essay-Sammlung „Stil und Gedanke" folgt, entsprechend geltendem Recht, dem Wortlaut der ersten vollständigen Publikation in deutscher Sprache. Sie erschien 1976 im S. Fischer Verlag Frankfurt (Main) im Rahmen des ersten Bandes der von Ivan Vojtěch herausgegebenen „Gesammelten Schriften". Ohne den Anspruch wissenschaftlicher Quellenkritik zu erheben, fußt diese Edition ihrerseits auf den von Schönberg autorisierten englischen Texten, die 1950 als Buch unter dem Titel „Style and Idea" in der Philosophical Library, New York, erschienen. Die Übersetzung der teilweise im Original englisch geschriebenen Aufsätze besorgte die Westberliner Anglistin Gudrun Budde. In anderen Fällen, wo deutsche Originalfassungen oder Schönbergsche Rückübersetzungen vorliegen, wurden selbstverständlich diese authentischen Versionen benutzt. Über Veränderungen, Abweichungen, Kürzungen oder wichtige Diskrepanzen zwischen deutschen Vorlagen und englischsprachigem Druck geben unsere Anmerkungen auf der Grundlage von Vojtěchs Befunden im einzelnen Auskunft. Vojtěchs Anmerkungsapparat, soweit er die philologische Beschreibung der Quellen betrifft, ließ sich für den Zweck dieser Ausgabe nicht kritisch überprüfen. Er wurde faktisch im wesentlichen übernommen, auch im Hinblick auf mitgeteilte Textvarianten und Textrevisionen Schönbergs. Andererseits gehen unsere entstehungsgeschichtlichen Mitteilungen, inhaltlichen Aufklärungen und weiterführenden Kommentare zu den Texten oft über Vojtěch hinaus, während dessen Querverweise auf andere Texte der „Gesammelten Schriften" entweder am Ort durch partielle Zitate aufgelöst oder (wenn diese noch nicht publiziert sind) fallengelassen wurden. Vor allem der überaus wichtige Aufsatz „Neue Musik, veraltete Musik, Stil und Gedanke" erfuhr durch Schönberg eine so grundlegende Neugestaltung, daß es, des aufschlußreichen Vergleichs wegen, wie in der Frankfurter Ausgabe geboten schien, eine der ursprünglichen Fassungen ebenfalls mitzuteilen. Kleine Irrtümer und einige Druckfehler in der Ausgabe bei S. Fischer waren stillschweigend zu korrigieren. Zu danken hat der zweite Herausgeber des deutschen Textes dem ersten für seine mühevolle Vorarbeit, den beiden Verlagen in Frankfurt und Leipzig für das Interesse an dieser Publikation und schließlich Gudrun Budde und Barbara Fleischhauer für fachliche Hinweise und praktische Hilfe. Möge Schönbergs „Stil und Gedanke" im wörtlichen wie übertragenen Sinn einen Leserkreis erreichen, der an tieferem Verständnis für die musikalische Sprache dieses großen Komponisten und darüber hinaus an authentischem Wissen um leitende Ideen im widerspruchsvollen Musikdenken unseres Jahrhunderts interessiert ist.

Berlin, im September 1987 *Frank Schneider*

1 Zu Details der Entstehungsgeschichte, zur Übersetzungsfrage sowie der Edition des Sammelbandes und der einzelnen Aufsätze vgl. die „Anmerkungen und Quellen" im Anhang dieser Ausgabe.
2 Schönbergs Nachlaß wird verwaltet vom Arnold Schoenberg Institute of University of Southern California, Los Angeles. Vollständige Kopien befinden sich im Haus der Arnold-Schönberg-Gesellschaft in Mödling bei Wien. Ein vollständiges Verzeichnis der theoretischen Schriften enthält „Das Werk Arnold Schönbergs" von Josef Rufer, Kassel usw. 1959.
3 Zu Schönbergs Themarium vgl. das Vorwort von Ivan Vojtěch in: Arnold Schönberg, Gesammelte Schriften, Bd. 1, Frankfurt (Main) 1976, S. X.
4 Vgl. den Artikel „Nationale Musik" von 1932, auszugsweise veröffentlicht in Josef Rufer, Das Werk Arnold Schönbergs, a. a. O., S. 138f.
5 Vgl. dazu besonders Allan Janik/Stephen Toulmin, Wittgensteins Wien, München/Wien 1984.
6 Vgl. „Widmung aus dem Nachlaß", die unserer Ausgabe vorangestellt ist.
7 Im Widmungsexemplar der „Harmonielehre", zit. nach: Janik/Toulmin, Wittgensteins Wien, a. a. O., S. 22.
8 Karl Kraus, Werke, München 1967, Bd. III, S. 341.
9 Der programmatische Essay „Ornament und Verbrechen" von Adolf Loos entstand 1908, in: Trotzdem, Innsbruck 1931.
10 Schönberg, Brahms der Fortschrittliche, diese Ausgabe S. 100 (Schriften I, S. 36).
11 Ebd., S. 111 (Schriften I, S. 45).
12 Ebd., u. a. S. 113 (Schriften I, S. 46).
13 Ebd., S. 102 (Schriften I, S. 37).
14 Ebd., S. 109 (Schriften I, S. 43).
15 Ebd., S. 118 (Schriften I, S. 49).
16 Vgl. den Bezug auf Beethoven in den beiden Aufsätzen „Neue Musik, veraltete Musik, Stil und Gedanke", S. 95 (Schriften I, S. 32), und „Herz und Hirn in der Musik", S. 206 (Schriften I, S. 122).
17 Vgl. Rudolf Stephan, Über Schönbergs Arbeitsweise, in: Katalog zur Gedenkausstellung Arnold Schönberg 1974, Wien 1974, S. 119ff.
18 Schönberg, Das Verhältnis zum Text, diese Ausgabe S. 54 (Schriften I, S. 5).
19 Eva Priester, Kurze Geschichte Österreichs, Wien 1949, S. 443.
20 Schönberg, Mahler, diese Ausgabe S. 73 (Schriften I, S. 18).

21 Vgl. zu diesem Begriff den Aufsatz „Komposition mit zwölf Tönen", diese Ausgabe S. 148 (Schriften I, S. 73).
22 Schönberg, Rückblick, in: Gesammelte Schriften, Bd. I, a. a. O., S. 403.
23 Programmzettel der Wiener Erstaufführung 1910, zit. nach: Katalog zur Gedenkausstellung Arnold Schönberg, a. a. O., S. 201.
24 Schönberg, Komposition mit zwölf Tönen, diese Ausgabe S. 150 (Schriften I, S. 75).
25 Ebd., S. 151.
26 Vgl. Walter Szmolyan, Schönbergs Wiener Verein für musikalische Privataufführungen, in: Katalog zur Gedenkausstellung Arnold Schönberg, a. a. O. S. 71 ff.
27 Vgl. Hubert Kolland, „Undeutsche Musik" – Gesellschaftliche Aspekte im Musikgeschichtsbild konservativer Musikpublizistik in der Weimarer Republik, in: Angewandte Musik der 20er Jahre, Argument-Sonderbände Nr. 24, Berlin 1977, S. 147 ff.
28 Hanns Eisler, Arnold Schönberg, der musikalische Reaktionär, in: Musik und Politik, Schriften 1924–1948, Leipzig 1973, S. 15.
29 Vgl. Pierre Boulez, Schönberg ist tot, in: Anhaltspunkte (Essays), Kassel usw. 1979, S. 288 ff.
30 Schönberg, Komposition mit zwölf Tönen, diese Ausgabe S. 151 (Schriften I, S. 75).
31 Ebd., S. 150 f.
32 Ebd., S. 151.
33 Theodor W. Adorno, Zwölftontechnik, aus Neunzehn Beiträge über neue Musik, in: Gesammelte Schriften, Bd. 18, Frankfurt (Main) 1984, S. 65.
34 Schönberg, Komposition mit zwölf Tönen, diese Ausgabe S. 158 (Schriften I, S. 81).
35 Ebd., S. 153 (Schriften I, S. 76).
36 Ebd., S. 152.
37 Zitiert nach Theodor W. Adorno, Neue Musik heute, in: Gesammelte Schriften, Bd. 18, a. a. O., S. 127.
38 Schönberg, Neue und veraltete Musik, oder Stil und Gedanke, diese Ausgabe S. 259 (Schriften I, S. 471).
39 Ebd., S. 253 (Schriften I, S. 467).
40 Ebd., S. 266 (Schriften I, S. 475).
41 Aus dem Nachlaß, zit. nach: Mathias Hansen, Stile herrschen, Gedanken siegen – Anmerkungen zu einem kompositorischen Begriff Arnold Schönbergs, Musik und Gesellschaft, Hefte 9/10/1986, S. 474 ff. und S. 535 ff.
42 Schönberg, Neue Musik, veraltete Musik, Stil und Gedanke, diese Ausgabe S. 96 (Schriften I, S. 33).

43 Ebd.
44 Ebd., S. 97.
45 Arnold Schönberg, Neue Musik – meine Musik, in: Arnold Schönberg, Sonderband Musik-Konzepte, München 1980, S. 9.
46 Komposition mit zwölf Tönen, a. a. O., S. 176 (Schriften I, S. 96).
47 Arthur Schopenhauer, Die Welt als Wille und Vorstellung, Vorrede zur ersten Auflage, in: Werke in zwei Bänden, Bd. 1, München/Wien 1977, S. 9.
48 Ebd., S. 10.
49 Hanns Eisler, Zur Situation der modernen Musik, in: Musik und Politik, a. a. O., S. 91.
50 Theodor W. Adorno, Für Ernst Bloch, in: Gesammelte Schriften, Bd. 20,1, Frankfurt (Main) 1986, S. 192.
51 Schönberg, Meine Haltung zur Politik, in: Hans Heinz Stuckenschmidt, Schönberg, Leben – Umwelt – Werk, Zürich/Freiburg 1974, S. 507.
52 Briefwechsel zwischen Arnold Schönberg und Ferruccio Busoni 1903–1919, hg. von Jutta Theurich, in: Beiträge zur Musikwissenschaft 3/1977, S. 165.
53 Schönberg, Zum Rundgespräch in San Francisco über moderne Kunst, in: Gesammelte Schriften, Bd. 1, a. a. O., S. 394f.
54 Ebd.
55 Ebd.
56 Schönberg, Ausgewählte Briefe, Mainz 1958, S. 231.
57 Ebd., S. 230.
58 Ebd.
59 Nathan Notowicz, Wir reden hier nicht von Napoleon. Wir reden von Ihnen! – Gespräche mit Hanns und Gerhard Eisler, Berlin 1971, S. 42.
60 Schönbergs Brief an Webern vom 4. 8. 1933 in der Handschriftensammlung der Wiener Stadtbibliothek, Ms.
61 Hans Keller, Schönbergs „Style and Idea", in: Katalog zur Gedenkausstellung Arnold Schönberg, a. a. O., S. 112.
62 Ludwig Wittgenstein, Tractatus logico-philosophicus, Satz 6. 421, Frankfurt (Main) 1984, S. 83.
63 Hans Keller, a. a. O., S. 118.

STIL UND GEDANKE

Widmung aus dem Nachlaß

Meinen toten Freunden,
meinen geistigen Verwandten,
meinem

>   Anton von Webern
>   Alban Berg
>   Heinrich Jalowetz
>   Alexander von Zemlinsky
>   Franz Schreker
>   Adolf Loos
>   Karl Kraus

allen jenen Menschen, mit denen ich so reden konnte, wie ich in einigen Teilen dieses Buches spreche.

Sie gehören zu jenen, mit denen man die Prinzipien der Musik, der Kunst, der künstlerischen und bürgerlichen Moral nicht zu erörtern brauchte. Es bestand ein stilles und klares gegenseitiges Einverständnis in all diesen Dingen. Außer daß jeder von uns ständig daran arbeitete, jene Prinzipien zu vertiefen und strenger zu fassen und sie bis ins letzte zu verfeinern.

Das Verhältnis zum Text

Es gibt relativ wenig Menschen, die imstande sind, rein musikalisch zu verstehen, was Musik zu sagen hat. Die Annahme, ein Tonstück müsse Vorstellungen irgendwelcher Art erwecken, und wenn solche ausbleiben, sei das Tonstück nicht verstanden worden oder es tauge nichts, ist so weit verbreitet, wie nur das Falsche und Banale verbreitet sein kann. Von keiner Kunst verlangt man Ähnliches, sondern begnügt sich mit den Wirkungen ihres Materials, wobei allerdings in den andern Künsten das Stoffliche, der dargestellte Gegenstand, dem beschränkten Auffassungsvermögen des geistigen Mittelstandes von selbst entgegenkommt. Da der Musik als solcher Stoffliches fehlt, suchen die einen hinter ihren Wirkungen rein formale Schönheit, die andern poetische Vorgänge. Selbst Schopenhauer, der erst durch den wundervollen Gedanken: „Der Komponist offenbart das innerste Wesen der Welt und spricht die tiefste Weisheit aus, in einer Sprache, die seine Vernunft nicht versteht; wie eine magnetische Somnambule Aufschlüsse gibt über Dinge, von denen sie wachend keinen Begriff hat", wirklich Erschöpfendes über das Wesen der Musik sagt, verliert sich später, indem er versucht, Einzelheiten dieser Sprache, *die die Vernunft nicht versteht,* in unsere Begriffe zu übersetzen. Obwohl ihm dabei klar sein muß, daß bei dieser Übersetzung in die Begriffe, in die Sprache des Menschen, welche Abstraktion, Reduktion aufs Erkennbare ist, das Wesentliche, die Sprache der Welt, die vielleicht unverständlich bleiben und nur fühlbar sein soll, verlorengeht. Aber immerhin ist er berechtigt zu solchem Vorgehen, da es ja sein Zweck als Philosoph ist, das Wesen der Welt, den unüberblickbaren Reichtum, darzustellen durch die Begriffe, durch die nur allzuleicht zu durchschauende Armut. Und auch Wagner, wenn er dem Durchschnittsmenschen einen mittelbaren Begriff von dem geben wollte, was er als Musiker unmittelbar erschaut hatte, tat recht, wenn er Beethovenschen Symphonien Programme unterlegte.

Verhängnisvoll wird solch ein Vorgang, wenn er Allgemeinbrauch wird. Dann verkehrt sich sein Sinn ins Gegenteil: man sucht in der Musik Vorgänge und Gefühle zu erken-

nen, so als ob sie drin sein müßten. Während es sich bei Wagner in Wirklichkeit so verhält: der durch die Musik empfangene Eindruck „vom Wesen der Welt" wird in ihm produktiv und regt eine Nachdichtung im Material einer andern Kunst an. Aber die Vorgänge und Gefühle, die in dieser Dichtung vorkommen, waren nicht in der Musik enthalten, sondern sind bloß das Baumaterial, dessen sich der Dichter nur darum bedient, weil der noch ans Stoffliche gebundenen Dichtkunst eine so unmittelbare, durch nichts getrübte, reine Aussprache versagt ist.
Diese Fähigkeit reinen Schauens ist äußerst selten und nur bei hochstehenden Menschen anzutreffen. Das erklärt, warum gewisse Schwierigkeiten den berufsmäßigen Bearbeiter in Verlegenheit setzen. Daß nämlich unsere Partituren immer schwerer lesbar werden, die relativ seltenen Aufführungen aber so rasch vorbeigehen, daß oft selbst der Sensitivste und Reinste nur flüchtige Eindrücke empfangen kann, macht es dem Kritiker, der berichten und beurteilen muß, dem aber meist die Fähigkeit fehlt, sich eine Partitur lebendig vorzustellen, unmöglich, auch nur mit jener Ehrlichkeit sein Amt zu versehen, zu der er sich vielleicht wenigstens dann entschlösse, wenn sie ihm nicht schadet. In absoluter Hilflosigkeit steht er der rein musikalischen Wirkung gegenüber, und deshalb schreibt er lieber über Musik, die sich irgendwie auf Text bezieht: über Programmusik, Lieder, Opern etc. Man könnte ihm das fast verzeihen, wenn man beobachtet, daß Theaterkapellmeister, von denen man etwas über die Musik einer neuen Oper erfahren möchte, fast ausschließlich vom Textbuch, von der Theaterwirkung und von den Darstellern schwätzen. Es gibt ja wirklich, seitdem die Musiker gebildet sind und meinen, das beweisen zu müssen, indem sie sich vor dem Fachsimpeln hüten, kaum mehr Musiker, mit denen man über Musik reden kann! Aber Wagner, auf den man sich sehr gerne beruft, hat enorm viel über rein Musikalisches geschrieben; und ich bin sicher, er würde diese Folgen seiner mißverstandenen Bestrebungen unbedingt desavouieren.
Nichts als ein bequemer Ausweg aus diesem Dilemma ist es daher, wenn ein Musikkritiker über einen Autor schreibt, seine Komposition werde den Worten des Dichters nicht gerecht. Der „Rahmen des Blattes", in welchem es immer

gerade an Raum mangelt, wenn notwendige Beweise zu erbringen wären, kommt stets bereitwilligst dem Mangel an Ideen zu Hilfe, und der Künstler wird eigentlich wegen „Mangel an Beweisen" schuldig gesprochen. Die Beweise für solche Behauptungen aber, wenn sie einmal erbracht werden, sind vielmehr Zeugen fürs Gegenteil, da sie nur aussagen, wie einer Musik machen würde, der keine machen kann, wie die Musik also keinesfalls aussehen dürfte, wenn sie von einem Künstler sein soll. Das trifft sogar in dem Fall zu, wo ein Komponist Kritiken schreibt. Selbst wenn's ein guter ist. Denn im Moment, wo er Kritiken schreibt, ist er nicht Komponist: nicht *musikalisch inspiriert*. Wäre er inspiriert, so beschriebe er nicht, wie das Stück zu komponieren ist, sondern komponierte es. Das geht für den, der's kann, sogar schneller und bequemer und ist überzeugender.

In Wirklichkeit kommen solche Urteile von der allerbanalsten Vorstellung, von einem konventionellen Schema, wonach bestimmten Vorgängen in der Dichtung eine gewisse Tonstärke und Schnelligkeit in der Musik bei absolutem Parallelgehen entsprechen müsse. Abgesehen davon, daß selbst *dieses* Parallelgehen, ja ein noch viel *tieferes*, auch dann stattfinden kann, wenn sich äußerlich scheinbar das Gegenteil davon zeigt, daß also ein zarter Gedanke beispielsweise durch ein schnelles und heftiges Thema wiedergegeben wird, weil eine darauffolgende Heftigkeit sich organischer daraus entwickelt, abgesehen davon, ist ein solches Schema schon deshalb verwerflich, weil es konventionell ist. Weil es dazu führte, auch aus der Musik eine Sprache zu machen, die für jeden „dichtet und denkt". Und seine Anwendung durch Kritiker führt zu Erscheinungen, wie zu einem Aufsatz, den ich einmal irgendwo gelesen habe: *Deklamationsfehler bei Wagner,* in dem ein Flachkopf zeigte, wie er gewisse Stellen komponiert hätte, wenn Wagner ihm nicht zuvorgekommen wäre.

Ich war vor ein paar Jahren tief beschämt, als ich entdeckte, daß ich bei einigen mir wohlbekannten Schubert-Liedern gar keine Ahnung davon hatte, was in dem zugrunde liegenden Gedicht eigentlich vorgehe. Als ich aber dann die Gedichte gelesen hatte, stellte sich für mich heraus, daß ich dadurch für das Verständnis dieser Lieder gar nichts gewonnen hatte, da ich nicht im geringsten durch sie genötigt war, meine Auffassung des musikalischen Vortrags zu ändern. Im Gegenteil: es zeigte sich mir, daß ich, ohne das Gedicht zu kennen, den Inhalt, den wirklichen Inhalt, sogar vielleicht tiefer erfaßt hatte, als wenn ich an der Oberfläche der eigentlichen Wortgedanken haften geblieben wäre. Noch entscheidender als dieses Erlebnis war mir die Tatsache, daß ich viele meiner Lieder, berauscht von dem Anfangsklang der ersten Textworte, ohne mich auch nur im geringsten um den weiteren Verlauf der poetischen Vorgänge zu kümmern, ja ohne diese im Taumel des Komponierens auch nur im geringsten zu erfassen, zu Ende geschrieben und erst nach Tagen darauf kam, nachzusehen, was denn eigentlich der poetische Inhalt meines Liedes sei. Wobei sich dann zu meinem größten Erstaunen herausstellte, daß ich niemals dem Dichter voller gerecht worden bin, als wenn ich, geführt von der ersten unmittelbaren Berührung mit dem Anfangsklang, alles erriet, was diesem Anfangsklang eben offenbar mit Notwendigkeit folgen mußte.

Mir war daraus klar, daß es sich mit dem Kunstwerk so verhalte wie mit jedem vollkommenen Organismus. Es ist so homogen in seiner Zusammensetzung, daß es in jeder Kleinigkeit sein wahrstes, innerstes Wesen enthüllt. Wenn man an irgendeiner Stelle des menschlichen Körpers hineinsticht, kommt immer dasselbe, immer Blut heraus. Wenn man einen Vers von einem Gedicht, einen Takt von einem Tonstück hört, ist man imstande, das Ganze zu erfassen. Genauso wie ein Wort, ein Blick, eine Geste, der Gang, ja sogar die Haarfarbe genügen, um das Wesen eines Menschen zu erkennen. So hatte ich die Schubert-Lieder samt der Dichtung bloß aus der Musik, Stefan Georges Gedichte bloß aus dem Klang heraus vollständig vernommen. Mit einer Vollkommenheit, die durch Analyse und Synthese kaum erreicht, jedenfalls nicht übertroffen worden wäre. Allerdings wenden sich solche Eindrücke meist nachträglich an den Verstand und verlangen von ihm, daß er sie für einen umgänglichen Gebrauch herrichte, daß er zerlege und sortiere, messe und prüfe, und in Einzelheiten auflöse, was man als Ganzes besitzt. Allerdings geht sogar das künstlerische Schaffen oft diesen Umweg, ehe es zur eigentlichen Konzeption gelangt. Wenn Karl Kraus die Sprache Mutter des Gedankens nennt, W. Kandinsky und Oskar Kokoschka Bilder malen, denen der stoffliche äußere Gegenstand kaum mehr ist als ein Anlaß, in Farben und Formen zu phantasieren und sich so auszudrücken, wie sich bisher nur der Musiker ausdrückte, so sind das Symptome für eine allmählich sich ausbreitende Erkenntnis von dem wahren Wesen der Kunst. Und mit großer Freude lese ich Kandinskys Buch *Über das Geistige in der Kunst,* in welchem der Weg für die Malerei gezeigt wird und die Hoffnung erwacht, daß jene, die nach dem Text, nach dem Stofflichen fragen, bald ausgefragt haben werden.

Dann wird auch klar werden, was in einem andern Fall schon klar war. Kein Mensch zweifelt daran, daß ein Dichter, der einen historischen Stoff bearbeitet, sich mit der größten Freiheit bewegen darf und daß, wenn ein Maler heute noch Historienbilder malen wollte, er nicht genötigt wäre, mit einem Geschichtsprofessor zu konkurrieren. Weil man sich an das zu halten hat, was das Kunstwerk geben will, und nicht an das, was sein äußerer Anlaß ist. Weil also auch bei allen Kompositionen nach Dichtungen die Genauigkeit der Wiedergabe der Vorgänge für den Kunstwert ebenso irrelevant ist wie für das Porträt die Ähnlichkeit mit dem Vorbild, wo doch nach hundert Jahren keiner diese Ähnlichkeit mehr kontrollieren kann, während noch immer die Kunstwirkung bestehen bleibt. Und nicht deshalb besteht, weil, wie vielleicht die Impressionisten meinen, ein wirklicher Mensch, nämlich der scheinbar dargestellte, sondern der Künstler uns anspricht, der sich hier ausgedrückt hat, der, dem in einer höheren Wirklichkeit das Porträt ähnlich zu sehen hat. Hat man das eingesehen, so ist es auch leicht zu begreifen, daß die äußerliche Übereinstimmung zwischen Musik und Text, wie sie sich in Deklamation, Tempo und Tonstärke zeigt, nur wenig zu tun hat mit der innern und auf derselben Stufe primitiver Naturnachahmung steht wie das Abmalen eines Vorbildes. Und daß scheinbares Divergieren an der Oberfläche nötig sein kann wegen eines Parallelgehens auf einer höheren Ebene. Daß also die Beurteilung nach dem Text ebenso verläßlich ist wie die Beurteilung der Eiweißstoffe nach den Eigenschaften des Kohlenstoffs.

Mahler

Statt viele Worte zu machen, täte ich vielleicht am besten, einfach zu sagen: „Ich glaube fest und unerschütterlich daran, daß Gustav Mahler einer der größten Menschen und Künstler war." Denn es gibt ja doch nur zwei Möglichkeiten, jemanden von einem Künstler zu überzeugen, die erste und bessere: das Werk vorzuführen, die zweite, die zu benutzen ich gezwungen bin: seinen Glauben an dieses Werk auf andere zu übertragen.

Man ist kleinlich! Eigentlich sollten wir festes Vertrauen dazu haben, daß unser Glaube sich unmittelbar überträgt. So heiß sollte uns die Inbrunst für den Gegenstand unserer Verehrung machen, daß jeder, der uns nahe kommt, mit uns mitglühen muß, von derselben Glut verzehrt wird und dasselbe Feuer anbetet, das auch uns heilig ist. So hell sollte dieses Feuer in uns brennen, daß wir transparent werden, daß sein Schein nach außen dringt und auch den erleuchtet, der bisher im Dunkeln ging. Ein Apostel, der nicht glüht, predigt eine Irrlehre. Wem sich der Heiligenschein versagt, der trägt nicht das Abbild eines Göttlichen in sich. Zwar, nicht durch sich selbst leuchtet der Apostel, sondern durch ein Licht, das den Körper kaum als Hülle anerkennt: das Licht dringt durch die Hülle; aber es ist gnädig und gönnt dem, der glüht, den Anschein eines Selbstleuchtenden. Wir, die wir begeistert sind, sollten Vertrauen haben: man wird mit dieser Glut mitfühlen, man wird unser Licht leuchten sehen. Man wird den verehren, den wir vergöttern. Auch ohne, daß wir etwas dazu tun.

Aber man ist kleinlich. Wir glauben nicht genug ans Große, ans Ganze, sondern wollen unwiderlegbare Details.

Wir verlassen uns nicht auf die Intuition, die uns von den Dingen Gesamteindrücke gibt, darin ja alle Einzelheiten in entsprechenden Verhältnissen enthalten sind, sondern wollen begreifen, auf welche Weise diese Einzelheiten jenen Gesamteindruck hervorbringen. Wir glauben zu verstehen, was natürlich ist, aber das Wunder ist äußerst natürlich, und das Natürliche ist äußerst wunderbar. Je genauer wir beobachten, um so rätselhafter wird für uns die einfachste Sache. Wir sehen – so meinen wir – genauer hin, wenn wir analysieren, wenn wir jeden Teil für sich allein betrachten. Aber wenn wir die Teile auseinandergenommen haben, sind wir meist nicht mehr imstande, sie wieder genau zusammenzusetzen, und haben verloren, was wir vorher schon besessen hatten: das Ganze mit allen Details und seiner Seele.

Ich will ein Beispiel geben, das jedem bekannt vorkommen wird, der sich streng genug beobachtet. Ich erinnere mich genau daran, daß, als ich die *II. Symphonie* von Mahler zum erstenmal hörte, ich, insbesondere an gewissen Stellen, von einer Aufregung ergriffen wurde, die sich körperlich durch heftiges Herzklopfen äußerte. Trotzdem, als ich aus dem Konzert ging, unterließ ich es nicht, das Gehörte auf jene Anforderungen hin zu prüfen, die mir als Musiker bekannt waren, und denen, wie man ja glaubt, ein Kunstwerk unbedingt entsprechen müsse. Denn ich hatte die wichtigste Tatsache aus dem Gedächtnis verloren, nämlich die, daß mir ja das Werk einen unerhörten Eindruck gemacht hatte, da es mich doch zu einer willenlosen Teilnahme hingerissen hatte: daß es ja keine höhere Wirkung eines Kunstwerks geben kann, als wenn es die Bewegung, die seinen Schöpfer durchtoste, so auf den Hörer überträgt, daß es auch in diesem tost und tobt. Daß ich ja ergriffen war; im höchsten Grade ergriffen.
Der Verstand ist ungläubig; er traut dem Sinnlichen nicht und noch weniger dem Übersinnlichen. Ist man ergriffen, so behauptet er, es gäbe viele und unkünstlerische Mittel, die solche Ergriffenheit erzwängen; erinnert daran, daß keiner ohne aufs heftigste bewegt zu werden, einem tragischen Vorgang im Leben zusehen könne; erinnert an die Schauerdramatik, deren Wirkungen sich keiner zu entziehen vermag; daß es höhere und niedrigere Mittel gibt, künstlerische und unkünstlerische. Daß realistische, drastische Vorgänge – wie beispielsweise die Folterszene aus *Tosca* –, die unfehlbar wirken, solche Mittel sind, die ein Künstler nicht verwenden soll, weil sie zu billig, weil sie jedem zugänglich sind. Und vergißt, daß in der Musik und insbesondere in der Symphonie eben jene realistischen Mittel doch niemals verwendet werden, weil die Musik immer unreal ist. In der Musik wird nie jemand wirklich ungerecht umgebracht oder gefoltert, nie gibt es hier einen Vorgang, der an

sich das Mitgefühl erwecken könnte, denn es gehen ja nur musikalische Angelegenheiten vor. Und nur wenn die, die Kraft haben, selbst zu sprechen, nur wenn dieser Wechsel von hohen und tiefen Tönen, schnellen und langsamen Rhythmen, lauten und schwachen Klängen, vom Unrealsten spricht, das es gibt, werden wir zur höchsten Teilnahme bewegt. Allem anderen gegenüber bliebe der stumm, der einmal solche reine Wirkung gespürt hat. Es ist ganz ausgeschlossen, daß eine musikalische Ergriffenheit auf unlautere Mittel zurückzuführen ist, denn die Mittel der Musik sind unreal, und unlauter ist nur die Wirklichkeit!

Wer ergriffen ist, hat also, sofern er seine künstlerisch-sittliche Kultur auf einem hohen Niveau stehen weiß, sofern er also zu sich selbst Zutrauen hat und an seine Kultur glaubt, nicht nötig, sich mit der Frage zu befassen, ob die Mittel künstlerisch waren. Und wer nicht ergriffen ist, hat es doch erst recht nicht nötig. Ihm könnte doch genügen, daß er nicht ergriffen oder sogar abgestoßen ist! Wozu dann noch die vielen hochtrabenden Worte? Darum: man möchte um jeden Preis sein Urteil in Einklang bringen mit dem der andern, und wo das nicht geht, sucht man den Vorteil einer wohlbegründeten gutbefestigten Sonderstellung zu erlangen. Parteibildungen sind nur zum Teil verursacht durch Unterschiede der Auffassung, sondern noch mehr durch die Begründungen; die treiben den Zwist ins Unendliche. Es ist doch nicht sicher, ob das, was ich rot nenne, im Auge eines Andern wirklich dasselbe ist, was es in meinem Auge ist. Und trotzdem gelangt man hier leicht zur Einigung, so daß es keinen Zweifel gibt, was rot und was grün ist. Sicher aber, sobald man zu begründen versuchte, warum dies Rot und jenes Grün ist, entstände sofort Streit. Die einfache sinnliche Tatsache: „ich sehe, was man rot nennt" oder „ich fühle, daß ich ergriffen oder nicht ergriffen bin", müßte jeder, der klug genug ist, mit Leichtigkeit konstatieren können. Und sollte den Mut haben, seine Nicht-Ergriffenheit als etwas so Selbstverständliches, aber für das Objekt Belangloses anzusehen, wie es einer tun muß, der taub ist und nicht den Schall, oder einer der farbenblind und doch nicht die Farben ableugnen darf.

Das Kunstwerk gibt es, auch ohne daß jeder davon ergriffen wird, und der Versuch, seine Empfindung zu begründen, ist überflüssig, weil dabei immer nur eine Charakteristik des Subjekts zustande kommt und nie eine des Objekts: der Beschauer ist farbenblind, der Zuhörer taub, der Kunstgenießende war ungestimmt, ungeeignet (vielleicht nur zuzeiten, vielleicht dauernd) einen Kunsteindruck zu empfangen.

Woher kommt es aber, daß jemand, der mit bestem Willen bestrebt ist, zu verstehen, zu so verkehrten Urteilen gelangt, trotzdem er einen Eindruck empfangen hat? Man hat da und dort eine Stelle gefunden, die einem nicht gefällt; eine Melodie, die man banal findet, die einem unoriginell vorkommt; eine Fortsetzung, die man nicht begreift, für die man eine bessere zu wissen glaubt; eine Stimmführung, die allem Hohn zu sprechen scheint, was man bisher für das Erfordernis einer guten Stimmführung gehalten hat. Man ist Musiker, ist vom Fach, kann selbst etwas (oder auch nicht!) und weiß stets genau, wenn es überhaupt zu machen ist, wie das gemacht werden müßte. Es ist verzeihlich, daß so Einer sich berechtigt fühlt, an Details zu nörgeln. Denn wir nörgeln ja alle am Werke des Allergrößten. Fast jeder, wenn er den Auftrag erhielte, die Welt besser zu schaffen als der liebe Herrgott, machte sich ohne weiteres dazu anheischig. Alles was wir nicht verstehen, halten wir für einen Irrtum, alles was uns unbequem ist, für einen Mißgriff ihres Schöpfers. Und bedenken nicht, daß, da wir den Sinn nicht verstehen, Schweigen, respektvolles Schweigen, das einzig Angemessene wäre. Und Bewunderung, grenzenlose Bewunderung.

Aber, wie gesagt, wir sind kleinlich: nur weil wir das Große, das Ganze nicht überblicken können, befassen wir uns mit seinen Details, und versagen, zur Strafe für unser vorlautes Betragen, auch da. Auf der ganzen Linie behalten wir unrecht. Überall dort, wo menschlicher Verstand aus den göttlichen Werken die Gesetze, nach denen sie zusammengesetzt sind, abstrahieren will, überall dort stellt sich heraus, daß wir nur Gesetze finden, die unser Denk-, Erkenntnis- und Vorstellungs-Vermögen charakterisieren. Wir bewegen uns in einem Zirkel. Wir sehen und erkennen immer nur uns selbst, immer höchstens unser eigenes Wesen, sooft wir vermeinen, das Wesen des Dinges außerhalb uns zu beschreiben. Und diese Gesetze, die höchstens die unseres

Denk-Vermögens sind, legen wir als Maßstab an das Werk des Schöpfers! Auf Grund solcher Gesetze beurteilen wir das Werk des größen Künstlers!
Es war vielleicht nie schwerer, einen Künstler auf den richtigen Platz zu stellen als heute. Überschätzung und Unterschätzung waren wohl kaum jemals vorher so notwendige Ergebnisse des Kunstbetriebs. Und nie war es schwerer für die Öffentlichkeit zu unterscheiden, wer ein wirklich Großer und wer nur eine Tagesgröße ist. Es produzieren unzählig viele. Das können nicht lauter Genies sein. Einige geben Vorbilder, der Rest ahmt nach. Wenn aber die vielen Nachahmer nur einigermaßen „konkurrenzfähig" bleiben wollen, müssen sie rasch erfahren, welches die neueste Marke ist, die Marktwert hat. Dafür sorgen die Verleger, die Presse und die Reklame, und erzielen, daß einer, der Neues schafft, nicht lange allein dasteht. Der Bienenfleiß, der heute auf allen Gebieten die Erfolge hat, die nur das Talent haben sollte, betätigt sich auch hier, und bringt es zuwege, daß nicht mehr der einzelne Große seine Zeit ausdrückt, sondern eine Unmenge Kleiner. Die Ganz-Großen haben ja stets aus der Gegenwart in die Zukunft flüchten müssen, aber so ganz hat die Gegenwart nie den Mittleren gehört wie heute. Und so groß der Abstand auch sein mag, sie versuchen dennoch ihn zu überbrücken, indem sie sogar die Zukunft für sich in Anspruch nehmen. Keiner möchte heute nur mehr für den Tag schreiben, dem kaum mehr der Tag recht geben sollte. Es gibt nur Genies, und denen gehört auch die Zukunft. Wie soll man sich da zurechtfinden? Wie soll man erkennen, wer der Wirklich-Große ist, wo ein allzuguter Durchschnitt sich so breit macht, daß man über der Breite die Höhe vergißt. Man spricht wirklich zuviel von den Alpen und zu wenig vom Mont-Blanc.
Es ist fast verzeihlich daß das Publikum da versagt, denn es gibt immer so viele, die das Bedürfnis nach dem, was unserer Zeit entspricht, in einer viel zugänglicheren Form befriedigen, als der, der schon der Zukunft angehört. Man kann heute modern sein, ohne sich an das Beste halten zu müssen. Man hat unter den Modernen so große Auswahl, daß selbst für den „verwöhntesten Geschmack und auch für den Minderbemittelten, in allen Nuancen und Preislagen" der Ausdruck der Zeit zugänglich ist. Wer wird sich da

noch besonders anstrengen? Wer sich die Mühe machen, den zu finden, der der Richtige ist? Man ist modern, das genügt. Man ist eventuell sogar hypermodern, das macht interessant. Man hat ein Programm, Prinzipien, Geschmack. Man weiß, um was es sich handelt. Man weiß alle kritischen Klischees. Man kennt genau die Bewegungen, die es eben in der Kunst gibt; ja, man könnte beinahe die Probleme und Methoden im vorhinein bestimmen, mit denen sich die Kunst der nächsten Zukunft wird befassen müssen, und es wundert mich nur, daß noch niemand darauf gekommen ist, alle diese Möglichkeiten auszukombinieren und einen Führer durch die Zukunft zu verfassen.

Das ist die unbeabsichtigte Wirkung, die Wagner erzielte, als er zur Warnung für Voreilige den Beckmesser schuf. Alle kennen diese Verpflichtung und fast alle gehorchen ihr, und die Beckmesser von heute haben es leicht zu behaupten, sie seien „weitherziger" geworden. Das ist aber selbstverständlich eine arge Täuschung.

Denn:

das Gute ist und bleibt gut und muß deshalb verfolgt werden, und das Schlechte ist und bleibt schlecht und muß deshalb gefördert werden. Und die laut angepriesene Weitherzigkeit der heutigen Beckmesser ist vielleicht eher eine Herzerweiterung. Mich aber erinnert sie an Gehirnerweichung. Denn die haben jeden Halt und alle Hemmungen verloren, da sie nicht einmal bemerken, daß sie noch engherziger sind als jene, die wenigstens lobten, was „nach ihrer Regeln Lauf".

Sonst könnten nicht gerade, sobald es sich um einen wirklich Großen handelt, die alten Schlagworte immer wieder hervorgeholt werden. – Beispielsweise: Mahler hat ungemein umfangreiche Werke geschaffen. Jeder spürt oder glaubt es zu wissen, daß in ihnen etwas besonders Hohes und Großes gesagt werden will. Welcher abgestandene Gemeinplatz läge da einem Weitherzigen näher als der: er strebt das Höchste an, besitzt aber nicht die Kraft, zu können, was er will? Und wer spricht ihn aus? Jene Kritiker, die gerade ihre Weitherzigkeit dem allgemeinen Interesse nahegelegt haben. Die weniger Guten ebenso wie die ganz Schlechten. Denn es ist eine Standesfrage, daß sie in den Hauptsachen einig sind! – Dieser Satz aber ist eines von jenen gedankenlosen Klischees, die man vor allem deshalb hassen muß, weil sie fast ausnahmslos auf jene angewendet werden, auf die sie am wenigsten passen. Die Kleinen fahren ganz gut dabei. Aber sowie von einem gesagt wird, er strebe das Höchste an etc., weiß ich sofort, daß er es entweder nicht angestrebt oder daß er es auch erreicht hat! – Das ist immerhin eine Art von Verläßlichkeit.

Woran mißt man übrigens dieses Große, das Mahler vergeblich angestrebt haben soll? Am Umfang der Werke, und an einem Umstand, der mir nebensächlich scheint im Verhältnis zu dem, was wirklich das Streben des Künstlers ist: an den stofflichen, an den textlichen Unterlagen einzelner Sätze seiner Symphonien: Mahler hat vom Tode, vom Auferstehen, vom Schicksal gesprochen, er hat den *Faust* komponiert. Und das soll das Größte sein. Aber fast jeder Musiker einer früheren Zeit hat Kirchenmusik komponiert, sich mit Gott, also mit noch Höherem befaßt, und durfte ruhig nach diesem Größten streben, ohne daß man sein Werk an diesem Maßstab gemessen hat. Im Gegenteil, wenn es etwas Großes ist, sich in den Schatten der größten Stoffe zu stellen, müßte man das vom Künstler geradezu fordern. In Wirklichkeit gibt es für den Künstler nur ein Größtes, das er anstrebt: *sich auszudrücken.* Gelingt das, dann ist das Größte gelungen, das dem Künstler gelingen kann; daneben ist alles andere klein, denn darin ist alles andere enthalten: der Tod, die Auferstehung, der *Faust*, das Schicksal etc. Aber auch die kleineren und doch nicht unwichtigeren Momente: die seelischen und geistigen Zustände, die den bewegten Menschen ausmachen. Nur sich auszudrücken hat auch Mahler angestrebt. Und daß ihm dies gelungen ist, kann keiner bezweifeln, der nur einigermaßen imstande ist zu erfassen, wie einzigdastehend diese Musik geblieben ist, obwohl ja die Nachstrebenden so rüstig dahinterher sind, alles nachzuahmen, was Chance hat den Markt zu gewinnen. Daß es keine Nachahmungen dieser Symphonien gibt, die auch nur einigermaßen ihrem Vorbild ähneln, daß diese Musik unnachahmlich scheint, wie alles was nur einer kann, das ist ein Beweis dafür, daß Mahler das Größte gekonnt hat, was ein Künstler können kann: sich ausdrücken! Daß er nur *sich* ausgedrückt hat, und nicht den Tod, das Schicksal und den *Faust*. Denn das könnten andere auch komponieren. Daß er nur das ausgedrückt hat, was unabhängig von Stil und Schnörkel, ihn, ihn allein darstellt und was darum dem anderen versagt bliebe, der es bloß durch Stilnachahmung versuchte. Aber auch dieser Stil selbst scheint auf eine bisher nicht dagewesene rätselhafte Art die Nachahmung auszuschließen. Vielleicht kommt das daher, daß hier zum erstenmal eine Ausdrucksweise mit der Sache, der sie gilt, so untrennbar verbunden ist, daß, was sonst bloß als Symptom der äußern Form erscheint, hier gleichzeitig auch Material und Konstruktion ist.

Ich will mich mit einigem befassen, was gegen Mahlers Werk gesagt wurde. Da sind zunächst zwei Vorwürfe: seine Sentimentalität und die Banalität seiner Themen. Mahler hat unter diesen Vorwürfen sehr gelitten. Gegen den einen ist man fast, gegen den andern vollständig machtlos. Man bedenke: ein Künstler schreibt in absoluter Ehrlichkeit, ohne eine Note zu verändern, ein Thema so hin wie sein Ausdrucksbedürfnis und sein Gefühl es ihm diktieren. Wenn er wollte, wenn er der Banalität ausweichen wollte, wäre es ihm eine Leichtigkeit. Jeder schäbigste Notenschreiber, der mehr auf seine Noten sieht als in sein Inneres, ist imstande, mit ein paar Federstrichen aus einem banalen Thema ein interessantes zu „machen". Und die meisten interessanten Themen entstehen auf diese Art. (So wie jeder Maler dem kitschigen Feinmalen auszuweichen vermag, indem er ebenso kitschig mit breitem Strich malt.) Und nun bedenke man: gerade dieser feinste, geistig hochstehendste Mensch, von dem man die tiefsten Worte gehört hat, gerade der sollte es nicht zusammenbringen, unbanale Themen zu schreiben, oder sie wenigstens solange zu verändern, bis sie nicht mehr banal aussehen!

Ich glaube, er hat es einfach nicht bemerkt. Und zwar aus einem einzigen Grunde: *weil sie nämlich nicht banal sind.*

Ich muß hier bekennen: auch ich hielt Mahlers Themen anfangs für banal. Ich halte es für wichtig zu bekennen, daß ich Saulus war, ehe ich Paulus wurde, weil daraus hervorgehen kann, daß mir jene „feinen Unterscheidungen", auf die gewisse Gegner so stolz sind, nicht fremd waren, *sondern mir erst jetzt fremd sind,* seit der sich immer steigernde Eindruck, den ich von der Schönheit und Großartigkeit von Mahlers

Werk besitze, mich dahin gebracht hat zu erkennen, daß es nicht feine Unterscheidungen, sondern im Gegenteil, gröbstes Fehlen an Unterscheidungsvermögen ist, das solche Urteile erzeugt. Ich hatte Mahlers Themen banal gefunden, obwohl das ganze Werk mir stets großen Eindruck gemacht hatte. Heute könnte ich das beim bösesten Willen nicht mehr. Man bedenke nun: wenn sie wirklich banal wären, müßte ich sie heute noch viel banaler finden als früher. Denn banal heißt bäuerisch und bezeichnet etwas, was einer tief-stehenden Kultur, einer Unkultur angehört. In den Niederungen der Kultur aber findet sich nicht das Absolut-Schlechte oder Falsche, sondern das vormals Richtige, das Überholte, das Abgelebte, das Nicht-mehr-Wahre. Der Bauer benimmt sich nicht schlecht, sondern veraltet, so wie sich die Höherstehenden benommen haben, als sie das Bessere noch nicht wußten. Das Banale ist also ein Rückstand von Sitten und Anschauungen, die ehemals die Sitten und Anschauungen der Höherstehenden waren; ist nicht von vornherein banal, sondern erst banal worden, als es durch die nächstbesseren Gebräuche verdrängt wurde. Aber es kann nicht mehr aufsteigen – nun es einmal banal ist, muß es banal bleiben. Und wenn ich nun konstatiere, daß ich diese Themen heute nicht mehr banal finden kann, so können sie es nie gewesen sein; denn ein banaler Gedanke, ein Gedanke also, der mir veraltet, abgedroschen vorkommt, kann mir bei näherer Bekanntschaft nur immer banaler, veralteter, abgedroschener vorkommen. Niemals jedoch erhaben. Entdeckte ich aber nun gar, wie es sich bei mir zuträgt, an diesem Gedanken, je öfter ich ihn ansehe, Neues, neue Schönheiten, Erhabenes, dann ist kein Zweifel möglich: der Gedanke ist das Gegenteil von banal. Er ist nicht etwas, das man schon längst abgetan hat und gar nicht mißverstehen kann, sondern etwas, dessen tiefster Inhalt sich noch lange nicht ganz erschlossen hat, das zu tief war, als daß man mehr als die bloße äußere Erscheinung wahrgenommen hätte. Und in der Tat, nicht bloß Mahler ist es so ergangen, auch fast alle anderen großen Komponisten mußten sich Banalitäten vorwerfen lassen. Ich erinnere nur an Wagner und Brahms. Ich meine, diese Wandelung meiner Empfindung gibt einen besseren Maßstab ab, als das Urteil beim ersten Hören, das jeder schnell bei der Hand hat, so-

bald er irgendwo anstößt, wo er in Wirklichkeit nicht versteht.
Noch wehrloser als gegen den Vorwurf der Banalität ist der Künstler gegen den der Sentimentalität. Gegen jenen konnte Mahler, indem er, gezwungen, um sein Selbstbewußtsein gebracht, ihn halb und halb zugab, sich darauf berufen, man habe nicht auf das Thema zu sehen, sondern auf das, was daraus wird. Er hätte das nicht nötig gehabt. Doch dieses Urteil war so allgemein, daß er zu glauben gezwungen war, er selbst habe unrecht. Schließlich, wenn es die besten Musikanten und die anderen schlechtesten Leute sagen! Aber gegen den anderen, gegen den Vorwurf der Sentimentalität, gibt es keine Verteidigung. Das trifft so sicher wie das Wort Kitsch. Jeder, dem eigentlich nur der Kitsch gefällt, ist dadurch in der Lage, hinterrücks dem Ernstesten und Bedeutendsten, dem, der sich am heftigsten abwendet vom Gefälligen, das ja das wahre Wesen des Kitschigen ausmacht, einen Stoß zu geben, der ihn herabsetzt und auch der inneren Sicherheit beraubt. Man schimpft heute auch anders über bedeutende Kunstwerke als früher. Früher hielt man einem Künstler vor, daß er nichts könne; heute ist es ein Grund zum Tadel, etwas zu können. Glätte, die früher erstrebenswert war, ist heute ein Fehler, denn sie ist kitschig. Ja, man malt eben heute breit! Alle malen breit, und wer nicht breit malt, ist ein Kitscher. Und wer nicht Humor oder Oberflächlichkeit, Heldengröße und griechische Heiterkeit hat, ist sentimental. Es ist geradezu ein Glück, daß die Moral der Indianerbücher für unsere Kunstanschauungen noch nicht vorbildlich worden ist. Sonst anerkennten die Ästhetiker als unsentimental außer griechischer Heiterkeit nur noch indianische Schmerzunempfindlichkeit.
Dabei: was ist echtes Gefühl? Das ist doch eine Gefühlsfrage! Das kann man doch nur mit dem Gefühl beantworten! Wessen Gefühl hat recht? Dessen, der einem anderen das echte Gefühl abstreitet, oder dessen, der dem anderen gerne sein echtes Gefühl gönnt, wenn er nur sagen darf, was er zu sagen hat. Schopenhauer erklärt den Unterschied zwischen Sentimentalität und echter Trauer. Er wählt als Beispiel Petrarca, den ja die Breitmalenden sicher sentimental nennen würden, und zeigt an ihm, wie der Unterschied

darin besteht, daß die echte Trauer sich zur Resignation erhebt, während die Sentimentalität das nicht vermag, sondern immer trauert und klagt, so daß man „Erde und Himmel zugleich" verloren hat. Sich zur Resignation erheben: wie kann man von einem sentimentalen Thema sprechen, da dieses klagende, trauernde Thema sich ja vielleicht im weitern Verlauf zur Resignation erhebt? Das ist ebenso falsch, wie wenn man von einem geistreichen Wort spricht. Geistreich ist der ganze Mensch, reich an Geist, aber nicht der einzelne Satz. Sentimental könnte das ganze Werk, aber nicht die einzelne Stelle sein. Denn ihr Verhältnis zum Ganzen entscheidet: was sie wird, welche Bedeutung ihr im Ganzen zukommt. Und wie erhebt sich Mahlers Musik zur Resignation? Wird hier „Himmel und Erde zugleich" verloren, oder wird hier nicht vielmehr erst eine Erde gezeigt, die lohnenswert, und dann der Himmel gepriesen, der mehr als lebenswert ist? Man denke an die *Sechste*, an das furchtbare Ringen im ersten Satz. Doch, dessen schmerzzerwühlte Zerrissenheit erzeugt von selbst ihren Gegensatz, die überirdische Stelle mit den fernen Kuhglocken, deren kühler, eisiger Trost von einer Höhe aus gespendet wird, die nur der zur Resignation sich Aufschwingende erreicht; den nur der hört, der versteht, was, ohne animalische Wärme, höhere Stimmen flüstern.

Dann der Andante-Satz. Wie rein ist dessen Ton für den, der heute weiß, daß nicht Banalität es war, weshalb der nicht gefiel, sondern die Fremdartigkeit der Empfindung eines durchaus eigenartigen Menschen, weshalb man ihn nicht verstand. Oder das Posthornsolo in der *Dritten*, zuerst mit den geteilten hohen Geigen, dann, womöglich noch schöner, mit den Hörnern. Das ist doch eine Naturstimmung von „griechischer Heiterkeit", wenn es die durchaus sein muß. Oder, einfacher gesagt, von wundervollster Schönheit, für den, der solche Schlagworte nicht nötig hat. Oder der letzte Satz der *Dritten*. Die ganze *Vierte*, insbesondere aber ihr vierter Satz! Und der dritte! Und der zweite und der erste Satz auch! Also alle! Natürlich alle. Denn von großen Meistern gibt es keine schönen Stellen, sondern nur ganze schöne Werke.

Unerhört leichtfertig ist ein anderer Vorwurf, den man

Mahler macht: daß seine Themen unoriginell sind. Erstens, weil es in der Kunst nicht auf den einzelnen Bestandteil, in der Musik also nicht aufs Thema ankommt. Denn das Kunstwerk ist, wie jedes Lebewesen, ein als Ganzes Entstandenes. Genauso wie ein Kind, von dem auch nicht zuerst ein Arm oder ein Bein erzeugt wird. Nicht das Thema ist der Einfall, sondern das ganze Werk. Und nicht der hat Erfindung, der ein gutes Thema schreibt, sondern der, dem eine ganze Symphonie auf einmal einfällt. Zweitens aber sind diese Themen originell. Natürlich, wer nur die ersten vier Noten ansieht, der wird Anklänge finden. Aber er benimmt sich genauso lächerlich, wie einer, der in einer originellen Dichtung nach originellen Wörtern sucht, denn das Thema besteht nicht aus ein paar Noten, sondern aus den musikalischen Schicksalen dieser Noten. Die kleine Form, die wir Thema nennen, sollte niemals alleiniger Maßstab sein für die große Form, deren relativ kleinster Bestandteil sie ist. Aber nun gar die kleinsten Teile des Themas bloß zu beachten, das muß zu jenen Auswüchsen führen, gegen die Schopenhauer sich wandte, als er forderte, man habe mit den allergewöhnlichsten Wörtern die allerungewöhnlichsten Dinge zu sagen.

Und das müßte auch in der Musik möglich sein: mit den allergewöhnlichsten Tonfolgen müßte man die allerungewöhnlichsten Dinge sagen können. Mahler hat das nicht als Entschuldigung nötig. Obwohl er weitgehendste Einfachheit und Natürlichkeit anstrebte, haben doch seine Themen durchaus eigenartige Gestalt. Freilich nicht in dem Sinn, in welchem manche Schriftsteller mit den Wörtern umgehen. Wovon ich als Beispiel einen erwähnen will, der stets das rückbezügliche Fürwort ausließ, um eine persönliche Note zu erlangen. Aber im höchsten Sinn, wenn man nämlich ansieht, mit welcher Fantasie und Kunst, mit welchem Reichtum an Variation aus ein paar solcher Noten ein oft endloser Gesang wird, den zu analysieren selbst der Mühe hat, der geschickt darin ist. Wenn man beachtet, zu welchen durchaus originellen musikalischen Ereignissen jedes seiner Themen auf die natürlichste Art gelangt. Daran kann man erkennen, welches das Erfundene, welches das Empfundene war. Nämlich: der Weg, das Ziel, die ganze Entwicklung, alles zusammen, der ganze Satz; natürlich auch

das Thema, aber doch nicht die relativ gleichgültigen ersten paar Noten!
Man muß fast noch weitergehen: Es ist überhaupt nicht nötig, daß ein Musikstück ein originelles Thema habe. Denn sonst wären Bachs Choralvorspiele keine Kunstwerke. Und das sind aber doch wohl Kunstwerke!
So geht es immer den Ganz-Großen. Noch jedem wurde alles das vorgeworfen, wovon das Gegenteil wahr ist. Wirklich alles, und mit solcher Pünktlichkeit, daß man stutzig werden muß. Denn das zeigt etwas ganz anderes als man erwartet: daß nämlich die Qualitäten eines Autors wirklich wahrgenommen werden! Schon beim ersten Hören! Nur wird die Wahrnehmung falsch gedeutet. An allen Stellen, an denen sich das besondere seiner Art am auffallendsten bemerkbar macht, stößt der Hörer an. Statt aber gleich zu erkennen, daß hier eine Eigentümlichkeit liegt, deutet er den Anstoß als Verstoß. Nimmt er an, hier sei ein Fehler, ein Mangel, und übersieht, daß es ein Vorzug ist.
Eigentlich hätte man Mahlers hohe Künstlerschaft auf den ersten Blick, den man in seine Partituren wirft, erkennen müssen. Ich verstehe es heute gar nicht, wieso mir das entgehen konnte. Mir fiel an diesen Partituren sofort die unerhörte Einfachheit, Klarheit und Schönheit der Anordnung auf. Es erinnerte mich an Bilder, die nur die größten Meisterwerke zeigen. Aber ich wußte damals noch nicht, was ich heute weiß: daß es ganz ausgeschlossen ist, daß einer irgendwo etwas meisterliches leisten kann, der nicht in jeder Hinsicht Meister ist. Daß daher, wer solche Partituren schreiben kann, eben einer jener Köpfe ist, in denen die Vollkommenheit von selbst entsteht. Und daß der Begriff der Vollkommenheit den Begriff der Unvollkommenheit vollständig ausschließt, daß es also nicht möglich ist, von einer unvollkommenen Sache eine Darstellung zu geben, die den Eindruck der Vollkommenheit macht. Aus dem Partiturbild allein müßte ein Musiker, der Formgefühl hat, erkennen, daß diese Musik nur von einem Meister sein kann.
Und Gustav Mahler mußte sich sagen lassen, er könne nichts. Das heißt: eigentlich waren die Meinungen geteilt, denn einige behaupteten, er könne alles, sei raffiniert und

instrumentiere insbesondere effektvoll, aber er habe keine Erfindung und seine Musik sei hohl. Das waren die komplizierteren Schafsköpfe. Die einfacheren konnten Stimmführung und verachteten daher die Instrumentation und alles übrige, was ein Anderer kann und sie nicht zusammenbringen. Die wußten es ganz genau, daß man so nicht komponieren dürfe. Das sind dieselben, die es von jeher gewußt haben, wie die Meister nicht komponieren dürfen, wenn sie ebenfalls solche Schuster bleiben wollen, wie diese Berufsleute. Die haben es auch Beethoven, Wagner, Hugo Wolf und Bruckner immer vorgehalten, und hätten zu jeder Zeit genau gewußt, was das Einzig-Richtige ist. Erhalten ist von dieser Wissenschaft nichts als die Blamage. Die aber zieht sich durch die ganze Musikgeschichte.

Besonders auffallend ist nämlich bei Mahler, der ja durchaus tonal schreibt, und dem daher für seine Zwecke noch nicht so viele harmonische Mittel des Gegensatzes zur Verfügung standen, die Kunst seines Melodiebaues. Es ist unglaublich, wie lang diese Melodien werden können, obwohl sich dabei ja gewisse Akkorde wiederholen müssen. Und trotzdem entsteht keine Monotonie. Im Gegenteil, je länger das Thema dauert, desto größeren Schwung hat es am Ende; die Kraft, die seine Entwicklung treibt, nimmt mit gleichmäßiger Beschleunigung zu. So heiß das Thema *in statu nascendi* schon war, nach einiger Zeit hat es sich nicht müde, sondern noch heißer gelaufen, und wo es bei einem Anderen längst versiegt und versunken wäre, erhebt es sich erst in höchster Glut. Wenn das nicht Können ist, dann ist es doch wenigstens Potenz. Etwas Ähnliches zeigt sich im ersten Satz der *VIII. Symphonie*. Wie oft kommt dieser Satz nach Es-Dur, zum Beispiel auf einen Quartsextakkord! Jedem Schüler würde ich das wegstreichen und ihm empfehlen, eine andere Tonart aufzusuchen. Und unglaublich: hier ist es richtig! Hier stimmt es! Hier dürfte es gar nicht anders sein. Was sagen die Gesetze dazu? Man muß eben die Gesetze ändern!

Man beachte, wie merkwürdig viele und auch kürzere Themen gebaut sind. Das erste Thema des Andante der *sechsten Symphonie* z. B. ist zehn Takte lang. Seiner Konstitution nach ist es eine Periode, die normal acht Takte lang wäre.

Beispiel 1

Aber im vierten Takt, wo in der Periode die Zäsur stünde, wird die Note ges, die wie im Notenbeispiel (2) eine punk-

Beispiel 2

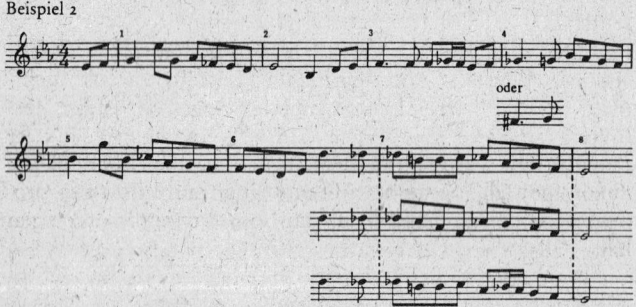

tierte Achtel sein kann, auf drei Viertel gedehnt, wodurch dann die Achtelnotenfigur in den fünften Takt verschoben wird. Der Vordersatz der Periode wird somit viereinhalb Takte lang. In einer symmetrischen Periode ist der Nachsatz ebensolang, was insgesamt neun Takte ausmachte. Er beginnt noch im fünften Takt, und wenn nicht im siebenten Takt eine der vorhergehenden Dehnung entsprechende neuerliche Dehnung erfolgte, so würde er enden, wie im 3. Notenbeispiel: im neunten Takt.

Beispiel 3

Es ist damit jedoch noch nicht unbedingt nötig, daß diese Melodie zehn Takte lang werde. Notenbeispiel (4) zeigt, daß trotz der Dehnung im siebenten Takt eine Endung am ersten Taktteil des neunten Taktes möglich ist. Das deutet darauf hin, daß in den Takten 8 und 9 noch eine weitere künstliche Dehnung erfolgt, obwohl hier die kadenzielle Kontraktion vorgenommen wurde.

Beispiel 4

Es ist wundervoll, wie sich diese Abweichungen vom Konventionellen gegenseitig das Gleichgewicht halten, ja einander bedingen. Das beweist ein höchstentwickeltes Formgefühl, wie man es nur in den großen Meisterwerken findet. Das ist nicht etwa das Kunststück eines „Technikers" – einem Meister würde es nicht gelingen, wenn er es sich vornähme. Das sind Einfälle, die sich der Kontrolle des Bewußtseins entziehen, Einfälle, die nur dem Genie zukommen, das sie unbewußt empfängt und Lösungen produziert ohne zu bemerken, daß ein Problem vorgelegen hat.

Ein bekannter Musikschriftsteller nannte Mahlers Symphonien „riesenhafte symphonische Potpourris". Potpourri, das geht natürlich auf die „Banalität der Erfindung" und nicht auf die Form, denn auf die Form soll sich „riesenhaft angelegt" beziehen. Nun aber gibt es erstens auch Potpourris aus klassischer Musik: aus Opern von Mozart, Wagner, etc. Ich weiß nicht, ob es das auch gibt, aber jedenfalls ist es doch leicht denkbar, daß ein Potpourri auch bloß aus den schönsten Themen von Bach oder Beethoven bestehen könnte, ohne darum etwas anderes als ein Potpourri zu sein. Es ist also die Banalität der Themen kein wesentliches Merkmal des Potpourris. Zweitens, dagegen ist das Merkmal des Potpourris die Anspruchslosigkeit der formalen Bindemittel. Daß die einzelnen Teile einfach nebeneinander gestellt sind, ohne daß sie innere Beziehung haben und ohne daß die Verbindungen (das könnte ja auch gar nicht sein) formal mehr sind als bloßer Zufall. Dem aber widerspricht der Ausdruck

symphonisch, denn der sagt das Gegenteil. Der sagt, daß die einzelnen Teile organische Bestandteile eines von einem Schöpfertrieb als Ganzes empfangenen und als Ganzes gegebenen Lebewesens sind. Aber dieses Wort, das also wirklich selbst an sich keinen Sinn hat, das in sich zusammenfällt, da es sich auf dreifache Weise widerspricht, dieses Wort hat in Deutschland furore gemacht. Ja, in Wien, in dessen Presse stets das Übelste möglich ist, hat es sogar einer für nötig gefunden, es in dem Nekrolog für Mahler zu zitieren.
Ich finde das ganz gerecht.
Denn irgendwie muß ja der große Künstler bei Lebzeiten gestraft werden für die Verehrung, die er später genießen wird.
Und irgendwie muß ja der geachtete Musikschriftsteller bei Lebzeiten entschädigt werden für die Verachtung, mit der spätere Zeiten ihn behandeln werden.
Das einzige, was jeder an Mahler gelten ließ, war seine Instrumentation. Das stimmt bedenklich, und man könnte fast annehmen, dieses Lob, da es so einstimmig ist, sei ebenso ungerecht, wie die schon vorher erwähnten Einstimmigkeiten. Und in der Tat, Mahler hat an seinen Kompositionen nie etwas in der Form geändert, aber fortwährend in der Instrumentation. Die scheint er als unvollkommen empfunden zu haben. Sie ist es gewiß nicht, sie ist gewiß von der höchsten Vollkommenheit, und nur die Unruhe des Mannes, der als Dirigent eine Deutlichkeit anstreben mußte, die er als Komponist gewiß nicht für ebenso nötig hielt, da ja die Musik die göttliche Eigenschaft der Anonymität der Gefühle, also der Undeutlichkeit für den Uneingeweihten zusichert, nur diese Unruhe zwang ihn, als Ersatz für das Vollkommene immer das noch Vollkommenere zu suchen. Aber das gibt es nicht. Jedenfalls ist es bezeichnend, daß er gegenüber diesem allgemeinen Lob eher mißtrauisch war. Und es ist eine wunderbare Eigenschaft großer Männer, daß sie ein Lob zwar als ihnen gebührend ansehen, es aber doch noch weniger vertragen als den Tadel. Aber es ist noch etwas. Ich bin fest überzeugt, wenn man die fragt, die Mahlers Instrumentation loben, was sie eigentlich meinen, werden sie etwas nennen, das ihm nicht recht gewesen wäre. Es gibt sogar einen Beweis dafür, fast jeder, der heute

instrumentiert, instrumentiert, wenn man die Kritiken liest, gut. Und es wird sicher noch einen Unterschied geben zwischen diesem Gut-Instrumentieren und dem Für-Orchester-Erfinden Mahlers!

Was an Mahlers Instrumentation in erster Linie auffallen muß, ist die fast beispiellose Sachlichkeit, die nur das hinschreibt, was unbedingt nötig ist. Sein Klang entsteht nie durch ornamentale Zutaten, durch Beiwerk, das nicht oder nur lose mit der Hauptsache verbunden ist, das nur als Schmuck aufgesetzt wird. Sondern: wo es rauscht, da rauschen die Themen; da haben die Themen solche Gestalt und so viele Noten, daß sofort klar wird, wie nicht das Rauschen der *Zweck* dieser Stelle, sondern ihre *Form* und ihr *Inhalt* ist. Wo es ächzt und stöhnt, da ächzen und stöhnen die Themen und die Harmonien; wo es aber kracht, da stoßen Baukolosse hart aneinander; die Architektur kracht; die architektonischen Spannungs- und Druckverhältnisse revoltieren. Aber zum schönsten gehören die zarten, duftigen Klänge. Hier bringt er ebenfalls unerhört Neues, wie beispielsweise die Mittelsätze der *VII. Symphonie,* mit ihren Gitarren-, Harfen- und Solo-Klängen. Übrigens diese Gitarre in der VII.: die ist nicht für einen einzelnen „Effekt" dazu genommen, sondern der ganze Satz steht auf diesem Klang. Sie gehört von allem Anfang an dazu, ist ein ausführendes Organ dieser Komposition: nicht das Herz, aber vielleicht das Auge, der Blick, das was ihr das Ansehn gibt. Ein Fall übrigens, der ganz nahe – auf modernere Art natürlich – der Methode der Klassiker steht, wenn sie einzelne Sätze oder Stücke klanglich auf einer bestimmten Instrumentengruppe aufbauen.

Daß und wie sehr Mahler auf solche und ähnliche Art der klassischen Musik viel näher ist, als es den Anschein hat, wird man wohl bald im Einzelnen herausfinden. Heute ist es nicht immer leicht, es zu erkennen, und selbstverständlich trifft es nicht immer zu. Im Gegenteil: bis zu einem gewissen Grad muß es sich entfernen, weil er weiter geht. Aber das, worin er weitergeht, sind nicht so sehr die Formen, die Proportionen, der Umfang; die sind nur äußere Folge der inneren Vorgänge; sondern der Inhalt. Das soll nicht heißen, daß der Inhalt größer, bedeutender oder erschütternder ist als bei den andern großen Meistern, denn es gibt nur einen Inhalt, den alle großen Menschen ausdrücken wollen: die Sehnsucht der Menschheit nach ihrer zukünftigen Gestalt, nach einer unsterblichen Seele, nach Auflösung im Weltganzen, die Sehnsucht dieser Seele nach ihrem Gott. Das allein, wenn auch auf verschiedenen Wegen und Umwegen und mit verschiedenen Mitteln, ist der Inhalt der Werke der Großen, und mit ihrer ganzen Kraft, mit ihrem ganzen Willen ersehnen und erwünschen sie das so lange, so intensiv, bis es sich erfüllen wird. Und diese Sehnsucht geht mit ihrer ganzen Intensität vom Vorgänger auf den Nachfolger über. Der Nachfolger setzt nicht nur den Inhalt, sondern auch die Intensität fort, das Erbe stets in entsprechendem Maße vermehrend. Diese Erbschaft verpflichtet, aber sie wird nur jenen auferlegt, die sie tragen können.

Es scheint mir fast kleinlich, daß ich neben dem Komponisten Mahler nun auch vom Dirigenten reden soll. Nicht nur ist er in dieser Tätigkeit selbst von den dümmsten Gegnern anerkannt worden, sondern man könnte auch meinen, daß die bloß reproduzierende Tätigkeit neben der produzierenden doch nur in zweiter Linie in Betracht komme. Aber es gibt zwei Gründe, die mich dazu veranlassen, es zu erörtern. Erstens ist bei einem großen Menschen nichts Nebensache. Eigentlich ist jede seiner Tätigkeiten irgendwie produktiv. In diesem Sinne hätte ich sogar Mahler zusehen wollen, wie er eine Kravatte bindet, und hätte das interessanter gefunden und lehrreicher, als wie irgendeiner unserer Musikhofräte einen „heiligen Stoff" komponiert. Zweitens aber scheint mir, als ob selbst diese Tätigkeit bisher nicht durchaus von ihrer wesentlichsten Seite erfaßt wurde. Gewiß haben viele seine dämonische Persönlichkeit, sein unerhörtes Stilgefühl, die Präzision seiner Aufführungen, sowie deren Klangschönheit und Deutlichkeit gerühmt. Aber unter anderem hörte ich beispielsweise einen seiner Herrn „Kollegen" sagen, es sei keine besondere Kunst, gute Aufführungen zustande zu bringen, wenn man so viele Proben macht. Gewiß ist das keine Kunst, denn je öfter man eine Sache durchspielt, desto besser geht sie, und davon profitieren auch die schlechtesten Dirigenten. Aber es ist eine Kunst, in der neunten Probe noch das Bedürfnis nach einer zehnten zu haben, weil man noch manches hört, das besser werden kann, *weil man in der zehnten Probe noch etwas zu sagen weiß.* Das ist ja der Unterschied: ein schlechter Dirigent weiß oft schon mit der dritten Probe nichts mehr anzufangen, hat nichts zu sagen, ist deshalb früher zufrieden, weil er nicht die Fähigkeit hat, noch zu unterscheiden und weil nichts in ihm höhere Ansprüche stellt. Und das ist die Ursache: der Produktive erzeugt in seinem Innern ein genaues Bild von dem, was er wiedergeben wird; hinter dem darf die Aufführung ebensowenig zurückbleiben wie alles, was er aus sich hervorbringt. In wenigem nur unterscheidet sich solches Reproduzieren vom Produzieren; fast ist nur der Weg ein anderer. Erst wenn man sich das klargemacht hat, begreift man, wieviel mit den anspruchslosen Worten gesagt ist, mit denen Mahler selbst sein höchstes Ziel als Dirigent bezeichnete: „Ich rechne es mir als mein größtes Verdienst an, daß ich die Musiker dazu zwinge, genau das zu spielen, was in den Noten steht." Das klingt uns fast zu einfach, zu wenig, und ist es in der Tat auch, denn die Wirkungen, die wir kannten, möchten wir viel bedeutenderen Ursachen zuschreiben. Denkt man aber daran, wie präzis das Bild sein muß, das die Noten in dem erzeugen, der produktiv ist, und welche feinste Fähigkeit dazugehört, zu unterscheiden, ob Wirklichkeit und Vorstellung miteinander übereinstimmen, was nötig ist, um diese feinsten Unterschiede so verständlich auszudrücken, daß der ausführende Musiker, indem er bloß die richtigen Noten bringt, nun auch plötzlich den Geist mitmusiziert, so begreift man, daß mit diesen schlichten Worten alles gesagt ist.

Diese Schlichtheit ist so charakteristisch für Mahler. Nirgends eine Bewegung, die nicht genau den Ursachen angemessen ist. So groß sie sein muß, ist sie; sie wird mit Temperament gebracht, lebendig, heftig, kraftvoll, denn das Temperament ist das Exekutivorgan der Überzeugung, und das will nicht feiern. Aber es gibt keinen Ausbruch, der nicht Ursachen hätte. Nicht jenes falsche Temperament, das denen heute so große Erfolge bringt, die Mahlers frühere Dirigierart nachahmen. Als er *so* dirigierte, sich mit heftigen Bewegungen an einzelne Instrumentengruppen wendend, ihnen die Kraft und Heftigkeit, die sie zum Ausdruck bringen sollten, geradezu vorspielend, da stand er an jener Grenze des Mannesalters, die das noch zuläßt. Als er sie überschritten hatte, trat die Wandlung ein, und er leitete das Orchester mit beispielsloser Ruhe. Alle Arbeit geschah in den Proben, die heftigen Gesten verschwanden, immer größere Klarheit des Ausdrucksvermögens durch Worte ersetzte sie. Hier war ein junger Mann ins reife Alter übergegangen und bemühte sich nicht, die Gebärden der Jugendlichkeit beizubehalten, weil er nie vortäuschte, sondern immer das tat, was seinem Zustand entsprach. Aber er hätte auch nie, solange er jung war, ruhig dirigiert; das Rubato entsprach der Jugend, das Maßhalten der Reife. Und jenen jüngeren Dirigenten, die heute Mahlersche Ruhe nachahmen, sei es gesagt, daß das nicht in seinem Sinn ist. Denn er hielt es anders. Ihm nacheifern heißt: immer so sein wie das eigene Gefühl es diktiert. Das andere ist nachäffen. Für ihn gab es keine anderen Regeln als diese und keine Vorbilder, die er nachahmte. Vorbildern soll man nachleben. Aber dazu gehört Mut. Den hatte Mahler im höchsten Maß. Nichts konnte ihn abhalten, für das, was er für nötig hielt, das Äußerste zu riskieren. Das hat seine Wiener Operndirektionsführung gezeigt, und die Feinde, die er sich durch sie verdient hat. Die gesamte Schlechtigkeit von Wien brachte er zur Einigkeit, die unverläßlichsten Elemente waren gebunden, waren todsichere Kämpfer gegen ihn geworden. Aber er hatte auch den Mut, zu ertragen, zu dulden. Ich kenne eine Affäre, in der er, mit keiner Wimper zuckend, die Angriffe der Presse auf sich nahm, kein Wort erwiderte, obwohl das, dessen man ihn beschuldigte, zwar in seinem Namen, aber gegen seinen Willen und trotzdem er davon abgeraten hatte, geschehen war. Er hätte einen jüngeren Freund ausliefern müssen, und das wollte er nicht. Lächelnd nahm er das hin, wie eine Selbstverständlichkeit und nie hat er später ein Wort davon erwähnt.

Als Direktor der Wiener Hofoper fungierte er nicht bloß als Musiker, forderte er nicht bloß von Musikern und Sängern Annäherung an Vollkommenheit und selbstvergessende Hingabe an den Willen der Meisterwerke, sondern er war auch deren Interpret in der Ausdeutung des dichterischen Inhalts. Wie tief sein Denken in die Absichten der Meister eindrang, mag folgendes Beispiel illustrieren.

In einem Gespräch über Wagners Dichtungen erwähnte ich, daß ich nicht imstande sei, den tieferen Sinn des Lo-

hengrin-Textes herauszufinden. Die bloße Fabel mit ihren romantischen Wundern, Verwünschungen, Hexereien, Zaubertränken und Rückverwandlungen schien nicht einem tieferen menschlichen Gefühl zu entsprechen. Soviel Eindruck auch der Appell an das Nationalgefühl und die Weihe des Grals hervorrief, so war es schwer, es Elsa zu verargen, daß sie Lohengrins Herkunft zu wissen wünschte; auch wenn Ortrud nicht ihren Argwohn erregt hätte.
„Es ist der Unterschied zwischen Mann und Weib", erklärte er, „Elsa ist das ungläubige Weib. Sie ist unfähig, dem Mann dasselbe Ausmaß von Vertrauen zu schenken, das er bewiesen hatte, als er für sie kämpfte, glaubend, ohne nach Schuld oder Unschuld zu fragen. Die Fähigkeit zu vertrauen ist männlich, das Mißtrauen weiblich." Gewiß, Mißtrauen entspringt der Angst der Schutzbedürftigen; Vertrauen aber resultiert aus dem Kraftbewußtsein des Schützers, ihres Schützers und des Schützers von Brabant. Diese Deutung enthüllt die tief menschliche Grundlage des vielleicht etwas theatralischen „Nie sollst du mich befragen".
Mahler, ein leidenschaft-durchglühter Mann, der alle Stürme des Lebens mitgemacht, „von allen Hunden gehetzt" gewesen war, der selbst Götter erhoben und gestürzt hatte, besaß, auf dem Höhepunkt des Lebens, die Ruhe, das Maß, den Abstand, den eine gewisse Abgeklärtheit verleiht. Diese befähigte ihn, in den Werken der Großen immer das Tiefste zu sehn, das, worauf ein unveränderlicher Respekt basiert, den wir Jüngeren eben zu verlieren im Begriff waren.
Mahler war kein Freund der Programmusik. Wenn er – ein Autokrat – nicht liebte, solche Dinge zu diskutieren, so liebte er ebenfalls nicht, daß man ihm „nach dem Munde" redete. Das mußte ein jüngerer Kapellmeister erfahren, der allerdings noch den Fehler machte, Wagner zu attackieren. „Das Wort Wagners, das Sie zitieren, leuchtet mir völlig ein", schrieb er, „daß unsere Musik das Reinmenschliche (alles, was dazu gehört, also auch das Gedankliche) in irgendeiner Weise reflektiert, ist doch nicht zu leugnen. Es kommt doch, wie in aller Kunst, eben auf die reinen Mittel des Ausdrucks an! Aber was man musiziert, ist doch immer der *ganze*, fühlende, denkende, atmende, leidende Mensch!"

Dagegen, so fuhr er fort, sei nichts einzuwenden, sofern ein Musiker sich das ausdrückte, aber nicht ein Literat, ein Philosoph, ein Maler!
Solche Weisheit hütete ihn vor Übertreibungen. Apostel sind oft päpstlicher als der Papst, weil ihnen das rechte Maß fehlt. Er wußte, daß weder das Eine allein absolut falsch, noch das andere allein absolut richtig ist. Darum ließ seine tiefverwurzelte Erkenntnis der wesentlichen Werte nicht zu, daß einem der Großen der gebührende Respekt versagt werde. Vielleicht war das auch Auswirkung des Standesgefühls, so wie etwa jeder Offizier Respektverletzung gegen einen anderen Offizier unter allen Umständen sofort ahnden wird.
Das ist mir passiert:
Es gab in meiner Entwicklung eine Welle, in der ich Wagner, den ich vorher zu den Höchsten gezählt hatte, durchaus ablehnend, ja feindselig gegenüberstand. Es scheint, daß ich sehr heftige und ungeziemende Worte darüber zu Mahler äußerte. Obzwar sichtlich schockiert, entgegnete er doch mit imponierender Ruhe, er kenne solche Zustände, er sei auch durch solche Entwicklungsstadien durchgegangen. Das sei nichts Bleibendes; man komme zu den Wahrhaft-Großen doch immer wieder zurück. Die ständen unverrückbar auf ihrem Platz und es empfehle sich, niemals den Respekt zu verlieren.
Diese Lehre war für mich seither von großer Bedeutung, denn es wurde mir klar, daß nur einer zu achten fähig ist, der selbst Achtung verdient; und daß dieser Satz sogar die Umkehrung zulasse: Wer nicht achten kann, ist selbst nicht achtenswert. Und diese Erkenntnis ist heute besonders wichtig, wo Strebende zuerst einen Größern klein machen, um selbst größer zu scheinen.
Ich habe den Unterschied zwischen Genie und Talent folgendermaßen zu definieren versucht:
Talent ist die Fähigkeit zu erlernen, Genie die Fähigkeit sich zu entwickeln. Das Talent nimmt zu, indem es Fähigkeiten, die es außer ihm schon gab, sich aneignet, sich assimiliert und sie schließlich sogar besitzt. Das Genie besitzt alle seine zukünftigen Fähigkeiten schon von vornherein. Es entwickelt sie nur, es wickelt sie nur ab, es entrollt, entfaltet sie bloß. Während das Talent, das ein Begrenztes,

nämlich das schon Vorhandene, zu erlernen hat, sehr bald seinen Höhepunkt erreicht, wonach es meist wieder zurücksinkt, erstreckt sich die Entwicklung des Genies, das neue Wege ins Unbegrenzte sucht, über das ganze Leben. Und daher kommt es, daß kein einziger einzelner Moment in dieser Entwicklung dem andern gleicht. Jedes Stadium ist gleichzeitig Vorstadium zu einem nächsten. Es ist ein ewiges Verwandeln, ein ununterbrochenes Neuentstehen aus einem einzigen zugrundeliegenden Keim. Es ist klar, warum dann zwei einander fernstehende Punkte dieser Entwicklung so seltsam sich voneinander unterscheiden, daß man sie zunächst gar nicht als zusammengehörig erkennt. Erst bei näherem Besehen erkennt man in den Möglichkeiten des früheren Zustandes die Gewißheiten des späteren.
Ein wunderbarer Beleg für diesen Satz sind mir die Bildnisse Mahlers.
Da ist eines, das ihn als ungefähr Achtzehnjährigen zeigt. Alles ist noch verschlossen. Ein Jüngling, der noch nicht ahnt, was sich in ihm abspielen wird. Er sieht nicht aus wie jene jungen Künstler, denen es wichtiger ist, wie ein Großer auszuschauen, als ein Großer zu sein. Er sieht aus wie einer, der wartet auf etwas, das kommen wird, das er aber noch nicht weiß. Ein zweites Bild zeigt den ungefähr Fünfundzwanzigjährigen. Hier ist schon etwas vorgegangen. Merkwürdig, die Stirn ist höher geworden; das Hirn nimmt offenbar mehr Platz ein. Und die Gesichtszüge, – früher bei allem merkwürdigen Ernst fast die eines, der sich noch etwas Kraft anschaffen möchte, ehe er an die Arbeit geht – die Gesichtszüge sind jetzt gespannt. Sie verraten: er weiß schon, was die Welt Gutes und Böses kann, aber sie sind fast hochmütig: er wird es schon kleinkriegen. Aber nun ein Sprung zum Kopf des Fünfzigjährigen. Wie der daraus werden konnte, ist rätselhaft. Fast keine Ähnlichkeit mit den Jugendbildern zeigt er. Die Entwicklung von Innen heraus hat ihm eine Form gegeben, die alle Vorstadien, ich möchte sagen, verschluckt hat. Gewiß sind auch sie in der letzten Form enthalten. Sicher hat jeder, der sehen kann, schon in den Jugendbildern den ganzen Menschen erraten. Aber die Stufenleiter rückwärts schauend, ist es so schwer in ihnen, die an sich gewiß ausdrucksvoll sind, den Ausdruck der reifen wahrzunehmen, wie neben einem sehr hellen Licht, die

Strahlen eines geringeren. Man muß lange das Auge von den Gewißheiten des älteren wegwenden, ehe man in den jüngeren wieder die Möglichkeiten sieht. Hier haben die Gedanken und Gefühle, die diesen Menschen bewegten, eine Form geschaffen. Das ist nicht wie bei den genialen Jünglingen, die am besten aussehen, solange sie jung sind, und sich auch äußerlich sichtlich zum Philister umformen, wenn sie älter werden. Ein Aussehen kann man eben nicht erlernen. Und das Gelernte bleibt nicht, sondern geht zurück. Aber das Angeborene geht von einem Höhepunkt zum nächsten, entwickelt sich zu immer höheren Ausdrucksformen. Macht Sprünge, die dem Zuschauer desto rätselhafter werden, je dringender er sie zu verstehen wünscht.
Mahlers Entwicklung gehört überhaupt zu dem Überwältigendsten. Eigentlich ist schon in der ersten Symphonie alles da, was ihn charakterisieren wird; hier schon klingt seine Lebensmelodie an, die er nur entwickelt, zur höchsten Entfaltung bringt. Die Hingabe an die Natur und die Todesgedanken. Mit dem Schicksal ringt er hier noch, aber in der *Sechsten* anerkennt er es, und diese Anerkennung ist Resignation. Aber selbst die Resignation wird produktiv, und erhebt sich in der *VIII.* zur Verherrlichung der höchsten Freuden, zu einer Verherrlichung, die nur der vermag, der bereits weiß, daß diese Freuden nicht mehr für ihn sind, der bereits resigniert hat; der bereits fühlt, daß sie nur ein Gleichnis sind, für höhere und höchste Freuden, eine Verherrlichung des höchsten Glückes, wie er es in dem Brief an seine Frau, wo er die Schlußszenen des *Faust* interpretiert, auch in Worten ausdrückt:

„Alles *Vergängliche* (was ich euch da an den beiden Abenden vorgeführt habe) – – sind lauter *Gleichnisse*; natürlich in ihrer irdischen Erscheinung unzulänglich – – *dort aber,* befreit von dem Leibe der irdischen Unzulänglichkeit wird es sich *ereignen*, und wir brauchen dann mehr keine Umschreibung, keinen Vergleich – – Gleichnis – – dafür – *dort ist es eben getan,* was ich hier zu beschreiben versuchte, was aber doch nur *unbeschreiblich* ist, und zwar, was? Ich kann es euch wieder nur im Gleichnis sagen:
Das Ewig-Weibliche hat uns hinangezogen – – wir sind da – – wir ruhen – – wir besitzen, was wir auf Erden nur ersehnen, erstreben konnten ..."

Das ist ein Weg, dorthin zu gelangen! Nicht bloß mit dem Verstand, sondern mit dem Gefühl, darin *selbst* schon zu leben. Der lebt schon nicht mehr auf der Erde, der sie so ansieht. Den hat es schon hinangezogen.
Im Musikalischen zeigt seine Entwickelung ein unentwegtes Aufwärts. Gewiß sind schon die ersten Symphonien von großer Formvollendung. Denkt man aber an die Straffheit und Knappheit der Form der *Sechsten*, wo keine überflüssige Note steht, wo alles auch noch so Weitausgereifte notwendiger Bestandteil und organisch eingefügt ist, sucht man gar zu erfassen, wie diese beiden Sätze der *VIII. Symphonie* nichts anderes sind als ein einziger unerhört langer und weiter Gedanke, ein einziger auf einmal empfangener, überblickter und bewältigter Gedanke, dann staunt man über die Kraft eines Hirns, das sich schon in jungen Jahren Unglaubliches zutrauen durfte, hier aber das Unwahrscheinlichste zum Ereignis gemacht hat.
Und im *Lied von der Erde* kann er dann plötzlich auch die kürzesten und zartesten Formen. Das ist höchst merkwürdig, aber doch einleuchtend: die Unendlichkeit in der *VIII.* und die Endlichkeit des Irdischen in dieser Symphonie.
Seine *Neunte* ist höchst merkwürdig. In ihr spricht der Autor kaum mehr als Subjekt. Fast sieht es aus, als ob es für dieses Werk noch einen verborgenen Autor gebe, der Mahler bloß als Sprachrohr benützt hat. Dieses Werk ist nicht mehr im Ich-Ton gehalten. Es bringt sozusagen objektive, fast leidenschaftslose Konstatierungen, von einer Schönheit, die nur dem bemerkbar wird, der auf animalische Wärme verzichten kann und sich in geistiger Kühle wohlfühlt. Was seine *Zehnte*, zu der, wie auch bei Beethoven, Skizzen vorliegen, sagen sollte, das werden wir so wenig erfahren wie bei Beethoven und Bruckner. Es scheint, die *Neunte* ist eine Grenze. Wer darüber hinaus will, muß fort. Es sieht aus, als ob uns in der *Zehnten* etwas gesagt werden könnte, was wir noch nicht wissen sollen, wofür wir noch nicht reif sind. Die eine Neunte geschrieben haben, standen dem Jenseits zu nahe. Vielleicht wären die Rätsel dieser Welt gelöst, wenn einer von denen, die sie wissen, die Zehnte schriebe. Und das soll wohl nicht so sein.
Wir sollen noch weiter in einem Dunkel bleiben, das nur gelegentlich durch das Licht des Genies erleuchtet wird.

Wir sollen noch weiter kämpfen und ringen, sehnen und wünschen. Und es soll uns noch weiter versagt sein, dieses Licht, solange es bei uns weilt, zu sehen. Wir sollen blind bleiben, bis wir Augen erworben haben. Augen, die die Zukunft sehen. Augen, die mehr als das Sinnliche, das nur ein Gleichnis ist, die das Übersinnliche durchdringen. Unsere Seele soll dieses Auge sein. Wir haben eine Aufgabe: uns eine unsterbliche Seele zu erwerben. Sie ist uns verheißen. Wir besitzen sie schon in der Zukunft, wir müssen es dahinbringen, daß diese Zukunft unsere Gegenwart wird. Daß wir nur in dieser Zukunft leben, und nicht in einer Gegenwart, die nur ein Gleichnis, und wie jedes Gleichnis, unzulänglich ist.

Und das ist das Wesentliche am Genie, daß es diese Zukunft ist. Das ist der Grund, warum der Gegenwart das Genie nichts ist. Weil Gegenwart und Genie nichts miteinander zu tun haben. Das Genie ist unsere Zukunft. So werden wir einst sein, wenn wir uns durchgerungen haben. Das Genie leuchtet voran, und wir bemühen uns nachzukommen. Dort, wo es sich befindet, ist's schon hell; aber wir können diese Helligkeit nicht vertragen. Wir sind geblendet und sehen nur eine Wirklichkeit, die noch keine ist, die nur Gegenwart ist. Aber eine höhere Wirklichkeit ist beständig, und die Gegenwart vergeht. Unvergänglich ist die Zukunft, und deshalb besteht die höhere Wirklichkeit, die Wirklichkeit unserer unsterblichen Seele lediglich in der Zukunft.

Das Genie leuchtet voran und wir bemühen uns nachzukommen! Bemühen wir uns wirklich genug? Hängen wir nicht zu sehr am Tag?

Wir werden nachkommen, denn wir müssen. Ob wir wollen oder nicht. Es zieht uns hinan.

Wir müssen mit.

Das, so scheint mir, hat, wie das Werk jedes Großen, auch Gustav Mahlers Werk uns sagen dürfen. Es ist uns oft gesagt worden und wird uns, ehe wir es ganz erfassen, noch viel öfter gesagt werden müssen. Es wird immer plötzlich ganz still, nachdem einer dieser Großen gesprochen hat. Wir lauschen. Aber bald hat uns das Leben wieder mit seinem Lärm.

Soviel durfte Mahler von dieser Zukunft verraten; als er mehr sagen wollte, wurde er abberufen. Denn es soll noch

nicht ganz still werden; es soll noch Kampf und Lärm weiter sein.
Und wir sollen noch glühen vom Widerschein eines Lichts, das uns blendete, wenn wir es sähen.
Ich kämpfte hier für Mahler und sein Werk. Ich habe polemisiert, ich habe harte und scharfe Worte gegen seine Gegner gesagt. Ich weiß es, wenn er zuhörte, würde er lächelnd abwinken. Denn er ist dort, wo man nicht mehr Vergeltung übt.
Aber wir, wir müssen doch weiter kämpfen, da uns die Zehnte noch nicht gesagt wurde.

Neue Musik, veraltete Musik, Stil und Gedanke

Die ersten drei dieser vier Begriffe sind in den letzten fünfundzwanzig Jahren ausgiebig verwendet worden, während von dem vierten Begriff, *Gedanke*, nicht soviel Aufhebens gemacht worden ist.
Leider liefern die Methoden im Musikunterricht, anstatt die Schüler gründlich mit der Musik vertraut zu machen, ein Konglomerat mehr oder weniger wahrer historischer Fakten, versüßt mit einer großen Anzahl mehr oder weniger falscher Anekdoten über den Komponisten, seine Ausführenden, sein Publikum und seine Kritiker, plus eine starke Dosis popularisierter Ästhetik. So las ich einmal in einer Prüfungsarbeit einer Studentin im zweiten Studienjahr, die nur wenig Harmonielehre und viel „Musikverständnis" (als Fach) studiert, aber gewiß nicht viel tönende Musik gehört hatte, daß „Schumanns Instrumentation trübe und unklar" sei. Diese Weisheit stammte wörtlich genau aus dem Lehrbuch, das in der Klasse benutzt wurde. Manche Fachleute für Instrumentation würden vielleicht sogar ohne Argument der Verdammung Schumanns als Instrumentator zustimmen. Indessen könnte es andere Fachleute geben, die sich darüber einig wären, daß nicht die ganze Instrumentation von Schumann schlecht sei – daß es trübe ebenso wie glänzende oder zumindest gute Stellen gebe; sie wüßten auch, daß dieser Vorwurf von dem Streit zwischen der Wagnerischen „Neudeutschen" Schule und der Schumann-Brahmsischen akademisch-klassizistischen Schule herrührt und daß die Kritiker so glänzende Stellen aus Wagners Musik im Sinn hatten, wie den *Feuerzauber*, das *Meistersinger*-Vorspiel, die *Venusberg*-Musik und andere. Eine solche Brillanz ist in Schumanns Musik nur selten zu finden. Aber manche Fachleute wissen auch, daß es sehr wenige Kompositionen gibt, deren Instrumentation makellos ist. Mehr als zwei Jahrzehnte nach Wagners Tod, zum Beispiel, überdeckte seine Orchesterbegleitung die Stimmen der Sänger noch so, daß sie unhörbar wurden. Ich weiß, daß Gustav Mahler seine Instrumentation zugunsten der Durchsichtigkeit sehr ändern mußte. Und Strauss selbst hat mir meh-

rere Stellen gezeigt, an denen er auszugleichen genötigt war.
Es herrscht also nicht der gleiche Grad von Einmütigkeit unter den Instrumentationsexperten wie zwischen der Studentin im zweiten Jahr und ihrem Lehrbuch. Aber nicht wiedergutzumachender Schaden ist angerichtet worden; dieses Mädchen, und wahrscheinlich all ihre Klassenkameraden, wird Schumanns Orchester niemals naiv, aufnahmebereit und unvoreingenommen zuhören. Am Ende des Semesters wird sie Kenntnisse in Musikgeschichte, Musikästhetik und Musikkritik plus einer Anzahl amüsanter Anekdoten erworben haben; aber leider wird sie sich vielleicht nicht einmal an ein einziges dieser trübe instrumentierten Themen von Schumann erinnern. In ein paar Jahren wird sie ihren Master of Arts in Musik machen oder Lehrerin geworden sein, oder beides, und wird verbreiten, was man sie gelehrt hat: fertige Urteile, falsche und oberflächliche Vorstellungen von Musik, Musikern und Ästhetik.
Auf diese Weise werden eine große Anzahl von Pseudohistorikern herangebildet, die sich selbst für Fachleute und als solche für berechtigt halten, nicht nur Musik und Musiker zu kritisieren, sondern sich sogar die Rolle von Führern anzumaßen, Einfluß auf die Entwicklung der Tonkunst zu gewinnen und sie im voraus zu organisieren.
Wenige Jahre nach dem Ersten Weltkrieg erlangten solche Pseudohistoriker eine beherrschende Stimme in ganz Westeuropa, indem sie die Zukunft der Musik voraussagten. In allen musikschaffenden Ländern, in Frankreich, Italien, Deutschland, Österreich, Ungarn, der Tschechoslowakei und Polen kam plötzlich das Schlagwort auf:

„NEUE MUSIK"

Dieser Kampfruf war offensichtlich geschaffen worden, weil einer dieser Pseudohistoriker sich daran erinnert hatte, daß mehrmals in der Vergangenheit der gleiche Kampfruf, oder ein ähnlicher, eine neue Richtung in der Kunst gefördert hatte. Ein Kampfruf muß vielleicht oberflächlich und wenigstens teilweise falsch sein, wenn er Popularität erringen soll. So können wir Schopenhauers Geschichte von der Überraschung eines antiken griechischen Redners verstehen, der, als er plötzlich von Applaus und Hochrufen unterbrochen wurde, ausrief: „Habe ich irgendeinen Unsinn ge-

sagt?" Die Popularität, die dieses Schlagwort „Neue Musik" erreicht hat, erregt sofort Verdacht und zwingt einen, seine Bedeutung in Frage zu stellen.
Was ist Neue Musik?
Offensichtlich muß das Musik sein, die, obwohl sie immer noch Musik ist, sich in allem Wesentlichen von früher komponierter Musik unterscheidet. Offensichtlich muß sie etwas ausdrücken, was bisher noch nicht in der Musik ausgedrückt worden ist. Offensichtlich ist in der höheren Kunst nur dasjenige darstellenswert, was nie zuvor dargestellt worden ist. Es gibt kein großes Kunstwerk, das nicht der Menschheit eine neue Botschaft vermittelt; es gibt keinen großen Künstler, der in dieser Hinsicht versagt. Dies ist der Ehrenkodex aller Großen in der Kunst, und folglich werden wir in allen großen Werken der Großen jene Neuheit finden, die niemals vergeht, sei sie von Josquin des Prés, von Bach oder Haydn, oder von irgendeinem anderen großen Meister.
Denn: Kunst heißt Neue Kunst.
Die Vorstellung, dieses Schlagwort „Neue Musik" könne den Lauf des Musikschaffens ändern, beruhte vermutlich auf dem Glauben, daß „die Geschichte sich wiederholt". Wie jeder weiß, entstand noch zu Lebzeiten Bachs ein neuer Musikstil, aus dem später der Stil der Wiener Klassiker erwuchs, der homophon-melodische Kompositionsstil oder, wie ich ihn nenne, der Stil der entwickelnden Variation. Wenn also die Geschichte sich wirklich wiederholte, würde auch in unserer Zeit die Annahme genügen, man brauche die Schaffung einer neuen Musik nur zu fordern, und das Fertigprodukt werde sofort serviert.
Dies heißt die Symptome für die Ursachen halten. Die wirklichen Ursachen für Wandlungen im musikalischen Kompositionsstil sind andere. Wenn Musiker in einer Periode homophoner Komposition eine große Kunstfertigkeit im Hervorbringen von Melodien erworben hatten – das heißt von Hauptstimmen, die die Begleitstimmen zu fast bedeutungsloser Untergeordnetheit reduzierten, um jeden möglichen Inhalt in sich selbst zu konzentrieren – mochten andere Komponisten durch eine derartige Kunstfertigkeit, die schon zu einem schematischen Mechanismus zu entarten schien, wohl beunruhigt sein. Sie mochten sich sodann

noch mehr über die Minderwertigkeit der Begleitung als über das, was ihnen als Süße der Melodie erschien, beunruhigen. Während in dieser Periode nur *eine* Richtung des musikalischen Raumes, die horizontale Linie, entwickelt worden war, mochten die Komponisten der nächsten Periode einer Tendenz entsprochen haben, die verlangte, auch die Begleitstimmen zu beleben – das heißt, der vertikalen Richtung des musikalischen Raumes zu folgen. Solche Tendenzen mochten jene reichere Ausarbeitung der Begleitung verursacht haben, wie sie bei Beethoven gegenüber Haydn, bei Brahms gegenüber Mozart oder bei Wagner gegenüber Schumann zu sehen ist. Obwohl in all diesen Fällen der Reichtum der Melodie nicht im geringsten gelitten hat, ist die Rolle der Begleitung gesteigert worden, indem sie ihren Beitrag zu der allgemeinen Wirkung erhöht hat. Kein Historiker braucht einem Beethoven, einem Brahms, einem Wagner zu sagen, er solle seine Begleitung mit Vitaminen anreichern. Wenigstens diese drei Männer hätten ihn, eigensinnig wie sie waren, hinausgeworfen.
Und umgekehrt:
Wäre in einer bestimmten Periode jede beteiligte Stimme im Hinblick auf ihren Inhalt, ihr formales Gleichgewicht und ihre Beziehung zu anderen Stimmen als Teil eines kontrapunktischen Gefüges ausgearbeitet worden, wäre ihr Anteil an melodischer Eloquenz geringer, als wenn sie die Hauptstimme wäre. Wiederum könnte dann in jüngeren Komponisten eine Sehnsucht aufsteigen, sich all dieser Kompliziertheit zu entledigen. Sie könnten es also ablehnen, sich mit dem Kombinieren und Ausarbeiten von Nebenstimmen zu befassen. So wäre das Verlangen, nur *eine* Stimme auszuarbeiten und die Begleitung auf das für die Faßlichkeit erforderliche Minimum zu reduzieren, wieder die herrschende Mode.
Solcherart sind die Gründe, die Wandlungen in den Kompositionsmethoden hervorbringen. In vielfältigem Sinne braucht Musik Zeit. Sie braucht meine Zeit, sie braucht deine Zeit, sie braucht ihre eigene Zeit. Es wäre höchst ärgerlich, wenn sie nicht bestrebt wäre, in jedem Bruchteil dieser Zeit die wichtigsten Dinge in konzentriertester Weise zu sagen. Daher kommt es, daß Komponisten, wenn sie die Technik erworben haben, eine Richtung bis zur

höchsten Belastbarkeit mit Inhalt zu füllen, das gleiche in der nächsten Richtung tun müssen und schließlich in allen Richtungen, in denen Musik sich ausbreitet. Solche Entwicklung kann nur schrittweise vor sich gehen. Die Notwendigkeit, einen Kompromiß mit der Faßlichkeit zu schließen, verbietet es, in einen Stil hineinzuspringen, der mit Inhalt überladen ist, in einen Stil, bei dem zu oft Fakten ohne Bindeglieder aneinandergereiht werden und der zu Schlußfolgerungen springt, bevor sie richtig ausgereift sind.

Ich bezweifle, daß, wenn die Musik ihre frühere Richtung verließ und sich in dieser Weise neuen Zielen zuwandte, die Männer, die diese Veränderung herbeiführten, der Ermunterung von Pseudohistorikern bedurften. Wir wissen, daß sie – die Telemanns, die Couperins, die Rameaus, die Keysers, die Ph. E. Bachs und andere – etwas Neues geschaffen haben, das erst später zur Periode der Wiener Klassiker führte. Ja, ein neuer Stil in der Musik wurde geschaffen, aber mußte deshalb die Musik der vorausgegangenen Periode veralten?

Merkwürdigerweise geschah es zu Beginn dieser Periode, daß J. S. Bachs Musik als veraltet bezeichnet wurde. Und höchst merkwürdigerweise war einer von denen, die dies behaupteten, J. S. Bachs eigener Sohn Ph. E. Bach, dessen Größe man in Frage stellen könnte, wüßte man nicht, daß Mozart und Beethoven mit großer Bewunderung auf ihn blickten. Für sie schien er noch ein Führer, sogar nachdem sie selbst den ersten ziemlich negativen Prinzipien der Neuen Musik so positive Prinzipien wie das der entwikkelnden Variation hinzugefügt hatten zusätzlich zu vielen bis dahin unbekannten strukturellen Mitteln wie jenen der Überleitung, der Liquidation, der dramatischen Reprise, der mannigfaltigen Durchführung, der Ableitung von Nebenthemen, der höchst differenzierten Dynamik – *crescendo, decrescendo, sforzato, piano subito, marcato* etc. – und besonders der neuen Technik der *legato-* und *staccato*-Passagen, *accelerando* und *ritardando*, und der Festsetzung des Tempos und Charakters durch spezifische Beiwörter.

Beethovens Worte: „Das ist nicht ein Bach, das ist ein Meer" stellen die richtige Reihenfolge her. Er hat dies nicht von Philipp Emanuel, sondern von Johann Sebastian gesagt. Hätte er nicht hinzufügen sollen: Wer ist der Bach?

Jedenfalls:
Während J. S. Bach bis 1750 unzählige Werke schrieb, deren Originalität uns um so erstaunlicher scheint, je mehr wir uns mit seiner Musik befassen; während er einen neuen, noch nie dagewesenen Musikstil nicht nur entwickelte, sondern wirklich schuf; während das wahre Wesen dieser Neuheit von den Fachleuten immer noch nicht bemerkt wird –
Nein, Entschuldigung: Ich fühle mich verpflichtet zu beweisen, was ich sage, und verabscheue es, dies so leichthin und oberflächlich zu sagen, als ob ich sagen sollte: Neue Musik.
Das Neue an Bachs Kunst kann man nur erfassen, wenn man es einerseits mit dem Stil der Niederländischen Schule und andererseits mit der Kunst Händels vergleicht.
Die Geheimnisse der Niederländer, die dem Uneingeweihten strikt verwehrt waren, beruhten auf einer vollständigen Erkenntnis der möglichen kontrapunktischen Beziehungen zwischen den sieben Tönen der diatonischen Skala. Diese befähigte die Eingeweihten, Kombinationen hervorzubringen, die viele Arten vertikaler und horizontaler Versetzungen und andere ähnliche Verwandlungen zuließen. Aber die restlichen fünf Töne waren in diesen Regeln nicht einbegriffen, und falls sie überhaupt erschienen, so außerhalb der kontrapunktischen Kombinationen und als gelegentliche Auswechslung
Im Gegensatz dazu erweiterte Bach, der mehr Geheimnisse kannte, als die Niederländer besaßen, diese Regeln solchermaßen, daß sie alle zwölf Töne der chromatischen Skala umfaßten. Bach arbeitete mit den zwölf Tönen manchmal auf solche Weise, daß man geneigt sein könnte, ihn als den ersten Zwölftonkomponisten zu bezeichnen.
Hat man bemerkt, daß die kontrapunktische Flexibilität der Themen Bachs aller Wahrscheinlichkeit nach auf seinem instinktiven Denken in mehrfachem Kontrapunkt beruht, das Spielraum für zusätzliche Stimmen läßt, und vergleicht man seinen Kontrapunkt dann mit Händels, so scheint der Kontrapunkt des letzteren dürftig und einfach, und seine Nebenstimmen sind wirklich minderwertig.
Auch in anderer Hinsicht steht Bachs Kunst höher als Händels. Als Theaterkomponist vermochte Händel immer mit

einem charakteristischen und oft ausgezeichneten Thema zu beginnen. Aber danach erfolgt, abgesehen von den Wiederholungen des Themas, ein Abfall, der nur bringt, was der Herausgeber von *Grove's Dictionary* als „dummes Zeug" bezeichnen würde – leere, bedeutungslose, etüdenhaft gebrochene Akkordfiguren. Im Gegensatz dazu sind selbst Bachs überleitende und untergeordnete Abschnitte immer voller Charakter, Erfindungskraft, Phantasie und Ausdruck. Obgleich seine Nebenstimmen niemals in Minderwertigkeit abgleiten, vermag er flüssige und wohl ausgewogene Melodien von größerer Schönheit, Gedankenfülle und Ausdruckskraft zu schreiben, als in der Musik jener Keysers, Telemanns und Philipp Emanuel Bachs zu finden sind, die ihn veraltet nannten. Sie waren natürlich nicht fähig zu sehen, daß er auch der Erste war, der gerade jene für den Fortschritt ihrer Neuen Musik so notwendige Technik einführte: die Technik der „entwickelnden Variation", die den Stil der großen Wiener Klassiker ermöglichte.

Während Bach so – wie gesagt – Werk auf Werk in einem neuen Stil schrieb, fiel seinen Zeitgenossen nichts Besseres ein, als ihn zu ignorieren. Man kann sagen, daß von ihrer Neuen Musik nicht viel lebendig geblieben ist, obwohl man nicht leugnen darf, daß sie der Anfang einer neuen Kunst war. Aber es gibt zwei Punkte, in denen sie irrten. Erstens waren es keine musikalischen „Gedanken", die ihre Neue Musik einführen wollte, sondern nur ein neuer Darstellungsstil musikalischer Gedanken, ganz gleich, ob diese neu oder alt waren; es war eine Welle im Fortschritt der Musik, eine, die, wie zuvor beschrieben, versuchte, die andere Richtung des musikalischen Raumes zu entwickeln, die horizontale Linie. Zweitens hatten sie unrecht, als sie Bachs Musik veraltet nannten. Zumindest war sie nicht für immer veraltet, wie die Geschichte zeigt; heute ist ihre Neue Musik veraltet, während Bachs Musik ewig geworden ist.

Aber nun sollte man auch den Begriff „veraltet" untersuchen.

Beispiele für diesen Begriff lassen sich eher in unserem Alltagsleben als im intellektuellen Bereich finden. Langes Haar, zum Beispiel, galt vor dreißig Jahren als bedeutender Beitrag zur weiblichen Schönheit. Wer weiß, wie bald die kurzhaarige Mode veraltet sein wird? Pathos war vor etwa

hundert Jahren einer der am meisten bewunderten Vorzüge der Dichtkunst; heute mutet es lächerlich an und wird nur zu satirischen Zwecken verwendet. Das elektrische Licht hat das Kerzenlicht veralten lassen; aber Snobs benutzen das letztere immer noch, weil sie es in den Schlössern des Adels gesehen haben, wo kunstvoll geschmückte Wände durch elektrische Leitungen zerstört worden wären.
Zeigt dies an, weshalb etwas veraltet?
Langes Haar wurde altmodisch, weil arbeitende Frauen es als hinderlich ansahen. Das Pathos wurde altmodisch, als der Naturalismus das wirkliche Leben und die Sprechweise der Menschen, wenn sie ihre Geschäfte zu Ende bringen wollten, nachzeichnete. Kerzenlicht wurde altmodisch, als die Leute merkten, wie sinnlos es ist, seinen Dienstboten – wenn man sie überhaupt bekommen kann – unnötig Arbeit zu machen.
Der gemeinsame Faktor bei all diesen Beispielen war ein Wandel unserer Lebensformen.
Kann man das gleiche von Musik behaupten?
Welche Lebensform macht romantische Musik unangemessen? Gibt es keine Romantik mehr in unserer Zeit? Lassen wir uns nicht begeisterter von unseren Automobilen überfahren als die alten Römer sich von ihren Rennwagen? Sind nicht immer noch junge Leute zu finden, die sich auf Abenteuer einlassen, für die sie vielleicht mit dem Leben bezahlen müssen, obwohl der Ruhm, den sie ernten, mit der Titelseite des nächsten Tages verblaßt? Wäre es nicht leicht, zahlreiche junge Männer zu finden, die in einem Raketenflugzeug zum Mond fliegen würden, wenn die Gelegenheit sich böte? Ist die Begeisterung von Leuten jeglichen Alters für unsere Tarzans, Supermen, Lone Rangers und unverwüstlichen Detektive nicht das Ergebnis einer Liebe für das Romantische? Die Indianergeschichten unserer Jugendzeit waren nicht romantischer; die Gegenstände heißen bloß anders.
Ein Vorwurf gegen die Romantik betrifft ihre Kompliziertheit. Freilich könnte es, falls man sich Partituren von Strauss, Debussy, Mahler, Ravel, Reger oder mir selber ansehen müßte, schwierig sein zu entscheiden, ob all diese Kompliziertheit nötig ist. Aber die Entscheidung eines erfolgreichen jungen Komponisten: „Die heutige jüngere Ge-

neration mag keine Musik, die sie nicht versteht", stimmt nicht überein mit dem Empfinden der Helden, die sich auf Abenteuer einlassen. Man könnte erwarten, daß ein junger Mensch dieser Art, der von dem Schwierigen, Gefährlichen, Geheimnisvollen angezogen wird, eher sagen würde: „Ja, bin ich denn ein Kretin, daß man mir nur solches dummes Zeug vorsetzt, das ich verstehe, ehe ich es zu Ende gehört habe?" oder sogar: „Diese Musik ist kompliziert, aber ich will nicht nachgeben, bis ich sie verstehe." Natürlich werden Menschen dieser Art von Tiefe, Gedankenreichtum, schwierigen Problemen eher entflammt sein. Intelligente Menschen sind zu allen Zeiten beleidigt gewesen, wenn man sie mit Dingen belästigt hat, die jeder Trottel sofort verstehen konnte.

Der Leser wird gewiß bemerkt haben, daß es nicht nur meine Absicht ist, längst verstorbene Pseudohistoriker und die Komponisten, die die Bewegung der Neuen Musik in Gang gebracht haben, anzugreifen. Obwohl ich mit Vergnügen die Gelegenheit benützt habe, etwas über die weniger bekannten Verdienste der Kunst Bachs zu schreiben, und obwohl ich mich über die Gelegenheit gefreut habe, einige Beiträge der Wiener Klassiker zur Entwicklung der Kompositionstechnik aufzuzählen, zögere ich nicht zuzugeben, daß der Angriff auf die Propagandisten der Neuen Musik gegen ähnliche Bewegungen in unserer Zeit gerichtet ist. Bis auf einen Unterschied – daß ich kein Bach bin – besteht eine große Ähnlichkeit zwischen den beiden Epochen.

Eine oberflächliche Beurteilung könnte die Komposition mit zwölf Tönen für einen Abschluß der Periode, in der sich die Chromatik entwickelte, halten und sie deshalb mit dem höhepunktartigen Abschluß der Periode der kontrapunktischen Komposition vergleichen, den Bach durch seine unübertreffliche Meisterschaft gesetzt hat. Daß diesem Höhepunkt nur geringere Werte folgen konnten, ist eine Art Rechtfertigung für die Hinwendung seiner jüngeren Zeitgenossen zur Neuen Musik.

Aber – auch in dieser Hinsicht bin ich kein Bach – ich glaube, daß die Komposition mit zwölf Tönen und das, was viele irrtümlicherweise „atonale Musik" nennen, nicht den Abschluß einer alten, sondern den Beginn einer neuen Periode bilden. Wie vor zweihundert Jahren wird wiederum etwas als veraltet bezeichnet; und wiederum handelt es sich nicht um ein bestimmtes Werk oder mehrere Werke eines einzelnen Komponisten; wiederum ist es nicht speziell die größere oder geringere Fähigkeit eines einzelnen Komponisten, über die ein Scherbengericht gehalten worden ist. Wiederum nennt es sich Neue Musik, und dieses Mal nehmen sogar noch mehr Nationen an dem Kampf teil. Abgesehen von nationalistischem Streben nach einer exportierbaren Musik, mit der selbst kleinere Nationen den Markt zu erobern hoffen, gibt es einen gemeinsamen Zug, der in all diesen Bewegungen zu beobachten ist; keine von ihnen beschäftigt sich mit der Darstellung neuer Gedanken, sondern lediglich mit der Darstellung eines neuen Stils. Und wiederum bieten sich die Prinzipien, auf denen diese Neue Musik beruhen soll, noch negativer dar als die strengsten Regeln des strengsten alten Kontrapunkts. Es sollten vermieden werden: Chromatik, expressive Melodien, Wagnersche Harmonien, Romantik, private biographische Andeutungen, Subjektivität, funktional-harmonische Fortschreitungen, Schilderungen, Leitmotive, Zusammengehen mit der Stimmung oder Handlung der Szene und charakteristische Textdeklamation in Opern, Liedern und Chören. Mit anderen Worten, alles, was in der vorhergehenden Periode gut war, sollte jetzt nicht vorkommen.

Außer diesen offiziell genehmigten „Verboten" habe ich zahlreiche negative Vorzüge beobachtet wie etwa: Orgelpunkte (anstatt ausgearbeiteter Baßstimmen und sich bewegender Harmonie), Ostinatos, Sequenzen (anstatt entwickelnder Variation), Fugatos (zu ähnlichen Zwecken), Dissonanzen (die das Vulgäre des thematischen Materials verdecken), Objektivität *(Neue Sachlichkeit)* und eine Art Polyphonie, die den Kontrapunkt ersetzt und früher wegen ihrer ungenauen Imitation als „Kapellmeistermusik" oder was ich „Rhabarber-Kontrapunkt" genannt habe, verachtet worden wäre. Das Wort „Rhabarber", von nur fünf oder sechs Leuten hinter der Szene gesprochen, klang für das Publikum in einem Theater wie ein aufrührerischer Pöbelhaufen. So klang der thematisch bedeutungslose Kontrapunkt, wie das Wort „Rhabarber", als ob er eine wirkliche Bedeutung hätte.

In meiner Jugend, als man noch in Brahms' Nähe lebte, war es üblich, daß ein Musiker, wenn er eine Komposition zum ersten Mal hörte, ihren Aufbau bemerkte, daß er fähig war, der Verarbeitung und Ableitung ihrer Themen und ihren Modulationen zu folgen, und daß er die Anzahl der Stimmen in Kanons und die Anwesenheit des Themas in einer Variation zu erkennen vermochte; und es gab sogar Laien, die eine Melodie nach einmaligem Hören im Gedächtnis mit nach Hause nehmen konnten. Aber gewiß wurde nicht viel von Stil geredet. Und wenn ein Musikhistoriker gewagt hätte, sich an einer Diskussion zu beteiligen, so hätte es nur einer sein können, der imstande war, ähnliche Eigenschaften einzig mit dem Ohr wahrzunehmen. Dessen waren Musikkritiker wie Hanslick, Kalbeck, Heuberger und Speidel und Liebhaber wie der berühmte Arzt Billroth fähig.

Die positiven und negativen Regeln dürfen von einem fertigen Werk als Bestandteile seines Stils abgeleitet werden. Jeder hat eigene Fingerabdrücke, und die Hand jedes Handwerkers hat ihre persönlichen Eigenschaften; aus solcher Subjektivität erwachsen die Züge, die den Stil des fertigen Produkts ausmachen. Jeder Handwerker ist durch die Unzulänglichkeit seiner Hände eingeschränkt, aber er wird auch durch ihre besonderen Fähigkeiten unterstützt. Der Stil all dessen, was er tut, hängt von seiner Natur ab, und so wäre es falsch, von einem Zwetschgenbaum zu erwarten, daß er gläserne Zwetschgen oder Birnen oder Filzhüte trage. Unter allen Bäumen ist es lediglich der Weihnachtsbaum, der Früchte trägt, die für ihn nicht natürlich sind, und unter den Tieren ist es lediglich der Osterhase, der Eier legt, und sogar bunte.

Stil ist die Eigenschaft eines Werkes und beruht auf natürlichen Bedingungen, die den ausdrücken, der ihn hervorbrachte. In der Tat mag einer, der seine Fähigkeiten kennt, imstande sein genau vorauszusagen, wie das fertige Werk, das er vorerst noch nur in seiner Phantasie wahrnimmt, aussehen wird. Aber er wird nie von einem vorgefaßten Bild eines Stils ausgehen; er wird unaufhörlich damit beschäftigt sein, dem Gedanken gerecht zu werden. Er ist sicher, daß, nachdem alles, was der Gedanke fordert, getan ist, die äußere Erscheinungsform angemessen sein wird.

Falls es mir ausreichend geglückt ist, einige sich von denen meiner Gegner unterscheidende Ansichten über Neue Musik, veraltete Musik und Stil zu zeigen, würde ich jetzt gern zu meiner mir selbst gestellten Aufgabe der Erörterung dessen kommen, was mir als das Wichtigste in einem Kunstwerk erscheint – der Gedanke.

Ich bin mir bewußt, daß das Eintreten in diesen Bereich einige Gefahr in sich birgt. Gegner haben mich wegen meiner Methode, mit zwölf Tönen zu komponieren – nicht, um mir zu schmeicheln –, einen Konstrukteur, einen Ingenieur, einen Architekten, ja selbst einen Mathematiker genannt. Obgleich sie meine *Verklärte Nacht* und die *Gurrelieder* kennen, haben sie trotz des Gefallens, den manche Leute an diesen Werken wegen ihres Gefühlsausdrucks finden, meine Musik als trocken bezeichnet und mir Spontaneität abgesprochen. Sie haben behauptet, ich böte die Produkte eines Hirns, nicht eines Herzens.

Ich habe oft darüber nachgedacht, ob die Leute, die ein Hirn besitzen, diese Tatsache lieber verbergen würden. Ich bin in meiner eigenen Haltung durch das Beispiel Beethovens bestärkt worden, der seine Antwort auf einen mit „Gutsbesitzer" unterschriebenen Brief seines Bruders Johann mit „Hirnbesitzer" unterzeichnete. Man könnte fragen, warum Beethoven gerade betonte, daß er ein Hirn besaß. Er hatte soviele andere Vorzüge, auf die er stolz sein konnte, zum Beispiel, daß er imstande war, Musik zu komponieren, die manche Leute für hervorragend hielten, daß er ein vollendeter Pianist war – und als solcher sogar vom Adel anerkannt – und daß er seine Verleger zufriedenzustellen vermochte, indem er ihnen für ihr Geld etwas von Wert gab. Warum nannte er sich gerade „Hirnbesitzer", wenn der Besitz eines Hirns für viele Pseudohistoriker als Gefahr für die künstlerische Naivität gilt?

Eine eigene Erfahrung mag vielleicht erläutern, auf welche Weise ein Hirn nach Ansicht der Leute gefährlich sein könnte. Ich habe es niemals für nötig gehalten zu verbergen, daß ich imstande bin, logisch zu denken, daß ich scharf zwischen richtigen und falschen Begriffen unterscheide und daß ich sehr genaue Vorstellungen von dem habe, was Kunst sein sollte. So mag ich bei einer Anzahl von Diskussionen einem meiner Tennispartner, der lyrische Gedichte schrieb, ein bißchen zuviel Hirn gezeigt haben. Er vergalt nicht Gleiches mit Gleichem, sondern erzählte mir boshaft die Geschichte von der Kröte, die den Tausendfüßler fragte, ob er immer wisse, welcher seiner tausend Füße denn eben an der Reihe auszuschreiten sei, worauf der Tausendfüßler, der notwendigen Entscheidung nun bewußt, seine instinktive Fähigkeit, überhaupt zu gehen, verlor.

Tatsächlich, eine große Gefahr für einen Komponisten! Und vielleicht hülfe es nicht einmal, sein Hirn zu verbergen; nur keines zu haben würde genügen. Aber ich glaube, dies braucht niemanden, der ein Hirn besitzt, zu entmutigen; denn ich habe bemerkt, daß, wenn einer nicht hart genug gearbeitet und nicht sein Bestes geleistet hat, der Herrgott es ablehnt, seinen Segen dazuzugeben. Er hat uns ein Hirn gegeben, um es zu benutzen. Natürlich ist ein Gedanke nicht immer das Ergebnis von Hirnarbeit. Gedanken können den Geist so ungerufen und vielleicht sogar so unerwünscht überfallen, wie ein musikalischer Ton das Ohr oder ein Geruch die Nase erreicht.

Gedanken kann nur achten, wer sie auch hat; aber achten kann nur, wem selbst Achtung gebührt.

Der Unterschied zwischen Stil und Gedanke in der Musik ist vielleicht durch die vorausgehende Erörterung geklärt worden. Dies mag nicht der Ort sein, im einzelnen zu erörtern, was Gedanke an sich in der Musik bedeutet, weil fast jede musikalische Terminologie vage ist und die meisten ihrer Begriffe in verschiedener Bedeutung verwendet werden. In seiner weitesten Bedeutung wird der Begriff Gedanke als Synonym für Thema, Melodie, Phrase oder Motiv gebraucht. Ich selbst betrachte die Totalität eines Stückes als den *Gedanken*: den Gedanken, den sein Schöpfer darstellen wollte. Aber aus Mangel an besseren Begriffen bin ich gezwungen, den Begriff Gedanke auf folgende Weise zu definieren:

Jeder Ton, der einem Anfangston hinzugefügt wird, macht dessen Bedeutung zweifelhaft. Wenn zum Beispiel G auf C folgt, kann das Ohr nicht sicher sein, ob dadurch C-Dur oder G-Dur, oder sogar F-Dur oder e-Moll ausgedrückt wird; und die Hinzufügung anderer Töne kann dies Problem klären oder nicht. Auf diese Weise wird ein Zustand der Unruhe, der Unausgewogenheit erzeugt, die fast das ganze Stück hindurch wächst und durch ähnliche Funktionen des Rhythmus weiter verstärkt wird. Die Methode, durch die das Gleichgewicht wiederhergestellt wird, scheint mir der eigentliche *Gedanke* der Komposition. Vielleicht könnte man die häufigen Wiederholungen von Themen, Gruppen und selbst längeren Abschnitten als Versuch zu einem frühzeitigen Ausgleich der innewohnenden Spannung ansehen.

Im Vergleich zu all unseren Entwicklungen in der Mechanik könnte ein Werkzeug wie eine Zange einfach scheinen. Ich habe den Geist, der sie erfunden hat, immer bestaunt. Um das Problem, das dieser Erfinder zu bewältigen hatte, zu verstehen, muß man sich den Stand der Mechanik vor Erfindung der Zange vorstellen. Der Gedanke, den Kreuzungspunkt der beiden gekrümmten Arme so zu fixieren, daß die zwei kleineren Stücke vorn sich entgegengesetzt zu den beiden größeren Stücken hinten bewegen und damit die Kraft des Mannes, der sie zusammendrückt, derartig vervielfachen, daß er den Draht durchzuzwicken vermag – dieser Gedanke kann nur von einem Genie ersonnen worden sein. Gewiß gibt es heutzutage kompliziertere und bessere Werkzeuge, und es mag eine Zeit kommen, in der der Gebrauch der Zange und anderer ähnlicher Werkzeuge entbehrlich wird. Das Werkzeug selber mag außer Gebrauch kommen, aber der Gedanke dahinter kann niemals veralten. Und darin liegt der Unterschied zwischen einem bloßen Stil und einem wirklichen Gedanken.

Ein Gedanke kann niemals vergehen.

Es ist sehr bedauerlich, daß so viele zeitgenössische Komponisten sich soviel um Stil und so wenig um Gedanken kümmern. Daher kommen solche Einfälle wie der Versuch, in alten Stilen zu komponieren, indem man ihre Manierismen benutzte und sich auf das Wenige, was man auf diese Weise auszudrücken vermag, und auf die Bedeutungslosigkeit der musikalischen Konfigurationen beschränkte, die mit einem derartigen Rüstzeug hervorgebracht werden können.

Niemand sollte sich anderen Beschränkungen unterwerfen als jenen, die auf die Grenzen seiner Begabung zurückzuführen sind. Kein Geiger würde, nicht einmal gelegentlich, niedrigen musikalischen Geschmäckern zulieb mit falscher Intonation spielen, kein Seiltänzer würde nur zum Vergnügen oder um der populären Wirkung willen Schritte in die falsche Richtung tun, kein Schachspieler würde nur aus Gefälligkeit Züge machen, die jeder voraussehen könnte (und damit dem Gegner erlauben zu gewinnen), kein Mathematiker würde etwas Neues in der Mathematik erfinden, nur um den Massen zu schmeicheln, die nicht die spezifisch mathematische Denkweise besitzen, und gleichermaßen würde kein Künstler, kein Dichter, kein Philosoph und kein Musiker, deren Denken sich in den höchsten Sphären vollzieht, zum Vulgären hinabsinken, um einem derartigen Schlagwort wie „Kunst für alle" Genüge zu tun. Denn wenn es Kunst ist, ist sie nicht für alle, und wenn sie für alle ist, ist sie keine Kunst.

Höchst beklagenswert ist das Handeln einiger Künstler, die auf arrogante Weise glauben machen wollen, daß sie von ihren Höhen hinuntersteigen, um den Massen etwas von ihrem Reichtum zu geben. Das ist Heuchelei. Aber es gibt ein paar Komponisten wie Offenbach, Johann Strauß und Gershwin, deren Gefühle sich tatsächlich mit denen des „durchschnittlichen Mannes auf der Straße" decken. Für sie ist es keine Verstellung, volkstümliche Gefühle in volkstümlichen Wendungen auszudrücken. Sie sind natürlich, wenn sie so und darüber reden.

Wer wirklich sein Hirn zum Denken benutzt, kann nur von einem Wunsch besessen sein: seine Aufgabe zu lösen. Er kann die Ergebnisse seines Denkens nicht von äußeren Bedingungen beeinflussen lassen. Zwei mal zwei ist vier – ob es einem paßt oder nicht.

Man denkt nur um seines Gedankens willen.

Und so kann Kunst nur um ihrer selbst willen geschaffen werden. Ein Gedanke entsteht; er muß gebildet, gestaltet, entwickelt, ausgearbeitet, durchgeführt und ganz zu Ende gedacht werden.

Denn es gibt nur „l'art pour l'art", Kunst allein um der Kunst willen.

Brahms, der Fortschrittliche[1]

I

Es ist behauptet worden, daß Brahms' Umgangsformen oft von einer gewissen Trockenheit gekennzeichnet waren. Das war nicht der „unbekannte" Brahms[2]. Wien kannte seine Art, sich mit einem schützenden Wall von Grobheit zu umgeben als Verteidigung gegen eine gewisse Menschensorte, gegen die Aufdringlichkeit öligen Schwulstes, triefender Schmeichelei und honigsüßer Unverschämtheit. Es ist nicht unbekannt, daß jene lästigen Langweiler, jene Sensationslüsternen, die hinter einer guten Anekdote herjagten, und jene taktlosen Eindringlinge in das Privatleben kaum mehr als Trockenheit erfuhren. Wenn die Schleusen der Beredsamkeit geöffnet waren und ihn die Flut zu verschlingen drohte, bildete Trockenheit keinen Schutz mehr. Deshalb war er oft gezwungen, seine Zuflucht zur Grobheit zu nehmen. Allerdings mögen seine Opfer schweigend übereingekommen sein, das, was ihnen widerfahren war, scherzhaft als „Brahmsische Trockenheit" zu bezeichnen; und es ist wohl anzunehmen, daß jeder einzelne sich über das Mißgeschick des anderen freute, aber dachte, ihm selbst sei Unrecht geschehen.

Trockenheit oder Grobheit, eines ist gewiß: Brahms wollte auf diese Weise keine Hochachtung ausdrücken.

Die Zeitgenossen fanden viele Möglichkeiten, ihn zu verdrießen. Ein Musiker oder ein Musikliebhaber mochte die Absicht haben, sein eigenes großes Musikverständnis, seine gute Urteilskraft über Musik und seine Kenntnis „einiger" Musik von Brahms anzubringen. Daher wagte er zu sagen, er habe beobachtet, daß Brahms' *erste Klaviersonate* Beetho-

---

[1] Dieser Aufsatz war ursprünglich ein Vortrag, der im Februar 1933 anläßlich des hundertsten Geburtstags von Brahms gehalten wurde. In diesem Jahr 1933 jährte sich auch zum fünfzigsten Mal Wagners Todestag. Dies ist eine völlig überarbeitete Fassung meines ursprünglichen Vortrags. Viele Dinge und einige meiner Ansichten haben sich inzwischen geändert, und jetzt, 1947, ist wieder ein Brahms-Jubiläum; er starb vor fünfzig Jahren.
[2] Wie es von Robert Haven Schauffler in seinem Buch mit demselben Titel falsch dargestellt worden ist.

vens *Hammerklaviersonate* sehr ähnlich sei. Kein Wunder, daß Brahms in seiner unverblümten Art herausplatzte: „Das bemerkt ja schon jeder Esel."

Ein Besucher glaubte ihm ein Kompliment zu machen, als er sagte: „Sie sind einer der größten lebenden Komponisten." Wie Brahms dieses „einer der" haßte. Wer sieht nicht, daß es soviel bedeutet wie: „Einige sind größer als Sie und mehrere von ebenbürtigem Rang."

Aber zweifellos waren die unerträglichsten Besucher jene (wie ein Komponist aus Berlin), die ihm erzählten: „Ich bewundere Wagner, den Fortschrittlichen, den Neuerer, *und* Brahms, den Akademischen, den Klassizisten." Ich erinnere mich nicht, was für eine Trockenheit oder Grobheit er in diesem Fall anwandte, aber ich weiß, daß eine großartige Geschichte in Wien die Runde machte über die Art und Weise, in der Brahms seine Wertschätzung dieser Schmeichelei zum Ausdruck brachte.

Doch schließlich war es die Haltung der Zeit; diejenigen, die Wagner nicht mochten, hingen Brahms an und umgekehrt. Es gab viele, denen beide nicht lagen. Sie waren vielleicht die einzigen Unparteiischen. Nur wenige waren imstande, die Polarität der beiden gegensätzlichen Gestalten zu übersehen, während sie sich an den Schönheiten beider freuten.

Was 1883 eine unüberbrückbare Kluft schien, war 1897 kein Problem mehr. Die größten Musiker jener Zeit, Mahler, Strauss, Reger und viele andere, waren unter dem Einfluß beider Meister groß geworden. Sie alle spiegelten die geistigen, emotionalen, stilistischen und technischen Errungenschaften der vorausgegangenen Periode wider. Was damals ein Streitobjekt gewesen war, war zum Unterschied zwischen zwei Persönlichkeiten, zwei Ausdrucksstilen geschrumpft, nicht gegensätzlich genug, die Einbeziehung von Eigenschaften beider in ein Werk zu verhindern.

II

Form in der Musik dient dazu, Faßlichkeit durch Erinnerbarkeit zu bewirken. Ausgewogenheit, Regelmäßigkeit, Symmetrie, Unterteilung, Wiederholung, Einheit, rhythmische und harmonische Beziehungen und sogar Logik – keines dieser Elemente schafft Schönheit oder trägt auch nur zu ihr bei. Aber sie alle tragen bei zu einer Organisation, die die Darstellung des musikalischen Gedankens verständlich macht. Die Sprache, in der musikalische Gedanken durch Töne ausgedrückt werden, entspricht der Sprache, die Gefühle oder Gedanken durch Worte ausdrückt, insofern, als ihr Wortschatz dem Intellekt, den sie anspricht, angemessen sein muß, und insofern, als die oben erwähnten Elemente ihrer Organisation funktionieren wie Reim, Rhythmus, Metrum und wie die Einteilung in Strophen, Sätze, Abschnitte, Kapitel etc. in Poesie oder Prosa.

Die mehr oder weniger vollständige Ausnützung der Möglichkeiten dieser Komponenten bestimmt den ästhetischen Wert und die Einordnung des Stils im Hinblick auf seine Popularität oder Tiefe. Die Wissenschaft muß alle Tatsachen erforschen und untersuchen; die Kunst ist bloß mit der Darstellung einzelner charakteristischer Fakten befaßt. Sogar Antonius merkt bei seiner Ansprache an das römische Volk, daß er sein „... und Brutus ist ein ehrenwerter Mann" immer noch einmal wiederholen muß, wenn dieser Gegensatz einfachen Bürgern in den Kopf gehen soll. Wiederholungen in Kinderliedern bewegen sich natürlich auf einer anderen Ebene, und das tut auch die Organisation von volkstümlicher Musik. Hier finden sich zahlreiche geringfügig variierte Wiederholungen wie in dem sonst sehr schönen *Donauwalzer*.

Beispiel 1

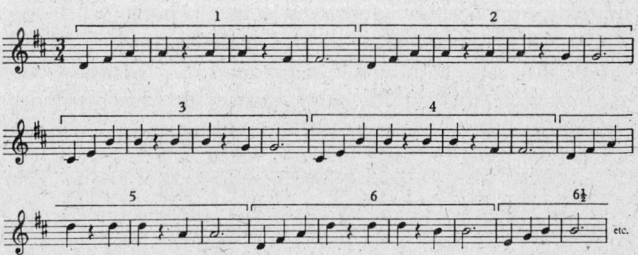

Hier kommen sechs Wiederholungen vor, und fast alle beruhen auf dem Wechsel zwischen Tonika und Dominante.

Das Beispiel aus Verdis *Troubadour*, obwohl harmonisch reicher, liegt auf keiner höheren Ebene.

Beispiel 2

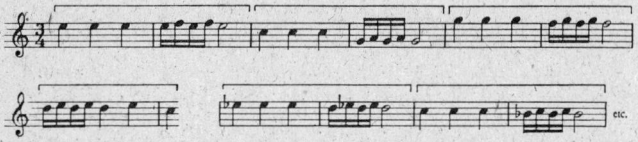

Ein Künstler oder Autor braucht sich nicht bewußt zu sein, daß er seinen Stil der Auffassungsgabe des Hörers anpaßt. Ein Künstler braucht überhaupt nicht viel zu denken, wenn er nur richtig und geradeaus denkt. Er fühlt, daß er dem Druck einer Feder in sich selbst gehorcht, dem Drang sich auszudrücken, genau wie eine Uhr, die jeden Tag vierundzwanzig Stunden anzeigt, ohne zu fragen, ob es gerade „dieser" Tag, dieser Monat, dieses Jahr oder dieses Jahrhundert sei. Jeder weiß das, außer der Uhr. Die Reaktion des Künstlers auf den Antrieb seines Motors geschieht automatisch ohne Verzug wie bei einem gut geölten Mechanismus.

Ganz offensichtlich würde man nicht mit jemanden über Atomkernspaltung reden, der nicht weiß, was ein Atom ist. Andererseits kann man zu einem gebildeten Geist nicht in Kindersprache oder dem von den Hollywoodianern „lyrics" genannten Stil reden. In der Sphäre der Kunstmusik respektiert der Autor sein Publikum. Er fürchtet es zu beleidigen, indem er immerzu wiederholt, was beim einmaligen Hören erfaßt werden kann, selbst wenn es neuartig, und erst recht, wenn es abgestandenes altes Zeug ist. Ein Diagramm kann dem Schachexperten die ganze Geschichte eines Spiels erzählen; der Chemiker erkennt alles, was er wissen will, mit einem Blick auf ein paar Symbole; aber in einer mathematischen Formel sind die ferne Vergangenheit, der gegenwärtige Augenblick und die weiteste Zukunft verbunden.

Immer wieder zu hören, was einem gefällt, ist angenehm und braucht nicht lächerlich gemacht zu werden. Unterbewußt existiert eine Sehnsucht, immer mehr Einzelheiten der Schönheit wahrzunehmen und besser zu verstehen. Aber ein wacher und geübter Geist wird verlangen, daß man ihm die weiter entlegenen Dinge, die weitreichenderen Folgen der einfachen Dinge erzähle, die er schon verstanden hat. Ein wacher und geübter Geist weigert sich, Kindergeschwätz anzuhören, und fordert nachdrücklich, daß mit ihm in kurzer und direkter Sprache geredet werde.

III

Fortschritt in der Musik besteht in der Entwicklung von Darstellungsmethoden, die den gerade beschriebenen Bedingungen entsprechen. Es ist der Zweck dieses Aufsatzes zu beweisen, daß Brahms, der Klassizist, der Akademische, ein großer Neuerer, ja, tatsächlich ein großer Fortschrittler im Bereich der musikalischen Sprache war.
Dies mag einem eingefleischten „Alt-Wagnerianer" als anfechtbar erscheinen, gleichviel ob er einer der ursprünglichen altgewordenen Wagnerianer ist, oder einfach ein „Alt-Wagnerianer" von Geburt. Waschechte „Alt-Wagnerianer" wurden noch in meiner eigenen Generation geboren und sogar noch zehn Jahre später. Als Wegbereiter des musikalischen Fortschritts einerseits und als Hüter des heiligen Grals der wahren Kunst andererseits hielten sie sich für berechtigt, mit Verachtung auf Brahms, den Klassizisten, den Akademischen, hinabzuschauen.
Gustav Mahler und Richard Strauss waren die ersten, die diese Begriffe klärten. Beide waren gleichermaßen in der traditionellen wie in der fortschrittlichen, in der Brahmsischen wie in der Wagnerischen Weltanschauung erzogen worden. Ihr Beispiel verhalf uns dazu, uns bewußt zu werden, daß es bei Wagner ebensoviel Ordnung, wenn nicht gar Pedanterie in der Organisation gab, wie bei Brahms Wagemut, wenn nicht gar bizarre Phantasie. Läßt die mystische Übereinstimmung der Zahlen ihrer Lebensdaten nicht irgendeine geheimnisvolle Beziehung zwischen ihnen vermuten? Das Jubiläum des hundertsten Geburtstags von Brahms 1933 war das Jubiläum des fünfzigsten Todestags von Wagner. Und jetzt, da dieser Aufsatz umgeschrieben wird, feiern wir den fünfzigsten Todestag von Brahms. Geheimnisse verbergen eine Wahrheit, aber sie drängen die Neugierde, diese Wahrheit zu enthüllen.

IV

Was für ein großer Neuerer Brahms im Hinblick auf die Harmonik war, kann man an diesem Beispiel aus seinem *Streichquartett in c-Moll, op. 51, Nr. 1* (Takt 11–23) sehen.

Beispiel 3

Dies ist der kontrastierende Mittelteil einer dreiteiligen Form, deren A-Teil harmonisch schon reich genug ist im Vergleich zu der I-V- oder I-IV-V-Harmonik der Vorgänger von Brahms, der nur gelegentlich eine VI oder III und manchmal ein neapolitanischer Dreiklang beigemischt ist. Ein Hauptthema auf eine so reiche Harmonie zu stützen, erschien den Ohren der Zeit als ein gewagtes Unterfangen.

Aber die Harmonik dieses Mittelteils konkurriert auch erfolgreich mit vielen Passagen von Wagner. Selbst die fortschrittlichsten Komponisten nach Brahms vermieden sorgfältig entfernte Abweichungen von der Tonika-Region am Anfang eines Stückes. Doch diese Modulation zur Dominante einer Moll-Region auf H und die unerwartete, unkonventionelle und eilige Rückkehr zur Tonika ist ein seltener Fall. Die Folge von drei Dur-Dreiklängen nacheinander auf Es, Des und C in der Coda des ersten Satzes der *Eroica*

(Takt 551–561) und die Gegenüberstellung zweier nicht verwandter Dreiklänge (auf H und B) im nachstehenden Beispiel von Schubert sind Fälle eines ähnlichen Verfahrens.

Beispiel 4

Beispiele von Wagner, in denen ähnliche Fortschreitungen vorkommen, sind oft nicht leicht zu analysieren, erweisen sich aber dann als weniger kompliziert als zu erwarten. Zum Beispiel gibt sich das *Todestrank*-Motiv aus *Tristan und Isolde*

Beispiel 5

als zum engeren Verwandtschaftsbereich der Grundtonart gehörig zu erkennen. Auch nicht sehr entfernt ist die harmonische Abweichung in Isoldes Befehl an Tristan „Befehlen ließ dem Eigenholde ..."

Beispiel 6

Indessen zeigt die *Traurige Weise,* das Englischhorn-Solo des dritten Aktes,

Beispiel 7

in ihrem Modulationsteil keine entferntere Modulation als das Ende des A-Teils des zuvor erwähnten Streichquartetts in c-Moll von Brahms:

Beispiel 8

Dies sind dem Wesen nach chromatisch absteigende Dreiklänge, meist in Umkehrungen; ihre Behandlung ähnelt der von neapolitanischen Dreiklängen. Einige Beispiele ihres Auftretens in der klassischen Musik veranschaulicht das Beispiel 9a, b, c.

Beispiel 9 a, b, c

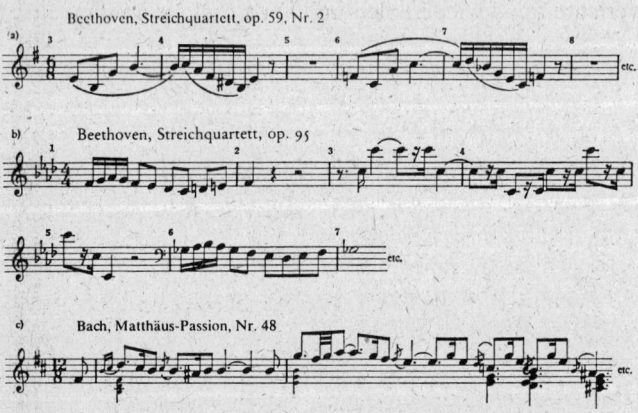

Wenn es auch keinen entscheidenden Unterschied zwischen Brahms und Wagner hinsichtlich der Ausdehnung der Verwandtschaftsverhältnisse innerhalb einer Tonart gibt, so darf man doch nicht übersehen, daß Wagners Harmonik reicher an Nebenklängen und vagierenden Akkorden und reicher im freien Gebrauch von Dissonanzen, besonders von unvorbereiteten, ist. Andererseits entfernen sich die Harmonien in strophischen, liedmäßigen Formen und ähnlichen Gebilden, die Wagners Version von Arien darstellen, eher nicht so weit und bewegen sich langsamer als in ähnlichen Formen von Brahms. Man vergleiche zum Beispiel „Winterstürme wichen dem Wonnemond", „Als zullendes Kind zog ich dich auf" oder den *Gesang der Rheintöchter* mit Brahms' Lied *Meine Liebe ist grün* oder mit dem Hauptthema des *Streichquintetts G-Dur, op. 111,* das im dritten Takt zu schweifen beginnt, oder mit der *Rhapsodie op. 79, Nr. 2,* in der die Festlegung auf eine Tonart nahezu vermieden wird.

V

Dreiteilige Formen, Rondos und andere geschlossene Formen erscheinen in der dramatischen Musik nur gelegentlich, als Episoden, meistens an lyrischen Ruhepunkten, wo die Handlung stillsteht oder sich zumindest verlangsamt – an Stellen, wo ein Komponist nach formalen Vorstellungen verfahren und wiederholen und entwickeln kann ohne den Druck der fortschreitenden Handlung, ohne gezwungen zu sein, Stimmungen und Ereignisse widerzuspiegeln, die im Charakter seines Materials nicht enthalten sind.

Dramatische Musik ähnelt in ihrem modulatorischen Charakter der Durchführung einer Symphonie, einer Sonate oder einer anderen geschlossenen Form. Wagners Leitmotive enthalten für gewöhnlich einige entwicklungsträchtige Harmonien, denen der Drang nach modulatorischen Veränderungen innewohnt. Aber gleichzeitig erfüllen sie eine andere, eine organisatorische Aufgabe, die die formalistische Seite von Wagners Genie zeigt.

Das Rezitativ in den Opern vor Wagner war auch modulatorisch. Aber im Hinblick auf thematische oder selbst motivische Erfordernisse war es nicht durchorganisiert, wenn nicht gar unzusammenhängend. Die „Leitmotiv"-Technik stellt die großartige Absicht dar, das thematische Material einer ganzen Oper und sogar einer ganzen Tetralogie zu vereinheitlichen. Eine so weitreichende Organisation verdient eine ästhetische Bewertung höchsten Ranges. Aber wenn Voraussicht bei der Organisation im Fall von Brahms formalistisch genannt wird, dann ist diese Organisation ebenfalls formalistisch, weil sie demselben geistigen Zustand entstammt, einem Zustand nämlich, der ein ganzes Werk in einem einzigen schöpferischen Augenblick erfaßt und dementsprechend handelt.

Wenn Brahms gegen Ende des letzten Satzes seiner *Vierten Symphonie* einige Variationen durch nacheinanderfolgende Terzen ausführt,

Beispiel 10

enthüllt er die Verwandtschaft des Passacaglia-Themas mit dem ersten Satz. Eine Quinte aufwärts transponiert,

Beispiel 11

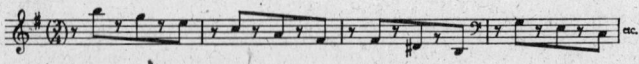

ist mit den ersten acht Tönen des Hauptthemas identisch,

Beispiel 12

und das Passacaglia-Thema läßt in der ersten Hälfte die kontrapunktische Verbindung mit den absteigenden Terzen zu.

Beispiel 13

Die Menschen wissen im allgemeinen nicht, daß Glück ein Geschenk des Himmels ist, von gleichem Rang und gleicher Art wie Begabung, Schönheit, Stärke etc. Man erhält es nicht umsonst, im Gegenteil, man muß es verdienen. Skeptiker könnten versuchen, dies lediglich als einen „glücklichen Zufall" zu verharmlosen. Solche Menschen schätzen sowohl Glück als auch Inspiration falsch ein und sind nicht imstande, sich vorzustellen, was beide zu vollbringen vermögen.

Es würde wie eine geistige Gymnastik in hoher Vollendung aussehen, wenn all dies zeitlich vor dem inspirierten Kompositionsakt „konstruiert" worden wäre. Aber Menschen, die die Kraft der Inspiration kennen und wissen, wie sie Kombinationen hervorzubringen vermag, die niemand voraussehen kann, wissen auch, daß Wagners Anwendung des Leitmotivs in der großen Mehrzahl der Fälle von inspirierter Spontaneität war. So oft Siegfried ihm in den Sinn kam, sahen und hörten sein geistiges Auge und Ohr ihn gerade so, wie sein Motiv ihn beschreibt:

Beispiel 14 a, b, c

VI

Ich nehme an, daß ich der erste war, der ein Prinzip aufgestellt hat, das vor etwa vier Jahrzehnten mein musikalisches Denken und die Formulierung meiner Gedanken zu leiten und zu regeln begann und das eine entscheidende Rolle in meiner Selbstkritik gespielt hat.

Ich möchte Gedanken mit Gedanken verbinden. Was auch die Funktion oder Bedeutung eines Gedankens aufs Ganze gesehen sein mag, ganz gleich, ob seine Funktion einleitend, befestigend, variierend, vorbereitend, durchführend, abweichend, entwickelnd, abschließend, unterteilend, untergeordnet oder grundlegend ist, es muß ein Gedanke sein, der diesen Platz in jedem Fall einnehmen muß, auch wenn er nicht diesem Zweck, dieser Bedeutung oder dieser Funktion dienen sollte. Und dieser Gedanke muß von der Konstruktion und vom thematischen Inhalt her so aussehen, als ob er nicht dazu da sei, eine strukturelle Aufgabe zu erfüllen. Mit anderen Worten, eine Überleitung, eine Codetta, eine Durchführung etc. sollte nicht als etwas gelten, das nur um seiner selbst willen da ist. Sie sollte überhaupt nicht erscheinen, wenn sie den Gedanken des Stücks nicht entwickelt, modifiziert, intensiviert, klärt, beleuchtet oder belebt.

Das bedeutet nicht, daß Funktionen dieser Art in einer Komposition fehlen können. Aber es bedeutet, daß rein formalen Zwecken kein Raum gewidmet werden sollte. Und es bedeutet, daß die Abschnitte und Teile, die strukturelle Forderungen erfüllen, nicht nur leeres Geschwätz sein sollten.

Dies ist keine Kritik an der klassischen Musik – es stellt für mich lediglich einen persönlichen künstlerischen Ehrenkodex auf, den niemand sonst zu beachten braucht. Aber es scheint mir, daß der Fortschritt, an dem Brahms arbeitete, die Komponisten hätte anregen sollen, Musik für Erwachsene zu schreiben. Reife Menschen denken komplex, und je höher ihre Intelligenz ist, um so größer ist die Anzahl der Komplexeinheiten, mit denen sie vertraut sind. Es ist unbegreiflich, daß Komponisten als „ernste Musik" bezeichnen, was sie in veraltetem Stil mit einer Weitschweifigkeit schreiben, die dem Inhalt nicht angemessen ist – indem sie drei- bis siebenmal wiederholen, was man sofort versteht. Warum sollte es in der Musik nicht möglich sein, in ganzen Komplexen in gedrängter Form zu sagen, was in den vorausgegangenen Epochen zuerst mehrmals mit geringen Variationen gesagt werden mußte, ehe es ausgeführt werden konnte? Ist es nicht so, als ob ein Schriftsteller, der von „jemandem, der in einem Haus am Fluß wohnt", erzählen wollte, zuerst erklären müßte, was ein Haus sei, wofür und aus welchem Material es gemacht sei, und danach den Fluß in der gleichen Weise?

Manche Leute sprechen von der „sterbenden Romantik" der Musik. Glauben sie wirklich, Komponieren von Musik, Spielen mit Tönen sei etwas Realistisches, oder was? Oder ist es nicht vielmehr so, daß die Romantik zugunsten sinnloser Weitschweifigkeit abtreten muß?

VII

Um die Entwicklung der musikalischen Konstruktion in der Zeit von Bach bis Brahms gründlich zu begreifen, ist es nötig, in die Zeit zurückzugehen, in der man sich vom Stil der kontrapunktischen Konstruktion abwandte und die Ästhetik des homophon-melodischen Stils formulierte. Vergleicht man die Kompositionen, die als Antwort auf diese Ästhetik hergestellt wurden, mit denen von J. S. Bach einerseits und denen von Haydn, Mozart, Beethoven und Schubert andererseits, versteht man, warum so skrupellose Propaganda getrieben werden mußte, um J. S. Bach auszumerzen, aber man ist auch erstaunt, daß solche Früchte auf einem so kärglichen Boden wachsen konnten.

Unter der Führung von Keyser, Telemann und Mattheson wurden die Komponisten aufgefordert, die Finger von der „großen Kunst" zu lassen; sie sollten sich bemühen, leichte (das heißt mühelose) Musik zu schreiben. Sie sollten darauf achten, daß ein Thema ein gewisses Etwas hat, das jedem vertraut scheint; sie sollten in der leichten Manier der Franzosen schreiben. Für Mattheson war Kontrapunkt eine reine Verstandesübung ohne Gefühlskraft. Wie es so oft geschehen ist, wurden diese Männer zu ihren Lebzeiten hoch geschätzt, während Bach wenig bekannt war. Aber man muß bezweifeln, daß Männer, die nach solchen Anweisungen komponierten wie Köche, die einem Kochbuch gehorchen, inspirierte Genies waren, sonst würde etwas von ihrer Musik überlebt haben. Das war keine natürliche Entwicklung. Es war keine Evolution, sondern eine von Menschen gemachte Revolution. Man kann nur ausdrücken, was man innerlich besitzt. Ein Stil vermag einen nicht zu bereichern. Deshalb leben diese Komponisten nur aufgrund des Interesses der Musikwissenschaftler an toter, vermoderter Materie.

Es ist bekannt, daß Mozart und Beethoven mit großer Bewunderung auf einige ihrer Vorgänger blickten. Zum Glück jedoch blieben diese Meister dank ihrer Vielseitigkeit, Erfindungsgabe und Empfindungskraft frei von den Fesseln einer Ästhetik volkstümlicher Gefälligkeit.

VIII

Allerdings enthüllt vieles an der Konstruktion klassischer Musik durch seine Regelmäßigkeit, Symmetrie und einfache Harmonik seine Verwandtschaft mit der Volks- und Tanzmusik, wenn es nicht gar von ihr abgeleitet ist. Die Konstruktion mit gleich langen Phrasen trägt viel zur Erinnerbarkeit bei, besonders wenn die Anzahl der Takte zwei-, vier- oder achtmal zwei beträgt und wenn die Unterteilung in zwei gleich lange Abschnitte eine gewisse Art von Symmetrie ergibt; kennt man die erste Hälfte, ist es fast möglich, die zweite zu erraten. Abweichung von Regelmäßigkeit und Symmetrie gefährdet nicht zwangsläufig die Faßlichkeit. Demgemäß könnte man sich fragen, warum in Haydns und Mozarts Formen Unregelmäßigkeiten viel häufiger auftreten als bei Beethoven. Kommt es vielleicht daher, daß formale Feinheiten die Aufmerksamkeit des Hörers abgelenkt hätten, die sich auf die ungeheure Kraft des emotionalen Ausdrucks richten sollte? Es gibt nicht allzu viele Fälle wie den im *Streichquartett op. 95* in f-Moll (siehe Beispiel 9b).

Die Konstruktion mittels Phrasen ungleicher Länge ist für viele von den Unregelmäßigkeiten in Haydns und Mozarts Musik verantwortlich. Diese Unterschiede gehen zurück auf die Dehnung eines Abschnitts durch Binnenwiederholungen oder Verkürzungen und Verdichtungen. In vielen Menuetten von Haydn und Mozart ist dies der Fall, weshalb man dazu neigen könnte, das Menuett eher als eine liedmäßige Form denn als etwas von der Tanzmusik Abgeleitetes anzusehen.

Beispiel 15, aus einer Klaviersonate von Haydn, besteht aus zwei Abschnitten von je zwei Takten und zwei von je drei Takten: 2 + 3 und 2 + 3.

Beispiel 15

Beispiel 16 aus dem *Streichquartett in B-Dur* von Mozart ist komplizierter in der Organisation: 3 + 1 + 1 + 3 (der letzte [Abschnitt] ist vielleicht eine Einheit von 2 + 1).

Beispiel 16

Das ganze Thema umfaßt acht Takte; daher ist die Unregelmäßigkeit sozusagen subkutan (das heißt, sie zeigt sich nicht an der Oberfläche).
Während Haydns Beispiel noch symmetrisch ist, ist dieses völlig asymmetrisch und verzichtet dadurch auf eine der wirksamsten Hilfen zum Verständnis. Aber es ist noch nicht das, was „musikalische Prosa" genannt zu werden verdient. Man wäre eher geneigt, diese Art von Unregelmäßigkeit einem barocken Formgefühl zuzuordnen, das heißt einem Verlangen, ungleiche, wenn nicht gänzlich verschiedene Elemente zu einer formalen Einheit zusammenzufügen. Obwohl eine solche Hypothese nicht unbegründet ist, scheint es, daß es eine andere, mehr künstlerische und psychologische Erklärung gibt.
Mozart muß vor allem als dramatischer Komponist gesehen werden.
Die materielle oder psychologische Anpassung der Musik an jeglichen Wechsel der Stimmung oder der Handlung ist das wesentlichste Problem, das ein Opernkomponist mei-

stern muß. Unfähigkeit in dieser Hinsicht würde Zusammenhanglosigkeit – oder, schlimmer, Langeweile – schaffen. Die Rezitativtechnik entgeht dieser Gefahr, indem sie motivische und harmonische Verpflichtungen und deren Konsequenzen meidet. Das „Arioso" liquidiert schnell und skrupellos das Minimum an Verpflichtungen, die es möglicherweise eingegangen ist. Aber die „Finali" und viele „Ensembles" und sogar „Arien" enthalten heterogene Elemente, auf die die Technik der lyrischen Verdichtung nicht anwendbar ist. Bei Stücken dieses Typs muß ein Komponist sich auf engstem Raum bewegen können. Diese Notwendigkeit voraussehend, beginnt Mozart ein solches Stück mit einer Melodie, die aus einer Anzahl von Phrasen verschiedener Länge und verschiedenen Charakters besteht, deren jede zu einer anderen Phase der Handlung und der Stimmung gehört. Sie sind in ihrer ersten Formulierung lose verbunden oder oft einfach gegenübergestellt und können daher auseinandergebrochen und unabhängig voneinander als motivisches Material für kleine formale Abschnitte benutzt werden.

Ein schlagendes Beispiel dieses Verfahrens ist im Finale des zweiten Akts der *Hochzeit des Figaro* (Nr. 15) zu sehen. Der dritte Abschnitt dieses Finales, ein Allegro, beginnt nach Susannas Zeile „Guardate, guardate quia scoso sarà" mit einem Thema in B-Dur, das aus den drei Phrasen *a, b, c* in Beispiel 17 besteht.

Beispiel 17

Zu diesen kommen später *d* in Takt 22–23 und *e* in Takt 25–29.

Beispiel 18

Dieser Allegro-Teil umfaßt hundertsechzig Takte und enthält eine erstaunlich große Anzahl von Abschnitten, die ausnahmslos alle aus Variationen dieser fünf kleinen Phrasen in ständig wechselnder Reihenfolge gebildet sind.
Ähnliche Konstruktionen finden sich in vielen der Ensembles, von denen das Terzett (Nr. 7) und das Sextett (Nr. 18) hervorragende Beispiele sind. Aber selbst in Duetten, obwohl man hier keine so lose Formulierung erwarten würde, wird alles von illustrierenden Segmenten abgeleitet, deren Züge wenig äußerliche Verwandtschaft zeigen. Es ist bewundernswert, wie genau Handlung und Stimmung im Eröffnungsduett (Nr. 1) nachgezeichnet sind. Sowohl Figaro als auch Susanna sind intensiv mit ihren eigenen Angelegenheiten beschäftigt. Figaro mißt die Wände ihrer zukünftigen Wohnung aus. Susanna probiert einen Hut auf und bewundert ihr Aussehen – keiner hat Auge und Ohr für den anderen. So versucht Susanna, während Figaro den Zollstock auslegt (Beispiel 19, Phrase *a*), ihn weiterrückt (Phrase *b*, Synkope im Baß) und die Anzahl der Längen zählt („cinque", Phrase *c*)

Beispiel 19

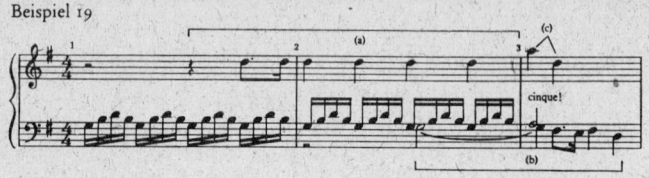

vergebens, sein Interesse auf ihren Putz zu lenken.

Beispiel 20

Wagner oder Strauss könnten das nicht besser machen. Eine Organisation, die auf verschiedenen und verschieden gestalteten Elementen beruht, erweist sich als Zukunftsvision. Ein Opernkomponist, ein Oratorienkomponist (wie Schweitzer beim Analysieren von Bachs Vokalmusik zeigt) oder selbst ein Liederkomponist, der sich auf weit entfernte Erfordernisse nicht vorbereitet, handelt so dumm und kopflos wie ein pedantischer Ausführender, der darauf besteht, klassische Musik mit metronomisch gleichmäßigen Akzenten zu spielen – als ob es Tanzmusik wäre. Natürlich kann in die starre Enge eines Prokrustesbetts keine Modifizierung passen, und sogar die vom Komponisten selber geforderten ritardandi und accelerandi (Schumanns „immer schneller werdend") werden niemals zufriedenstellend ausfallen.

Ein kluger Ausführender, einer, der wirklich „ein Diener am Werk" ist, einer, dessen geistige Beweglichkeit der eines Musikdenkers ebenbürtig ist – solch ein Mann wird wie Mozart oder Schubert oder andere verfahren. Er wird die Unregelmäßigkeit systematisieren, indem er sie zu einem Teilprinzip der Organisation macht.

IX

Analytiker meiner Musik müssen sich darüber klar werden, wieviel ich persönlich Mozart verdanke. Die Leute, die mich ungläubig angesehen und gedacht haben, ich mache einen schlechten Witz, werden jetzt begreifen, warum ich mich selbst einen „Schüler Mozarts" genannt habe, und müssen jetzt meine Gründe verstehen. Das wird ihnen nicht dazu verhelfen, meine Musik zu schätzen, sondern Mozart zu verstehen. Und es wird junge Komponisten lehren, was das Wesentliche ist, das man von Meistern lernen muß, und auf welche Weise diese Lektionen ohne Verlust an Persönlichkeit anzuwenden sind.

Mozart selber hatte von italienischen und französischen Komponisten gelernt. Er hatte möglicherweise auch von C. Ph. E. Bach gelernt. Aber bestimmt war es sein eigenes musikalisches Denken, das ihn befähigte, Konstruktionen wie die oben erwähnten zu schaffen.

Die vorausgehende Analyse mag die Vorstellung geweckt haben, daß unregelmäßige und asymmetrische Konstruktion ein absolutes und unentrinnbares Resultat dramatischen Komponierens ist. Wenn das wahr wäre, sollte sich mehr davon in Wagners Musik finden. Jedoch hat Wagner, der in seiner ersten Periode stark von zeitgenössischen Italienern beeinflußt war, selten die Zwei-plus-zwei-Takt-Konstruktion aufgegeben, aber er hat große Fortschritte im Hinblick auf die musikalische Prosa gemacht, das heißt auf das Ziel zu, das auch Brahms anstrebte, nur auf anderem Wege. Der Unterschied zwischen diesen beiden Männern ist nicht das, was die Zeitgenossen dafür hielten. Es ist nicht der Unterschied zwischen dionysischer und apollinischer Kunst, wie Nietzsche ihn genannt haben könnte. Außerdem ist er nicht so einfach wie der Unterschied zwischen Dionysos und Apoll: nämlich daß der eine in Trunkenheit die Gläser zertrümmert, die der andere in einer Trunkenheit der Phantasie geschaffen hat. So geschehen die Dinge nur (wenn dies kein zu hochtrabendes Wort für etwas so Geringes und Verspätetes ist) in der Phantasie eines Biographen oder eines Musikwissenschaftlers. Die Trunkenheit der Phantasie eines Künstlers, sei sie dionysisch oder apollinisch, erhöht die Klarheit seiner Vision.

Große Kunst muß zu Präzision und Kürze fortschreiten. Sie setzt den beweglichen Geist eines gebildeten Hörers voraus, der in einem einzigen Denkakt bei jedem Begriff alle Assoziationen, die zu dem Komplex gehören, einschließt. Dies gibt einem Musiker die Möglichkeit, für die geistige Oberschicht zu schreiben, indem er nicht nur tut, was Grammatik und Idiom erfordern, sondern indem er in anderer Hinsicht jedem Satz die ganze Bedeutungsschwere einer Maxime, eines Sprichworts, eines Aphorismus gibt. Das sollte musikalische Prosa sein – eine direkte und unumwundene Darstellung von Gedanken ohne jegliches Flickwerk, ohne bloßes Beiwerk und leere Wiederholungen.

Dichte der Textur ist gewiß ein Hindernis für die Popularität; aber Weitschweifigkeit allein vermag keine allgemeine Gunst zu garantieren. Wirkliche, anhaltende Popularität wird nur in den seltenen Fällen erreicht, wo die Ausdrucksgewalt solchen Menschen gewährt wird, die intensiv in der Sphäre elementarer menschlicher Gefühle leben. Es gibt ein paar Fälle bei Schubert und Verdi, aber viele bei Johann Strauß. Selbst Mozart gelang es nicht ganz, als er in der *Zauberflöte* seinen höchst verfeinerten und künstlerischen Darstellungsstil zeitweilig aufgab zugunsten der halb volkstümlichen Charaktere, die er musikalisch nachzeichnen mußte. Die volkstümlichen Partien dieser Oper erreichten nie den Erfolg der ernsten. Mozart stand auf seiten Sarastros und seiner Priester.

In der Zeit zwischen Mozart und Wagner finden sich nicht viele unregelmäßig konstruierte Themen. Aber das folgende Beispiel, eine Überleitung vom Ende des Hauptthemas zum Nebenthema im ersten Satz von Mozarts *Streichquartett in d-Moll,* verdient sicher als musikalische Prosa klassifiziert zu werden.

Beispiel 21

Selbst wenn man die vier ersten kleinen Phrasen, die das Hauptthema beschließen, beiseite läßt und auch die Imitationen (als 14. und 17. bezeichnet), mit denen die Modulation endet, bleiben in nur acht Takten neun kleine Phrasen verschiedener Größe und verschiedenen Charakters übrig. Die kleinsten (die 5., 6. und 7.) sind nur drei Achtelnoten lang – trotzdem sind sie so ausdrucksvoll, daß man beinah versucht ist, Worte zu unterlegen. Man bedauert, nicht die Macht eines Dichters zu besitzen, um in Worte zu fassen, was diese Phrasen sagen. Jedoch würden Poesie und Lyrik sie nicht ihrer prosahaften Qualität berauben, die sich in der unübertroffenen Freiheit ihres Rhythmus und in der völligen Unabhängigkeit von formaler Symmetrie offenbart.

X

Asymmetrie, Kombinationen von Phrasen verschiedener Länge, Taktzahlen, die nicht durch acht, vier oder selbst zwei teilbar sind, d. h. ungerade Taktzahlen, und andere Unregelmäßigkeiten erscheinen schon in den frühesten Werken von Brahms. Das Hauptthema des *ersten Sextetts, in*

B-Dur, op. 18, besteht aus neun Takten (oder besser aus zehn, wegen des auftaktähnlichen Taktes, der die Wiederholung des Themas in der ersten Violine bei ★ einleitet).

Beispiel 22

Die Konstruktion erscheint also als 3 (oder 1 + 2) + 2 + 2 + 2 + 1 = 10.

Das Nebenthema desselben Satzes verbindet seine zwei Motivgestalten *a* und *b* zunächst, um zwei zweitaktige Phrasen zu bilden, denen eine dreitaktige und eine zweitaktige Phrase folgen, was zusammen neun Takte ergibt.

Beispiel 23

Das Scherzo des zweiten *Sextetts, op. 36,* beginnt mit einem Thema, das siebzehn Takte umfaßt, obwohl im siebzehnten Takt eine andere Phrase überlappend anfängt.

Beispiel 24

Es gibt zwei rhythmische Verschiebungen (bei ★), aber das interessanteste Merkmal stellt das nicht eindeutige Ende der zweiten Phrase dar. Man fragt sich, ob die Takte 9ff., nicht zu dieser Phrase gehören.

Obwohl diese Unregelmäßigkeiten nicht an die Kunstfertigkeit der Beispiele Mozarts heranreichen können, stellen sie doch eine fortgeschrittenere Phase der Entwicklung auf die Befreiung musikalischer Gedanken von formalen Zwängen hin dar, weil sie sich nicht von einem barocken Empfinden oder von der Notwendigkeit der Ausdeutung herleiten, wie es in der dramatischen Musik der Fall ist.

Andere asymmetrische Strukturen kommen in Liedern von Brahms vor. Sie gehen vermutlich zum Teil auf die rhythmischen Besonderheiten des Gedichts zurück, auf dem sie basieren. Es ist allgemein bekannt, daß der ästhetische Kanon von Brahms verlangte, die Melodie eines Liedes müsse auf die eine oder andere Weise die Anzahl der Versfüße im Gedicht wiedergeben. Waren es also drei, vier oder fünf Versfüße, sollte die Melodie aus derselben Anzahl von Takten oder Halbtakten bestehen. Zum Beispiel besteht die erste Hälfte der *Meerfahrt* (H. Heine) ausschließlich aus dreitaktigen Phrasen aufgrund des Gedichtmetrums aus drei Versfüßen.

> Mein Liebchen, wir säßen beisammen
> traulich im leichten Kahn

Beispiel 25

Das Lied *Feldeinsamkeit* basiert auf fünffüßigen Versen; daher könnte man erwarten, daß die entsprechenden ersten zwei Phrasen fünf Takte oder Halbtakte lang wären. Aber die erste Phrase ist zu zwei Takten verdichtet, zu denen die zweite Phrase drei Takte hinzufügt und so das Metrum der Verszeilen wiedergibt.

Beispiel 26

Das Gedicht *Am Sonntagmorgen zierlich angetan* hat fünf Versfüße, aber die Melodie besteht aus Phrasen von drei Takten, das heißt sechs Halbtakten – das Ergebnis der Verlängerung der Pause zwischen den Phrasen, die nur eine Sechzehntelpause sein könnte.

Beispiel 27

> Geuß nicht so laut der liebentflammten Lieder
> Tonreichen Schall
> Vom Blütenast des Apfelbaums hernieder
> O Nachtigall

Dies Gedicht hat ein interessantes Metrum: 5 + 3 + 5 + 3 Versfüße. Man beachte auch das spondäische Metrum in jeder zweiten Zeile. Die punktierte halbe Note in Takt 2 verursacht die Ausdehnung der ersten Phrase auf sechs oder besser sieben Halbtakte. Die zweite Zeile sollte bei gleicher Behandlung etwa vier Halbtakte umfassen, nimmt aber einschließlich der halben Pause fünf Halbtakte ein.

Beispiel 28

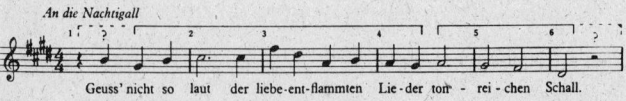

Diese Unregelmäßigkeiten gehen über die Forderungen des Gedichtmetrums hinaus. In vielen anderen Beispielen weicht die Länge der Phrase von der Zahl der Versfüße ab; so etwa könnten im Beispiel 29 die zweimal drei Versfüße gut in sieben oder acht Halbtakte passen statt in die ihnen zugemessenen siebzehn.

Beispiel 29

In ähnlicher Weise erfordert das Gedicht *An den Mond* mit seinem regelmäßigen Rhythmus von vier Versfüßen keine dreitaktige Konstruktion.

Beispiel 30

Beim Abschied hat Zeilen aus vier Versfüßen, aber die Phrasen strecken sich über fünf Takte.

Beispiel 31

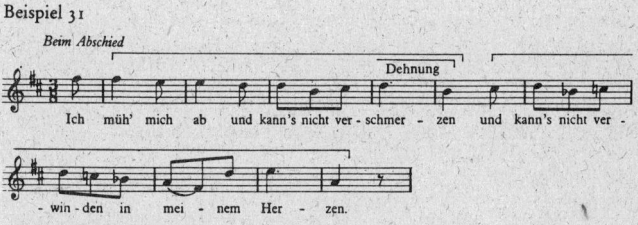

Auch im *Mädchenlied* verlangt das Gedichtmetrum (vier Versfüße) nicht nach Unregelmäßigkeit. Erst der eingefügte fünfte Takt, die Dehnung in Takt 8 und 9 und die Hinzufügung von zwei eintaktigen Phrasen bringen auf zehn beziehungsweise zwölf Takte, was in acht Takten Platz hätte.

Beispiel 32

Die Unregelmäßigkeiten in *Immer leiser wird mein Schlummer* sind teilweise durch den Wechsel des Gedichtmetrums bedingt.

Beispiel 33

Aber ein Versuch, diese Phrasen

Beispiel 34

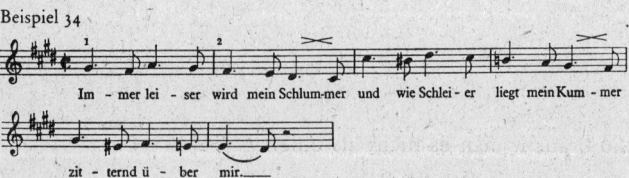

zu verdichten, macht sofort deutlich, daß die kleinen Klavierzwischenspiele, die die Phrasen trennen und verlängern, durch die Stimmung des Gedichts angeregt sind.

Diese losere Konstruktion bereitet auf eine im folgenden noch reichere Freiheit der Phrasenbildung vor.

Die gleiche Voraussicht mag der Grund für die Dehnungen in *Verrat* (Beispiel 35) sein. Kein metrisches Merkmal fordert den fünften und zehnten Takt, die beide wiederum Klavierzwischenspiele sind. In späteren Teilen des Gedichts kommen Abweichungen vom Metrum vor, und gerade an diesen Stellen nehmen die Abweichungen von geradzahligen Strukturen zu. Im Beispiel 35 a sind einige Fälle dargelegt. Die Länge der Phrasen ist unterschiedlich, und die Auftakte (mit ∧ bezeichnet), mit denen sie beginnen, wechseln zwischen einem, drei und fünf Achteln.

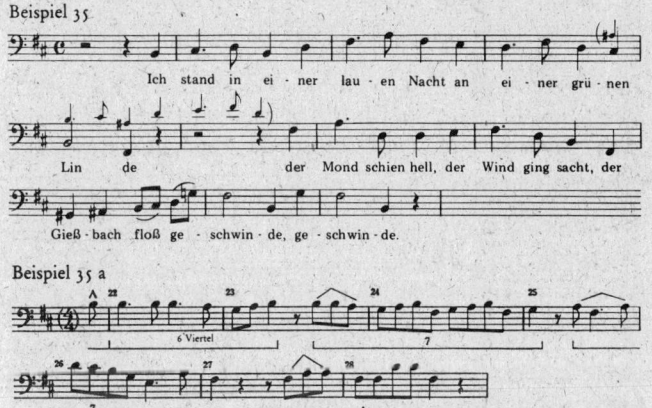

Beispiel 35

Beispiel 35 a

Es ist die wichtigste Fähigkeit eines Komponisten, einen Blick auf die entfernteste Zukunft seiner Themen und Motive zu werfen. Er muß imstande sein, die Folgen der in seinem Material existierenden Probleme im voraus zu kennen und alles dementsprechend zu organisieren. Ob er dies bewußt oder unbewußt tut, ist Nebensache. Es genügt, wenn das Resultat es beweist.

So braucht man es nicht als einen genialen Akt zu bestaunen, wenn ein Komponist, der fühlt, daß Unregelmäßigkeit später vorkommen wird, schon am Anfang von der Regelmäßigkeit abweicht. Ein unvorbereiteter und plötzlicher Wechsel im Strukturprinzip würde das Gleichgewicht gefährden.

XI

Ich kann mir die Gelegenheit nicht entgehen lassen, die Weite einer genialen Vorausschau darzustellen. Im Beispiel 36a (Beethovens *Streichquartett op. 95*) erscheinen im ersten Takt die drei Töne Des, C, D (36a und 36b).

Beispiel 36 a–g

In Beispiel 36c ist diese Folge umgekehrt in D, C, Des und eine Septime aufwärts transponiert.
Ein Vergleich der Beispiele 37a, 37b und 37c mit den Beispielen 36d, 36e, 36f und 36g enthüllt den Ursprung des rätselhaften Verlaufs der Ober- und Unterstimme in Takt 7–9 und zeigt zugleich, wie die seltsame Gestalt in Takt 36 (Beispiel 37b) mit dem Grundgedanken verwandt ist.

Beispiel 37 a, b, c

Darüber hinaus wird so die Verwandtschaft des noch rätselhafteren Segments in den Takten 38–43 (und später 49–54) mit dem Hauptthema aufgedeckt. Die gleiche Tonfolge erscheint vorwärts und rückwärts auch in den folgenden Sätzen mehrere Male. Es wäre anmaßend zu behaupten, daß sie „das" grundlegende Merkmal der Struktur sei oder großen Einfluß auf die Organisation des Streichquartetts gehabt hätte; vielleicht ist ihre Funktion nur die eines „Bindeglieds". Ich glaube, ihr wiederholtes Auftreten, ihre Wiedergeburt in anderen Themen kann ebensogut unterbewußt verursacht sein; der Geist eines Komponisten wird von jeder Einzelheit seines Gedankens beherrscht; die Konsequenzen zeigen sich demnach unwillkürlich und unerwartet. Natürlich kann nur ein Meister, der sich seiner selbst, seines Gefühls für Form und Gleichgewicht sicher ist, zugunsten der Diktate seiner Vorstellungskraft auf eine bewußte Kontrolle verzichten.

XII

Beispiele für die Tendenz zu asymmetrischer Konstruktion bei den Komponisten nach Wagner sind sehr zahlreich. Obwohl die natürliche Neigung, zwei- oder viertaktige Phrasen zu bauen, noch vorhanden ist, wird die Abweichung vom Vielfachen von zwei auf viele Arten erreicht.
Das Hauptthema von Anton Bruckners *Siebenter Symphonie* zum Beispiel enthält einen Abschnitt von fünf (3 + 2) und einen weiteren von drei Takten. Keine der beiden dreitaktigen Einheiten kann als Dehnung von zwei oder Verdichtung von vier Takten klassifiziert werden. Sie sind beide „natürlich".

Beispiel 38

Die Asymmetrie im Hauptthema von Gustav Mahlers *Zweiter Symphonie* ist zurückzuführen auf das unregelmäßige Auftreten eintaktiger Einheiten.

Beispiel 39

Die Unregelmäßigkeiten im Nebenthema des Scherzos in Mahlers *Sechster Symphonie* sind nur teilweise durch das Komponieren im $^3/_8$-, $^4/_8$- und $^6/_8$-Takt verursacht. Die Einheiten sind auch verschieden lang. Die ersten zwei umfassen sieben Achtelnoten, die dritte zehn, und in der Folge tauchen noch größere Unterschiede auf. Auch diese Unregelmäßigkeiten lassen sich kaum auf gerade Zahlen zurückverfolgen.

Beispiel 40

Ein außergewöhnlicher Fall, selbst unter zeitgenössischen Komponisten, ist die Melodie aus „Abschied", dem letzten Satz von Mahlers *Lied von der Erde*. Alle Einheiten wechseln stark in Gestalt, Umfang und Inhalt, als ob sie nicht motivische Teile einer melodischen Einheit wären, sondern Wörter, von denen jedes im Satz einen eigenen Zweck verfolgt.

Beispiel 41

Das Hauptthema der *Sinfonia Domestica* von Richard Strauss ist deutlich eine unteilbare Einheit von fünf Takten. Sein Ende überlappt sich mit dem Oboeneinsatz.

Beispiel 42

Ein anderes Thema desselben Werkes besteht aus zwei- und eintaktigen Einheiten.

Beispiel 43

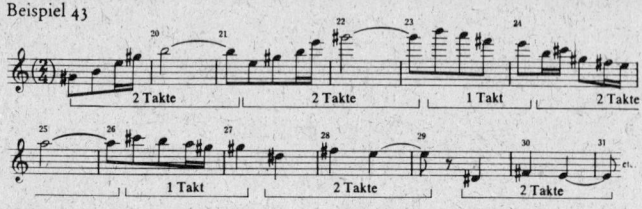

Ebenfalls eine unteilbare Einheit von fünf Takten ist die erste Phrase von Max Regers *Violinkonzert*. Eine dreitaktige Phrase vervollständigt diesen Teil des Satzes.

Beispiel 44

Das Cellosolo aus „Serenade" (Schönberg, *Pierrot lunaire, op. 21*) besteht aus unregelmäßig wechselnden ein- und zweitaktigen Einheiten.

Beispiel 45

XIII

Man könnte manche Unregelmäßigkeiten in den Beispielen von Haydn, Mozart und Brahms so interpretieren, als wären sie aus bestimmten Absichten heraus entstanden, wie zum Beispiel aus dem Wunsch, ein barockes Formgefühl zu befriedigen; oder eine deutlichere Trennung der Phrasen voneinander durch „Interpunktion" zu erreichen; oder die dramatische Charakterisierung verschiedener Akteure in einer Oper zu unterstützen; oder den metrischen Eigentümlichkeiten eines Gedichts oder Liedes nachzukommen – wie in den vorausgehenden Erörterungen gezeigt wurde.
Aber keiner dieser Gründe erklärt solche Unregelmäßigkeiten, wie sie in der Musik der Komponisten nach Wagner festgestellt worden sind. Offensichtlich leiten sich ihre Abweichungen von der einfachen Konstruktion nicht mehr von rein technischen Bedingungen her, auch dienen sie nicht dazu, für ein [bestimmtes] stilistisches Erscheinungsbild zu sorgen. Sie sind zum festen Bestandteil der Syntax und Grammatik vielleicht aller späterer musikalischen Strukturen geworden. Dementsprechend werden sie nicht mehr als Verdienst einer Komposition vermerkt – obwohl leider noch viele ungebildete Komponisten unverändert zwei plus zwei, vier plus vier, acht plus acht schreiben.

XIV

Noch einmal: es kommt nicht darauf an, ob ein Künstler seine größten Leistungen bewußt nach einem vorgefaßten Plan erreicht oder unbewußt, indem er blindlings von einem Merkmal zum nächsten schreitet. Hat der Herrgott einem Denker ein Hirn von ungewöhnlicher Leistungskraft gewährt? Oder hat der Herrgott ihm hin und wieder im stillen ein bißchen mit seinem eigenen Denken geholfen? Unser Herrgott ist ein außergewöhnlich guter Schachspieler. Meist plant er Billionen Züge im voraus, und darum ist es nicht leicht, ihn zu verstehen. Es scheint jedoch, daß es ihm gefällt, jenen, die er auserwählt hat, bei ihren geistigen Problemen zu helfen – obgleich nicht genug bei den mehr materiellen.
Noch einmal: Asymmetrie und Ungleichheit von Struktur-

elementen sind in der zeitgenössischen Musik kein Wunder und machen auch kein Verdienst aus. Ein zeitgenössischer Komponist verbindet Phrasen ungeachtet ihrer Größe und Gestalt. Er wacht nur über die harmonische Fortschreitung, den rhythmischen und motivischen Gehalt, den Fluß und die Logik. Aber sonst sucht er seinen Weg wie ein Tourist, frei und unbekümmert, wenn er spürt, daß er Zeit hat, streng und sorgfältig, wenn er sich unter Druck fühlt. Wenn er nur niemals sein Ziel aus den Augen verliert!

Die Verdienste zeitgenössischer Komponisten mögen in formalen Feinheiten anderer Art bestehen. Es mag die Vielfalt und Menge der Gedanken sein, die Art, wie sie sich entwickeln und aus Keimzellen hervorgehen, wie sie zueinander in Gegensatz stehen und wie sie sich ergänzen; es mag auch ihre emotionale Beschaffenheit sein, romantisch oder unromantisch, subjektiv oder objektiv, ihr Ausdruck von Stimmungen und Charakteren und deren Schilderung.

Die zeitgenössische Kompositionstechnik ist noch nicht bei einer Konstruktionsfreiheit angelangt, die sich derjenigen einer Sprache vergleichen läßt. Offenbar spielen jedoch Entsprechung und Symmetrie heute eine geringere Rolle als in früheren Techniken; und das Trachten nach einer Genauigkeit, die der des Hexameters oder Pentameters gleicht oder der Struktur des Sonetts oder der Strophe in der Dichtung, ist selten. Es gibt sogar Komponisten, die von den Merkmalen des Themas in den Variationen wenig beibehalten – ein seltsamer Fall: warum sollte man eine derart strenge Form benutzen, wenn man nach dem Gegenteil strebt? Ist das nicht so, wie wenn man eine Violin-E-Saite auf einen Kontrabaß zöge? Man ist bereit, Diskrepanzen dieser Art und dieses Ranges zu übersehen zugunsten überwältigender Verdienste in anderer Hinsicht. Aber die ästhetischen Voraussetzungen für ein gerechtes und allgemeingültiges Urteil sind gegenwärtig sehr fragwürdig geworden.

XV

Diese Diskussion soll mit zwei Beispielen für Brahms' Beitrag zur Entwicklung der musikalischen Sprache abgeschlossen werden; mit dem Andante aus dem *Streichquartett*

in a-Moll, op. 51, Nr. 2 und dem dritten der *Vier ernsten Gesänge, op. 121*, „O Tod, o Tod, wie bitter bist du!"
Beide Themen sind, was ihre motivische Verarbeitung und innere Organisation angeht, Proben einer vielleicht einzigartigen künstlerischen Qualität.

Beispiel 46

Wie die Analyse aufdeckt, enthält das Andante in A-Dur ausschließlich Motivgestalten, die als Ableitungen des durch die Klammer *a* markierten Sekundintervalls zu erklären sind.
b ist also die Umkehrung aufwärts von *a*;
c ist *a* + *b*;
d ist ein Teil von *c*;
e ist *b* + *b*, absteigende Sekunden im Quartumfang;
f ist das von *e* abstrahierte Quartintervall in Umkehrung.
Diese erste Phrase – *c* – besteht daher aus *a* plus *b*. Sie enthält ebenfalls *d* (siehe Klammer [im System] darunter), das

auch als Bindeglied zwischen der ersten und zweiten Phrase fungiert (bei ★).

Die zweite Phrase besteht aus *e* und *d*; mit Ausnahme des Auftakts (der Achtelnote E) und der beiden Töne Cis und H stellt sie sich als Transposition der ersten Phrase (siehe oben bei §) eine Stufe höher dar. Sie liefert auch das Quartintervall, *f*.

Die dritte Phrase enthält zweimal *e*, beim zweiten Mal eine Stufe höher transponiert.

Die vierte Phrase ist deutlich eine abgewandelte Transposition von *c*.

Obwohl die fünfte Phrase wie eine Variante der vorausgehenden Phrase aussieht, enthält sie nur *e*, das mit der vorausgehenden Phrase durch *f* verbunden ist.

Die sechste Phrase, die aus *e*, *d* und *b* besteht, enthält einen chromatischen Verbindungston His, der als zweiter Ton einer Form von *a* angesehen werden könnte. Dieses His ist der einzige Ton im ganzen Thema, dessen Ableitung anfechtbar ist.

Skeptiker jedoch könnten mit dem Argument kommen, Sekundschritte oder selbst Skalenausschnitte seien in jedem Thema vorhanden, ohne das thematische Material auszumachen. Es gibt eine ungeheure Menge Konstruktionsmethoden und -prinzipe, von denen bisher wenige untersucht worden sind. Ich halte es für wahrscheinlich, daß viele Musiker diese beiden Analysen, die ich 1933 zur Feier der hundertsten Wiederkehr von Brahms' Geburtstag vorgetragen habe, kennen. Aber wer gegen meine Schlüsse etwas einzuwenden hat, darf nicht vergessen, daß das zweite Beispiel ein ähnliches Geheimnis aufweist; dieses Mal handelt es sich um Terzen. (Beispiel 47)

Dieses Beispiel hat eine gewisse Ähnlichkeit mit dem Hauptthema aus der *Vierten Symphonie* von Brahms – bei beiden ist die Struktureinheit das Terzintervall. Die erste Phrase in der Gesangstimme besteht aus einer Folge von drei Terzen H–G, G–E und E–C, die jeweils als *a* bezeichnet sind.

Die zweite Phrase ist gebaut aus der Umkehrung von *a*, Cis–E, im folgenden *b* genannt, und *c*, das *a* mit einer eingefügten Durchgangsnote C ist.

Beispiel 47

Die dritte Phrase ist eine Sequenz der zweiten Phrase eine Terz tiefer (charakteristischerweise!).

Die vierte Phrase, in der der Gesang dem Klavier mit einer kleinen kanonischen Imitation folgt, verkehrt das Terzintervall (H–G und entsprechend E–C) in eine Sexte *d*. Man beachte auch die Terzbeziehung zwischen den zwei Punkten ★–★ in Takt 6–7 im Gesang und im Klavier.

Die fünfte und sechste Phrase mit einem Teil der siebten gründen auf den *f* genannten Tönen G–H–D–Fis, die eine Umkehrung der fallenden Terzen der ersten Phrase sind. Außerdem enthält die linke Hand in Takt 8 und 9 die Terzenfolge, obwohl die ersten zwei Töne ihre Plätze vertauscht haben (siehe ★★). Darüber hinaus enthält die linke Hand in Takt 10 sechs Töne, die eine Terzenkette *e* bilden. Die Gesangstimme besteht hauptsächlich aus Terzen, von denen einige Durchgangsnoten einschließen. Außerdem erscheint hier, wo sich die höhepunktartige Konzentrierung einer Kadenz nähert, das Terzintervall sehr zahlreich, und *e* kommt auch aufeinanderfolgend vor.

Siehe auch Beispiel 48a und 48b. Hier ist im Gesang die Terz wieder in die Sexte verkehrt (48a) und wird im Baß imitiert (48b).

Beispiel 48 a und 48 b

Der Sinn für Logik und Ökonomie und die Erfindungskraft, die zusammen so natürlich fließende Melodien bilden, verdienen die Bewunderung jedes Musikliebhabers, der von der Musik mehr als Süße und Schönheit erwartet. Aber obwohl ich aus dem Stegreif von einem Komponisten vor Brahms nur ein einziges Beispiel von solcher Komplexität der Konstruktion kenne – von Mozart natürlich (siehe Beispiel 51 aus dem *Klavierquartett in g-Moll*) –, muß ich feststellen, daß die Strukturanalyse sogar noch größere Verdienste an den Tag bringt.

Das Andante aus dem *Streichquartett in a-Moll* (Beispiel 46) enthält sechs Phrasen in acht Takten. Die Länge dieser Phrasen beträgt 6 + 6 + 6 + 4 + 4 + 6 Viertelnoten. Die ersten drei Phrasen nehmen vier Takte und drei Achtelnoten (oder viereinhalb Takte) ein. Die erste Phrase endet praktisch auf der ersten Schlagzeit von Takt 2. Um den künstlerischen Wert der metrischen Verschiebung der zweiten Phrase voll zu würdigen, muß man sich vorstellen, daß selbst einige der großen Komponisten vor Brahms wie in Beispiel 49 fortgefahren wären, indem sie nämlich die zweite Phrase in den dritten Takt gesetzt hätten.

Beispiel 49

Brahms hätte versuchen können, die ersten drei Phrasen in drei ⁶/₄-Takte zu setzen.

Beispiel 50

★ eigentlich 3/2

Würden dann die nächsten zwei Phrasen in zwei ⁴/₄-Takte passen, wäre zweifelhaft, ob die Akzentuierung der letzten Phrase (bei ★) adäquat sei, wenn alle vorhergehenden Phrasen ihren Hauptakzent auf der ersten Schlagzeit hätten. Aber außerdem würde diese Notierungsweise die Ungleichheit der Konstruktion noch sichtbarer machen, weil das Thema dann siebentaktig würde.

In der Notierung von Brahms sind diese subkutanen Schönheiten in acht Takten untergebracht; und falls die Achttaktigkeit ein ästhetisches Prinzip darstellt, so ist es hier trotz der großen Freiheit der Konstruktion gewahrt.

Das Beispiel von Mozart (Beispiel 51) ist ein Rätsel – nicht für den Ausführenden, sondern für den Analytiker, der an der Grammatik, der Syntax, der Linguistik der Musik interessiert ist.

Beispiel 51 a-e

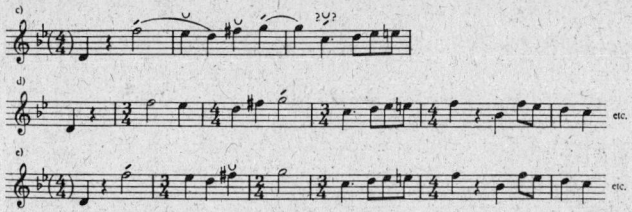

Es besteht aus drei kleinen Abschnitten oder Phrasen, deren metrische Stellung kompliziert ist. Der Beginn der ersten Phrase auf einer dritten Schlagzeit ist mit *sf* bezeichnet, das einen stärkeren Akzent fordert, als der dritten Schlagzeit für gewöhnlich zukommt. Die nachfolgende erste Schlagzeit ist mit *p* bezeichnet, und falls dies eine „Aufhebung des Akzents" bedeutet,[3] könnte man annehmen, es sei ein Taktwechsel gemeint, wie er in den Beispielen 51d und 51e, wo die Taktwechsel ausgeführt werden, angedeutet ist. Aber in Takt 2 ist die vierte Schlagzeit ebenfalls mit *sf* bezeichnet, und die Akzentuierung der folgenden Schlagzeit ist ebenfalls aufgehoben oder zumindest abgeschwächt. Aus diesem Grund könnte man annehmen, daß die zweite Phrase nicht, wie die Klammer oben anzeigt, auf der zweiten Schlagzeit von Takt 3, sondern, entsprechend der Klammer unter der linken Hand, auf der vierten Schlagzeit von Takt 2, mit dem *sf* beginnt. Es ist ebenfalls möglich, daß der Ton auf der dritten Schlagzeit (das Fis) seinen Akzent behalten soll, wodurch ein Spondäus entstünde.

Zusätzlich zu all diesen Problemen wirft das Cello bei der Wiederholung des kleinen Segments ein eigenes Problem auf durch *sf*-Akzente, die denen der Hauptstimme zum Teil widersprechen (Beispiel 51b). Der strukturellen Kompliziertheit dieses Beispiels kommt die polyrhythmische Konstruktion der zweiten Variation im Finale des *Streichquartetts in d-Moll* (Beispiel 52a) gleich. Heutzutage schreibt man das wie in Beispiel 52b. Ein Beispiel aus dem Menuett des *Streichquartetts in C-Dur* mag weiterhin rechtfertigen, daß ich mich in die Untersuchung so subtiler Probleme einlasse.

---

[3] In meiner Musik verwende ich für ähnliche Zwecke die der Prosodie entlehnten Symbole ∕ und ∪. Damit werden Akzentwechsel und rhythmische Verschiebungen angezeigt. Siehe Beispiel 51c.

Beispiel 52c legt eine Phrasierung nahe, die dem Metrum entgegengesetzt ist. Hier wird eine Einheit von fünf Viertelnoten auf verschiedenen Schlagzeiten wiederholt, während die Begleitung unverändert bleibt.

Beispiel 52

Beethoven ist ein großer Neuerer in bezug auf den Rhythmus. Man erinnere sich zum Beispiel an den letzten Satz des *Klavierkonzerts in Es-Dur* oder an das Menuett des *Streichquartetts op. 18, Nr. 6.* Aber strukturell ist er, wie schon gesagt, im allgemeinen ziemlich einfach. Obwohl jedoch die Durchsichtigkeit der Darstellung die Last der Gefühle, mit denen seine Gedanken beladen sind, in befriedigender Weise aufwiegt, ist es überflüssig zu sagen, daß die Abkehr von der ungleichen und asymmetrischen Konstruktion, wie sie Mozart begründet hatte, ein äußerst bedauerlicher Verlust gewesen wäre. Die Vorstellung, daß das geistige, von struktureller Schönheit verursachte Vergnügen genauso groß sein kann wie das Vergnügen, das seinen Ursprung in gefühlsmäßigen Qualitäten hat, ist nicht abzuweisen. In diesem Sinne wäre das Verdienst von Brahms unermeßlich, selbst wenn er diese Denkweise nur als eine Art technischen Mittels beibehalten hätte. Aber – und das charakterisiert seinen hohen Rang – er ist darüber hinausgewachsen.

Wenn ein Mann in dem Bewußtsein, bald zu sterben, seine Rechnung mit Himmel und Erde abschließt, seine Seele zur Abreise rüstet und gegeneinander abwägt, was er verläßt und was er empfangen wird, dann mag er, falls er einer der Großen ist, den Wunsch verspüren, dem Wissen der Menschheit ein Wort – einen Teil der Weisheit, die er erworben hat – einzuverleiben. Man könnte am Sinn des Lebens zweifeln, wenn es dann ein reiner Zufall wäre, daß solch ein Werk, ein lebenbeschließendes Werk, nicht mehr darstellte als eben ein weiteres Opus. Oder darf man annehmen, daß die Botschaft eines Mannes, der schon halb im Jenseits weilt, bis zu den äußersten Grenzen des noch Ausdrückbaren vordringt? Darf man davon nicht einen außergewöhnlichen Grad an Vollkommenheit erwarten, weil sich die Meisterschaft, diese himmlische Gabe, die selbst durch gewissenhaftesten Fleiß und gewissenhafteste Übung nicht zu erwerben ist, nur einmal, ein einziges Mal in ihrer ganzen Fülle manifestiert, wenn eine Botschaft von solcher Wichtigkeit formuliert werden muß?
Ich stelle mir vor, daß Brahms hier mit seinem schützenden Wall von Trockenheit die Szene betritt und mich unterbricht: „Genug der schönen Worte. Wenn Sie etwas zu sagen haben, sagen Sie es kurz und sachlich ohne soviel sentimentales Getue."
Bevor ich diesem Befehl nachkomme, drängt es mich zu sagen, daß der dritte der *Vier ernsten Gesänge,* „O Tod, o Tod, wie bitter bist du", mir – trotz, oder gerade wegen seiner Vollkommenheit – der ergreifendste des ganzen Zyklus zu sein scheint. Intuition, Inspiration und Spontaneität beim Schaffen sind im allgemeinen auf charakteristische Weise mit Eile verbunden. Aber „was glaubt Er, daß ich an Seine elende Geige denke, wenn der Geist mich packt?" – genauso fühlt der Künstler, ob er nun mühsam oder spielerisch schafft.
Zweifellos hielt Brahms viel von der Ausarbeitung der Gedanken, die er „Gnadengeschenke" nannte. Große Anstrengung ist für einen geübten Geist keine Qual, sondern eher ein Vergnügen. Wie ich bei anderer Gelegenheit behauptet habe: wenn der Geist eines Mathematikers oder Schachspielers solche Hirnwunder vollbringen kann, warum dann nicht auch der Geist eines Musikers? Schließlich muß auch

ein Improvisator vorausdenken, bevor er spielt, und Komponieren ist eine verlangsamte Improvisation; oft kann man nicht schnell genug schreiben, um mit dem Strom der Gedanken Schritt zu halten. Aber der Handwerker ist sich gern dessen bewußt, was er schafft; er ist stolz auf die Geschicklichkeit seiner Hände, auf die Beweglichkeit seines Geistes, auf seinen subtilen Sinn für Ausgewogenheit, auf seine nie versagende Logik, auf die große Zahl der Variationsmöglichkeiten und nicht zuletzt auf die Tiefe seines Gedankens und seine Fähigkeit, die entferntesten Konsequenzen eines Gedankens zu durchschauen. Das vermag man nicht bei einem seichten Gedanken, aber man vermag es, und zwar *nur*, bei einem tiefen Gedanken – und da *muß* man es.

Es ist wichtig, sich klarzumachen, daß Brahms, ohne auf Schönheit und Gefühl zu verzichten, zu einem Zeitpunkt, als alle an „Ausdruck" glaubten, sich auf einem Gebiet als fortschrittlich erwies, das seit einem halben Jahrhundert brachgelegen hatte. Er wäre schon ein Pionier gewesen, wenn er einfach zu Mozart zurückgekehrt wäre. Aber er lebte nicht vom ererbten Vermögen; er verdiente selber eines. Allerdings hat auch Wagner zur Entwicklung struktureller Formulierungen beigetragen durch seine Technik der variierten oder unveränderten Wiederholungen, denn diese befreiten ihn von der Verpflichtung, sich länger als notwendig über ein Thema zu verbreiten, das er schon klar umrissen hatte. So erlaubte diese Sprache, sich anderen Themen zuzuwenden, wenn es die Handlung auf der Bühne verlangte.

Brahms hat nie dramatische Musik geschrieben, und man munkelte in Wien, er habe gesagt, er würde eher im Stil Mozarts als im „Neudeutschen Stil" schreiben. Man kann sicher sein, daß es nicht Mozarts Stil, sondern reiner Brahms gewesen wäre, und hätte er auch ganze Sätze und sogar einzelne Wörter des Textes in der Manier der vorwagnerischen Oper wiederholt, hätte er doch das zeitgenössische Gefühl für dramatische Darstellung nicht ganz außer acht lassen können; er hätte keinen Sänger während einer Da-capo-Arie sterben und den Anfang nach seinem Tod wiederholen lassen. Andererseits wäre es gewiß recht aufschlußreich, all die dramatisch-musikalischen Erfordernisse über

Brahms' ungeheuer fortgeschrittener Harmonik ausgeführt zu sehen.
Es steht dahin, ob Brahms ein Libretto hätte finden können, das zu dem, was ihm gefiel, und zu dem Gefühl, das er auszudrücken vermochte, gepaßt hätte. Wäre es eine komische Oper, eine Komödie, ein lyrisches Drama oder eine Tragödie gewesen? Er ist vielseitig, und in seiner Musik lassen sich leicht alle Arten von Ausdruck finden, vielleicht mit Ausnahme von heftigen dramatischen Ausbrüchen, wie man sie bei Wagner und Verdi antrifft. Wer weiß? Betrachtet man Beethovens *Fidelio*, der in der Anlage deutlich symphonisch ist, erinnert man sich an den großartigen Ausbruch am Ende des zweiten Akts, „O namenlose Freude", und vergleicht ihn mit dem streng symphonischen Stil im größeren Teil des dritten Aktes, dann kann man einen Eindruck von dem bekommen, wessen ein Genie fähig ist, „wenn der Geist es packt".
„O Tod, o Tod, wie bitter bist du" wurde im Hinblick auf außerordentliche Logik analysiert. In Beispiel 47 sind auch die Schönheiten seiner Phrasierung vermerkt. Es ist wohl überflüssig, diese Züge hier im einzelnen zu erörtern. Einige Bemerkungen sollten genügen, um zu verdeutlichen, was im Laufe dieser Untersuchung verfochten wurde.
Der ganze erste Teil dieses Liedes enthält in zwölf Takten sechsunddreißig halbe Noten, die Phrasierung in der Gesangstimme mißt der ersten Phrase sechs halbe Noten zu, der zweiten vier, der dritten fünf, der vierten fünfeinhalb, der fünften dreieinhalb (wozu noch ein Achtel Auftakt hinzuzuzählen ist), der sechsten drei, der siebten viereinhalb und der Schlußphase fünfeinhalb. Man würdige die rhythmische Verschiebung auf eine andere Zählzeit in der dritten Phrase und eine weitere Verschiebung, die durch den Anfang des kleinen Kanons in Takt 6 und 7 bewirkt wird.
Der Bereich von Brahms als einem Komponisten von Liedern, Kammermusik und Symphonien ist als episch-lyrisch zu bezeichnen. Wäre er Dramatiker, würde die Freiheit seiner Sprache weniger überraschen. Sein Einfluß hat bereits eine Weiterentwicklung der Musiksprache auf eine uneingeschränkte, obwohl ausgewogene Darstellung musikalischer Gedanken hin bewirkt. Aber seltsamerweise wird das Wesentliche seiner Errungenschaften heller leuchten, je

mehr es in die dramatische Technik eingeht. Die Opernkomponisten werden dann imstande sein, eine Behelfstechnik aufzugeben, die nicht nur in den Opern der großen Vorwagnerianer eine Unzulänglichkeit bedeutete. Da der Beitrag des Sänger-Schauspielers zum dramatischen Ausdruck nur einen Teil des Dramas ausmacht, hat sich das Orchester, das zunächst nur eine begleitende Funktion hatte, zum beherrschenden Faktor entwickelt. Es schildert nicht nur die Stimmung, den Charakter und die Handlung, sondern bestimmt auch das Tempo der Handlung und erweitert und begrenzt alles, was geschieht, durch seine eigenen formalen Bedingungen. Um die Folgen der Vorherrschaft des Orchesters zu erkennen, muß man sich an die häufigen Textwiederholungen in den Opern vor Wagner erinnern. Sie dienen dazu, dem vom Orchester ausgehenden Hang zur Ausdehnung der Form nachzukommen. Außerdem gibt es solche Gelegenheiten, wo sich eine Melodie dem Text nicht anpaßt. Das sind die Stellen, an denen der Sänger auf der Dominante des Akkords verharrt, während das Orchester fortfährt, die formalen und thematischen Durchführungen seines Parts auszubauen. Das sind die Stellen in neueren Werken, an denen das Orchester wie bei einer Symphonie spielt, ohne sich um die Bedürfnisse des Sängers zu kümmern und ohne – eine ultramoderne, pseudofortschrittliche Errungenschaft – im geringsten zu beachten, was auf der Bühne durch Wort und Stimme ausgedrückt werden soll, ja manchmal diesem sogar zuwiderhandelnd.

Wenn der Opernkomponist hier Brahms' Beiträge zu einer uneingeschränkten musikalischen Sprache anwendet, vermag er die metrischen Hindernisse seines Librettos zu überwinden; das Schaffen von Melodien und anderen Strukturelementen wird nicht vom Versbau, vom Metrum oder von fehlenden Wiederholungsmöglichkeiten abhängen. Eine Ausdehnung aus rein formalen Gründen wird nicht nötig sein, und Wechsel der Stimmung und des Charakters werden die Organisation nicht gefährden. Der Sänger wird Gelegenheit erhalten, zu singen und gehört zu werden. Er wird nicht auf einem Ton rezitieren müssen, sondern es werden ihm melodisch interessante Linien geboten, kurz gesagt, er wird nicht nur derjenige sein, der die Worte ausspricht, um die Handlung verständlich zu machen. Er wird ein singendes Instrument der Ausführung sein.

Es scheint – falls dies kein Wunschdenken ist –, ein gewisser Fortschritt in dieser Richtung sei schon gemacht worden, ein Fortschritt in Richtung auf eine uneingeschränkte musikalische Sprache. Er wurde eingeleitet von Brahms, dem Fortschrittlichen.

Komposition mit zwölf Tönen

I

Um das wahre Wesen der Schöpfung zu begreifen, muß man feststellen, daß es kein Licht gab, bevor der Herr sagte: „Es werde Licht." Und da es noch kein Licht gab, umfing die Allwissenheit des Herrn eine Vision davon, die nur seine Allmacht heraufzubeschwören vermochte.

Wenn wir armen Menschenwesen von einem der größeren Geister unter uns als von einem Schöpfer sprechen, sollten wir niemals vergessen, was ein Schöpfer in Wirklichkeit ist.

Ein Schöpfer hat eine Vision von etwas, das vor dieser Vision nicht existiert hat.

Und ein Schöpfer hat die Macht, diese Vision zum Leben zu erwecken, sie zu verwirklichen.

Tatsächlich, die Vorstellung von Schöpfer und Schöpfung sollte in Einklang mit dem Göttlichen Vorbild geformt werden; Inspiration und Vollkommenheit, Wunsch und Erfüllung, Wille und Ausführung kommen spontan und gleichzeitig zusammen. In der Göttlichen Schöpfung gab es keine Einzelheiten, die später ausgeführt werden mußten; „es ward Licht", auf einmal und in höchster Vollendung.

Leider müssen die irdischen Schöpfer, wenn ihnen eine Vision gewährt wird, den langen Weg zwischen Vision und Ausführung zurücklegen; einen beschwerlichen Weg, auf dem nach der Vertreibung aus dem Paradies selbst Genies ihre Ernte im Schweiße ihres Angesichts einbringen müssen.

Leider ist es eines, sich in einem schöpferischen Augenblick der Inspiration etwas auszudenken, und etwas anderes, seine Vision in die Wirklichkeit umzusetzen, indem man Einzelheiten mühselig verbindet, bis sie sich zu einer Art Organismus zusammenschließen.

Und angenommen, es wird ein Organismus, ein Homunculus oder ein Roboter und besitzt etwas von der Spontaneität einer Vision, dann bleibt es leider immer noch etwas anderes, diese Form zu organisieren, daß sie eine faßliche Botschaft wird „für den es angeht".

II

Form in der Kunst, und besonders in der Musik, trachtet in erster Linie nach Faßlichkeit. Die Entspannung, die der zufriedene Hörer erlebt, wenn er einem Gedanken, seiner Entwicklung und den Gründen für diese Entwicklung zu folgen vermag, ist, psychologisch gesehen, eng verwandt mit einer Empfindung von Schönheit. Daher gehört zum künstlerischen Wert Faßlichkeit, nicht nur um der verstandesmäßigen, sondern auch um der gefühlsmäßigen Befriedigung willen. Jedoch der *Gedanke* des Schöpfers muß dargestellt sein, wie auch immer die *Stimmung* sein mag, die hervorzurufen er getrieben wird.

Die Komposition mit zwölf Tönen hat kein anderes Ziel als Faßlichkeit. Angesichts gewisser Ereignisse in der jüngsten Musikgeschichte könnte dies erstaunlich scheinen, denn in diesem Stil geschriebenen Werken ist es trotz des neuen Organisationsmittels nicht gelungen, Verständnis zu erringen. Daher könnte man, sollte man vergessen, daß die Zeitgenossen nicht die endgültigen Richter sind, sondern gewöhnlich von der Geschichte überholt werden, diese Methode als zum Untergang verurteilt ansehen. Aber obwohl sie die Schwierigkeiten des Hörers zu vergrößern scheint, gleicht sie diese Unzulänglichkeit aus, indem sie auch den Komponisten bestraft. Denn so zu komponieren wird nicht leichter, sondern eher zehnmal schwieriger. Nur der besser gerüstete Komponist vermag für den besser gerüsteten Musikliebhaber zu komponieren.

III

Die Methode, mit zwölf Tönen zu komponieren, erwuchs aus einer Notwendigkeit.

In den letzten hundert Jahren hat sich der Harmoniebegriff durch die Entwicklung der Chromatik ungeheuer gewandelt. Die Vorstellung, daß ein Grundton, die Tonika, den Aufbau der Akkorde beherrschte und ihre Aufeinanderfolge regelte – der Begriff der *Tonalität* –, mußte sich zuerst zum Begriff der *erweiterten Tonalität* entwickeln. Sehr bald wurde fraglich, ob solch eine Tonika noch das Zentrum blieb, auf das jede Harmonie und Harmoniefolge bezogen sein mußte. Weiters wurde sehr bald fraglich, ob eine Tonika, die am Anfang, am Schluß oder an irgendeiner anderen Stelle auftrat, wirklich eine konstruktive Bedeutung hatte. Richard Wagners Harmonik hatte einem Wandel in der Logik und der konstruktiven Kraft der Harmonie Vorschub geleistet. Eine ihrer Folgen war der sogenannte *impressionistische* Gebrauch der Harmonien, wie er besonders von Debussy praktiziert wurde. Ohne konstruktive Bedeutung dienten seine Harmonien oft dazu, Stimmungen und Bilder auszudrücken. So wurden die Stimmungen und Bilder, obwohl außermusikalisch, zu konstruktiven Elementen, die in die musikalischen Funktionen mit einbezogen wurden; sie schufen eine Art Faßlichkeit vom Gefühl her. Auf diese Weise war die Tonalität praktisch schon entthront, wenn auch noch nicht theoretisch. Dies allein hätte aber wohl noch keinen radikalen Wandel in der Kompositionstechnik verursacht. Jedoch wurde ein solcher Wandel unumgänglich, als sich gleichzeitig eine Entwicklung anbahnte, die mit dem endete, was ich die *Emanzipation der Dissonanz* nenne.

Das Ohr hatte nach und nach eine Vielzahl von Dissonanzen kennengelernt und so die Furcht vor ihrer „sinnstörenden" Wirkung verloren. Man erwartete keine Wagnersche Vorbereitung der Dissonanz und keine Strauss'sche Auflösung von dissonanten Akkorden mehr; Debussys funktionslose Harmonien oder der rauhe Kontrapunkt späterer Komponisten störten nicht mehr. Dieser Stand der Dinge führte zu einem freieren Gebrauch der Dissonanzen, vergleichbar damit, wie klassische Komponisten den verminderten Septakkord behandelten, der jeder anderen Harmonie, ob konsonant oder dissonant, vorausgehen oder folgen konnte, als gäbe es überhaupt keine Dissonanz.

Was Dissonanzen und Konsonanzen unterscheidet, ist nicht ein größerer oder geringerer Grad an Schönheit, sondern ein größerer oder geringerer Grad an *Faßlichkeit*. In meiner *Harmonielehre* habe ich die Theorie vertreten, daß dissonante Töne in den Obertonreihen später auftreten, weshalb das Ohr sie weniger gut kennt. Dies Phänomen rechtfertigt nicht so entgegengesetzte Begriffe wie Wohlklang und Mißklang. Die nähere Bekanntschaft mit den entfernteren Konsonanzen – eigentlich den Dissonanzen –

beseitigte allmählich die Verständnisschwierigkeit und ließ nicht nur die Emanzipation des Dominantseptakkords und anderer Septakkorde, verminderter Septakkorde und übermäßiger Dreiklänge zu, sondern auch die Emanzipation der entfernteren Dissonanzen von Wagner, Strauss, Moussorgsky, Debussy, Mahler, Puccini und Reger.

Der Ausdruck *Emanzipation der Dissonanz* bezieht sich auf deren Faßlichkeit, die als gleichwertig mit der Faßlichkeit der Konsonanz angesehen wird. Ein Stil, der auf dieser Voraussetzung beruht, behandelt Dissonanzen genauso wie Konsonanzen und verzichtet auf ein tonales Zentrum. Indem die Befestigung einer Tonart vermieden wird, wird die Modulation ausgeschlossen, denn Modulation bedeutet das Verlassen einer befestigten Tonart und das Befestigen einer *anderen* Tonart.

Die ersten Kompositionen in diesem neuen Stil wurden 1908 von mir und bald darauf von meinen Schülern Anton von Webern und Alban Berg geschrieben. Gleich von Anfang an unterschieden sich diese Stücke von aller vorhergehenden Musik, nicht nur harmonisch, sondern auch melodisch, thematisch und motivisch. Aber die charakteristischsten Merkmale dieser Stücke *in statu nascendi* waren ihre äußerste Ausdrucksstärke und ihre außerordentliche Kürze. Zu jener Zeit waren weder ich noch meine Schüler uns der Gründe für diese Merkmale bewußt. Später entdeckte ich, daß unser Formgefühl recht hatte, als es uns zwang, äußerste Gefühlsstärke durch außergewöhnliche Kürze auszugleichen. So wurden unbewußt Konsequenzen aus einer Neuerung gezogen, die wie jede Neuerung zerstört, während sie hervorbringt. Eine neue farbige Harmonie wurde geboten; aber vieles ging verloren.

Früher hatte die Harmonie nicht nur als Quelle der Schönheit gedient, sondern, was wichtiger war, als Mittel zur Unterscheidung der Formmerkmale. Für den Schluß wurde zum Beispiel nur eine Konsonanz als passend erachtet. Befestigende Funktionen erforderten andere Harmoniefolgen als schweifende; eine Vorbereitung, eine Überleitung erforderte andere Folgen als ein Schlußgedanke; harmonische Abwechslung könnte nur dann vernünftig und logisch ausgeführt werden, wenn man die Fundamente der Harmonien gebührend berücksichtigte. Die Erfüllung all dieser Funktionen – vergleichbar der Zeichensetzung im Satz, der Unterteilung in Abschnitte und der Zusammenfassung in Kapiteln – war kaum mit Akkorden zu gewährleisten, deren konstruktive Werte bisher noch nicht erforscht worden waren. Daher schien es zunächst unmöglich, Stücke von komplizierter Organisation oder großer Länge zu komponieren.

Wenig später entdeckte ich, wie sich größere Formen konstruieren ließen, indem man einem Text oder Gedicht folgte. Die Unterschiede in der Länge und Form der Teile und der Wechsel im Charakter und in der Stimmung wurden in der Form und dem Umfang der Komposition, in ihrer Dynamik und ihrem Tempo, in der Figurierung und Akzentuierung, Instrumentierung und Orchestrierung widergespiegelt. Auf diese Weise wurden die Teile genauso deutlich differenziert wie früher durch die tonalen und strukturellen Funktionen der Harmonie.

IV

Ehemals war der Gebrauch der Fundamentharmonik durch die Kenntnis von den Wirkungen der Fundamentfortschreitungen theoretisch geregelt worden. Aus dieser Praxis hatte sich ein unterbewußt wirkendes *Formgefühl* entwickelt, das dem Komponisten ein fast schlafwandlerisches Gefühl der Sicherheit gab, wenn er mit höchster Genauigkeit die feinsten Unterscheidungen formaler Elemente schuf.

Ob man sich als konservativ oder revolutionär bezeichnet, ob man in konventioneller oder fortschrittlicher Weise komponiert, ob man versucht, alte Stile nachzuahmen, oder ob man vom Schicksal dazu bestimmt ist, neue Gedanken auszudrücken – ob man ein guter Komponist ist oder nicht – man muß von der Unfehlbarkeit der eigenen Phantasie überzeugt sein und an die eigene Inspiration glauben. Trotzdem wird der Wunsch nach einer bewußten Beherrschung der neuen Mittel und Formen in jedem Künstler aufsteigen; und er wird die Gesetze und Regeln, die die Formen, die er „wie im Traum" empfangen hat, beherrschen, *bewußt* kennen wollen. Wie sehr überzeugend der Traum auch gewesen sein mag, die Überzeugung, daß diese neuen Klänge den Gesetzen der Natur und den Gesetzen unserer Denkweise gehorchen – die Überzeugung, daß Ordnung, Logik, Faßlichkeit und Form ohne Befolgung dieser Gesetze nicht vorhanden sein können –, treibt den Komponisten auf Entdeckungsreise. Er muß, wenn nicht Gesetze und Regeln, so doch zumindest Wege finden, um den dissonanten Charakter dieser Harmonien und ihre Aufeinanderfolge zu rechtfertigen.

V

Nach vielen erfolglosen Versuchen in einem Zeitraum von annähernd zwölf Jahren legte ich den Grund zu einem neuen musikalischen Konstruktionsverfahren, das geeignet schien, jene strukturellen Differenzierungen zu ersetzen, für die früher die tonalen Harmonien gesorgt hatten.
Ich nannte dieses Verfahren *Methode der Komposition mit zwölf nur aufeinander bezogenen Tönen*.
Diese Methode besteht in erster Linie aus der ständigen und ausschließlichen Verwendung einer Reihe von zwölf verschiedenen Tönen. Das bedeutet natürlich, daß kein Ton innerhalb der Serie wiederholt wird und daß sie alle zwölf Töne der chromatischen Skala benutzt, obwohl in anderer Reihenfolge. Sie ist in keiner Weise mit der chromatischen Skala identisch.[1]
Beispiel 1 zeigt, daß solch eine Grundreihe (GR) aus verschiedenartigen Intervallen besteht. Sie sollte niemals als Skala bezeichnet werden, obwohl sie als Ersatz für einige der vereinheitlichenden und formbildenden Vorteile von Skala und Tonalität erfunden worden ist. Die Skala ist die Quelle vieler Figurationen, Melodieteile und Melodien selber, auf- und absteigender Passagen und sogar gebrochener Akkorde.

---

[1] Seltsamer- und fälschlicherweise sprechen die meisten Leute von dem „System" der chromatischen Skala. Ich habe kein System, sondern eine Methode, was einen *Modus* der regelmäßigen Anwendung einer vorgegebenen Formel bedeutet. *Eine Methode kann, muß aber nicht* eine der Folgen des Systems sein. Ich bin ja auch nicht der Erfinder der chromatischen Skala; jemand anderer muß sich vor langer Zeit mit dieser Aufgabe beschäftigt haben.

Beispiel 1

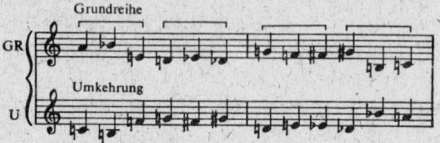

Auf annähernd gleiche Weise bringen die Töne der Grundreihe ähnliche Elemente hervor. Natürlich werden wohl kaum Kadenzen, die durch die Unterscheidung von Haupt- und Nebenharmonien entstehen, von der Grundreihe abgeleitet werden. Aber etwas Anderes und Wichtigeres leitet sich von ihr ab mit einer Regelmäßigkeit, die der Regelmäßigkeit und Logik der früheren Harmonik vergleichbar ist; die Vereinigung von Tönen zu Harmonien und deren Aufeinanderfolge wird (wie später gezeigt) von der Anordnung dieser Töne geregelt. Die Grundreihe funktioniert in der Art eines Motivs. Das erklärt, warum für jedes Stück von neuem eine Grundreihe erfunden werden muß. Sie muß der erste schöpferische Gedanke sein. Dabei macht es keinen großen Unterschied, ob die Reihe in der Komposition sofort wie ein Thema oder eine Melodie erscheint oder nicht, ob sie als solche durch Merkmale des Rhythmus, der Phrasierung, der Konstruktion, des Charakters usw. gekennzeichnet ist oder nicht.

Warum eine solche Reihe aus zwölf Tönen bestehen, warum keiner dieser Töne allzubald wiederholt werden und warum dementsprechend nur eine Reihe in einer Komposition benutzt werden sollte – die Antworten auf all diese Fragen kamen mir erst nach und nach.

Als ich solche Probleme in meiner *Harmonielehre* (1911) erörterte, empfahl ich, Oktavverdoppelungen zu vermeiden[2]. Verdoppeln heißt Betonen, und ein betonter Ton könnte als Grundton oder sogar als Tonika gedeutet werden; die Folgen einer solchen Deutung müssen vermieden werden. Selbst eine entfernte Erinnerung an die frühere tonale Harmonik wäre störend, weil sie falsche Erwartungen hinsichtlich der Konsequenzen und Fortführungen wecken

---

[2] die in meinen ersten Kompositionen in diesem Stil hin und wieder noch vorkommen.

würde. Der Gebrauch einer Tonika ist trügerisch, wenn er nicht auf den *gesamten* Beziehungen der Tonalität beruht.
Die Verwendung von mehr als einer Reihe war ausgeschlossen, weil in jeder folgenden Reihe ein Ton oder mehrere Töne zu bald wiederholt worden wären. Wieder würde die Gefahr entstanden sein, den wiederholten Ton als Tonika zu deuten. Außerdem würde die Wirkung der Einheit vermindert.
Schon durch die historische Entwicklung gerechtfertigt, steht die Methode, mit zwölf Tönen zu komponieren, auch nicht ohne ästhetische und theoretische Stütze da. Im Gegenteil, gerade diese Stütze ist es, die sie vom rein technischen Mittel in den Rang und die Bedeutung einer wissenschaftlichen Theorie erhebt.
Musik ist nicht bloß eine andere Art von Unterhaltung, sondern die Darstellung musikalischer Gedanken eines Musik-Dichters, eines Musik-Denkers; diese musikalischen Gedanken müssen den Gesetzen der menschlichen Logik entsprechen; sie sind ein Teil dessen, was der Mensch geistig wahrnehmen, durchdenken und ausdrücken kann. Von diesen Voraussetzungen ausgehend, kam ich zu folgenden Schlüssen:
DER ZWEI- ODER MEHRDIMENSIONALE RAUM, IN DEM MUSIKALISCHE GEDANKEN DARGESTELLT WERDEN, IST EINE EINHEIT. Obwohl die Elemente dieser Gedanken dem Auge und Ohr einzeln und unabhängig voneinander erscheinen, enthüllen sie ihre wahre Bedeutung nur durch ihr Zusammenwirken, ebenso wie kein einzelnes Wort allein ohne Beziehung zu anderen Wörtern einen Gedanken ausdrücken kann. Alles, was an irgendeinem Punkt dieses musikalischen Raumes geschieht, hat mehr als örtliche Bedeutung. Es hat nicht nur auf seiner eigenen Ebene eine Funktion, sondern in allen anderen Richtungen und Ebenen und ist selbst an entfernter gelegenen Punkten nicht ohne Einfluß. Zum Beispiel ist die Auswirkung der fortschreitenden rhythmischen Unterteilung aufgrund dessen, was ich die „Tendenz der kürzesten Noten", sich zu vervielfältigen nenne, in jeder klassischen Komposition zu beobachten.
Demnach ist der musikalische Gedanke, obwohl er aus Melodie, Rhythmus und Harmonie besteht, weder das eine noch das andere allein, sondern alles zusammen. Die Ele-

mente eines musikalischen Gedankens sind zum Teil in der Horizontalen als aufeinanderfolgende Klänge und zum Teil in der Vertikalen als gleichzeitige Klänge enthalten. Die gegenseitige Beziehung der Töne regelt die Aufeinanderfolge der Intervalle ebenso wie ihre Vereinigung zu Harmonien; der Rhythmus regelt die Tonfolge ebenso wie die Aufeinanderfolge der Harmonien und organisiert die Phrasierung. Und dies erklärt, warum, wie später gezeigt, eine Grundreihe (GR) von zwölf Tönen in beiden Dimensionen benutzt werden kann, und zwar als Ganzes oder in Teilen.

Die Grundreihe wird in verschiedenen Spiegelformen verwendet. Die Komponisten des letzten Jahrhunderts haben diese Spiegelformen nicht soviel benutzt wie die Meister der Kontrapunkt-Epochen, wenigstens selten bewußt.

Beispiel 2

Gleichwohl gibt es Beispiele, von denen ich nur eines aus Beethovens letztem *Streichquartett op. 135* in F-Dur erwähnen möchte (Beispiel 2):

Die Originalgestalt, *a*, „Muß es sein", erscheint in *b* umgekehrt und in Dur; *c* zeigt die Krebsgestalt dieser Umkehrung, die, nun wieder umgekehrt in *d* und mit Durchgangsnoten ausgefüllt in *e*, die zweite Phrase des Hauptthemas ergibt.

Ob dieses Mittel von Beethoven bewußt oder unbewußt angewandt wurde, ist völlig bedeutungslos. Aus eigener Erfahrung weiß ich, daß es auch eine unterbewußt empfangene Gabe des Höchsten Gebieters sein kann.

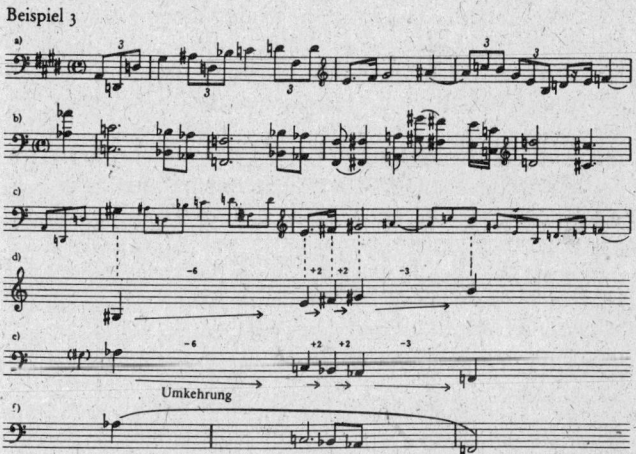

Beispiel 3

Die beiden Hauptthemen meiner *Kammersymphonie* sind in Beispiel 3 unter *a* und *b* zu sehen. Nachdem ich das Werk beendet hatte, machte mir das offensichtliche Fehlen jeglicher Verwandtschaft zwischen den zwei Themen große Sorgen. Nur vom Formgefühl und dem Strom der Gedanken geleitet, hatte ich solche Fragen während des Komponierens nicht gestellt; aber, wie bei mir üblich, es erhoben sich Zweifel, sobald ich fertig war. Sie gingen so weit, daß ich schon das Schwert zum Todesstreich erhoben, den roten Zensorstift zur Hand genommen hatte, um das Thema *b* auszustreichen. Zum Glück stand ich zu meiner Inspiration und beachtete diese geistigen Torturen nicht weiter. Etwa zwanzig Jahre später sah ich die wahre Verwandtschaft. Sie ist so komplizierter Natur, daß ich bezweifle, ob irgendeinem Komponisten daran gelegen hätte, ein Thema dieser Art zu konstruieren; jedoch unser Unterbewußtsein tut es unwillkürlich. In *c* sind die eigentlichen Haupttöne des Themas markiert, und *d* zeigt, daß alle Intervalle aufsteigen. Ihre genaue Umkehrung *e* bringt die erste Phrase *f* des Themas *b* hervor.

Es sollte erwähnt werden, daß das vorige Jahrhundert ein solches Verfahren als Hirnarbeit betrachtete und daher als unvereinbar mit der Würde des Genies. Schon die Tatsache, daß es klassische Beispiele gibt, beweist das Törichte einer solchen Auffassung. Aber auch in dem oben konstatierten Gesetz von der Einheit des musikalischen Raumes zeigt sich die Gültigkeit dieser Denkweise, die am besten folgendermaßen formuliert wird: *die Einheit des musikalischen Raumes erfordert eine absolute und einheitliche Wahrnehmung*. In diesem Raum gibt es wie in Swedenborgs Himmel (beschrieben in Balzacs *Seraphita*) kein absolutes Unten, kein Rechts oder Links, Vor- oder Rückwärts. Jede musikalische Konfiguration, jede Bewegung von Tönen muß vor allem verstanden werden als wechselseitige Beziehung von Klängen, von oszillierenden Schwingungen, die an verschiedenen Stellen und zu verschiedenen Zeiten auftreten. Für die Vorstellungskraft und die schöpferische Kraft sind die Beziehungen in der materiellen Sphäre so unabhängig von Richtungen oder Ebenen, wie es die materiellen Objekte in ihrer Sphäre für unser Wahrnehmungsvermögen sind. Gerade so wie unser Verstand zum Beispiel ein Messer, eine Flasche oder eine Uhr ungeachtet ihrer Lage immer erkennt und sich in der Phantasie in allen möglichen Lagen vorzustellen vermag, gerade so kann der Verstand des Musik-Schöpfers mit einer Reihe von Tönen unterbewußt arbeiten, ohne auf ihre Richtung und die Art zu achten, in der ein Spiegel die gegenseitigen Beziehungen zeigen könnte, deren Quantität vorgegeben ist.

VI

Die Einführung meiner Methode, mit zwölf Tönen zu komponieren, erleichtert das Komponieren nicht; im Gegenteil, sie erschwert es. Modern gesinnte Anfänger glauben oft, daß sie sich daran versuchen sollten, bevor sie das technische Rüstzeug erworben haben. Das ist ein großer Fehler. Die Einschränkungen, die der Zwang, nur eine Reihe in einer Komposition zu verwenden, dem Komponisten auferlegt, sind so streng, daß sie nur von einer Phantasie, die eine Vielzahl von Abenteuern bestanden hat, überwunden werden können. Diese Methode schenkt nichts; aber sie nimmt viel.

Es wurde gesagt, daß für jede neue Komposition eine besondere Reihe von zwölf Tönen erfunden werden muß. Manchmal wird sich eine Reihe nicht allen Erfordernissen anpassen, die ein erfahrener Komponist voraussehen kann, besonders nicht in jenen Idealfällen, wo die Reihe sofort in der Gestalt, dem Charakter und der Phrasierung eines Themas erscheint. Korrekturen an der Reihenfolge der Töne können dann notwendig werden.

Bei den ersten Werken, in denen ich diese Methode anwandte, war ich noch nicht überzeugt, daß der ausschließliche Gebrauch einer Reihe nicht in Monotonie enden würde. Würde sie das Hervorbringen einer ausweichenden Anzahl charakteristisch differenzierter Themen, Phrasen, Motive, Sätze und anderer Formen erlauben? Zu jener Zeit benutzte ich komplizierte Mittel, um die Mannigfaltigkeit zu sichern. Aber bald entdeckte ich, daß meine Furcht unbegründet war; ich konnte sogar eine ganze Oper, *Moses und Aron*, auf einer einzigen Reihe basieren lassen; und ich fand, daß ich im Gegenteil Themen um so leichter von einer Reihe abzuleiten vermochte, je vertrauter ich mit ihr wurde. So war die Wahrheit meiner ersten Voraussage glänzend bewiesen worden. Man muß der Grundreihe folgen; aber trotzdem komponiert man so frei wie zuvor.

VII

Es wurde erwähnt, daß die Grundreihe in Spiegelformen verwendet wird.

Beispiel 4

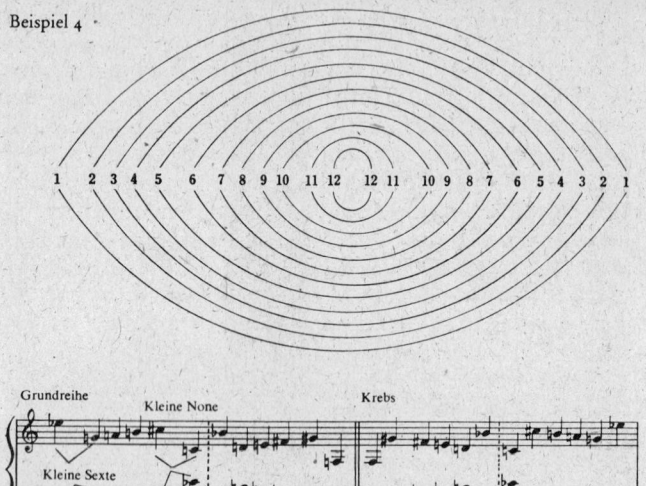

Von der Grundreihe werden automatisch drei zusätzliche Reihen abgeleitet: 1. die Umkehrung, 2. der Krebs und 3. der Krebs der Umkehrung.[3]

Der Gebrauch dieser Spiegelformen entspricht dem Prinzip der *absoluten und einheitlichen Wahrnehmung des musikalischen Raumes*. Die Reihe von Beispiel 4 ist aus dem *Bläserquintett op. 26* genommen, einer meiner ersten Kompositionen in diesem Stil.

Später, besonders in größeren Werken, änderte ich meinen Einfall, wenn nötig, damit er den folgenden Bedingungen entsprach (siehe S. 169): Die Umkehrung der ersten sechs

---

[3] GR bedeutet Grundreihe; UMK heißt Umkehrung der Grundreihe; UMK 8, UMK 5, UMK 3; UMK 6 bedeutet Umkehrung auf der Oktave, Quinte, kleinen Terz oder großen Sext vom Anfangston, KU Krebs der Umkehrung.

Töne des Vordersatzes auf der Quinte tiefer sollte keine Wiederholung eines dieser sechs Töne hervorbringen, sondern die bisher unbenutzten sechs Töne der chromatischen Skala ergeben. Auf diese Weise umfaßt der Nachsatz der Grundreihe die Töne 7 bis 12, die Töne dieser Umkehrung, aber natürlich in anderer Reihenfolge.
Im Beispiel 5 (S. 161) erfüllt die Umkehrung auf der Quinte tiefer diese Bedingung noch nicht. Hier besteht der Vordersatz der GR plus dem der UMK 5 nur aus zehn verschiedenen Tönen, weil C und H zweimal auftreten, während F und Fis fehlen.

VIII

In jeder Komposition, die der Methode, mit zwölf Tönen zu komponieren, vorausgeht, ist das gesamte thematische und harmonische Material vor allem aus drei Quellen abgeleitet: aus der *Tonalität*, aus dem *Grundmotiv*, das seinerseits aus der Tonalität abgeleitet ist, und aus dem *Rhythmus*, der im Grundmotiv enthalten ist. Das ganze Denken eines Komponisten war gezwungen, sich auf verständliche Weise um den zentralen Grundton zu bewegen. Eine Komposition, die diesen Forderungen nicht entsprach, galt als „dilettantisch"; aber eine Komposition, die sich streng daran hielt, wurde nie als „Hirnmusik" bezeichnet. Im Gegenteil, die Fähigkeit, diesem Prinzip instinktiv zu gehorchen, wurde als natürliche Gegebenheit eines Talents angesehen.[4]
Die Zeit wird kommen, in der die Fähigkeit, thematisches Material aus einer Grundreihe von zwölf Tönen zu gewinnen, eine unabdingbare Voraussetzung für die Zulassung zur Kompositionsklasse eines Konservatoriums sein wird.

---

[4] Es gibt sehr viele mathematische Genies, die Quadrat- und Kubikzahlen im Kopf ausrechnen können. Es gibt sehr viele Schachspieler, die blind spielen, und jeder Schachspieler muß die nächsten fünf Züge im Kopf ausarbeiten. Es dürften jedoch nicht viele sein, die über zehn Züge hinauszudenken vermögen. Aber nur mit ihrem Vorstellungsvermögen sollte man dasjenige eines wirklichen musikalischen Kopfes vergleichen.

IX

Die Möglichkeiten, formale Elemente der Musik – Melodien, Themen, Phrasen, Motive, Figuren und Akkorde – aus einer Grundreihe zu entwickeln, sind unbegrenzt. Auf den folgenden Seiten werden eine Anzahl von Beispielen aus meinen eigenen Werken analysiert, um einige Möglichkeiten zu enthüllen. Man wird feststellen, daß die Folge der Töne entsprechend ihrer Anordnung in der Reihe immer streng beachtet worden ist. Man könnte vielleicht im späteren Teil des Werkes, wenn die Reihe dem Ohr schon vertraut geworden wäre, eine leichte Abweichung von dieser Folge dulden (entsprechend dem gleichen Prinzip, das in früheren Stilen eine entfernt gelegene Variante gestattete[5]). Am Anfang eines Stückes würde man jedoch nicht so abweichen.

Die Reihe ist oft in Gruppen unterteilt; zum Beispiel in zwei Gruppen von sechs Tönen oder drei Gruppen von vier oder vier Gruppen von drei Tönen. Diese Gruppierung dient vor allem dazu, in der Verteilung der Töne Regelmäßigkeit zu erreichen. Die in der Melodie benutzten Töne werden dadurch getrennt von denen, die als Begleitung, als Harmonien oder als Akkorde und Stimmen verwendet werden sollen, wie es die Natur der Instrumentation, das Instrument selber oder der Charakter und andere Umstände des Stückes erfordern. Die Verteilung kann entsprechend den Umständen in einer Weise variiert oder entwickelt werden, die den Veränderungen des von mir so genannten „Begleitmotivs" vergleichbar ist.

X

Die unbegrenzte Fülle von Möglichkeiten verhindert die systematische Darstellung von Beispielen; daher muß hier willkürlich verfahren werden.

Im schlichtesten Fall besteht ein Teil eines Themas oder auch das ganze Thema einfach aus der Rhythmisierung und Phrasierung einer Grundreihe und ihrer Ableitungen, der

---

[5] Wie Beethoven zum Beispiel in der vierten seiner *Diabelli-Variationen* auf unerklärbare Weise einen Takt ausläßt.

Spiegelformen: Umkehrung, Krebs und Krebs der Umkehrung. Während ein Stück meistens mit der Grundreihe selber beginnt, werden die Spiegelformen und andere Ableitungen wie etwa die elf Transpositionen aller vier Grundformen erst später verwendet; besonders die Transpositionen dienen, wie die Modulationen in früheren Stilen, dazu, Nebengedanken zu bilden.

Beispiel 5

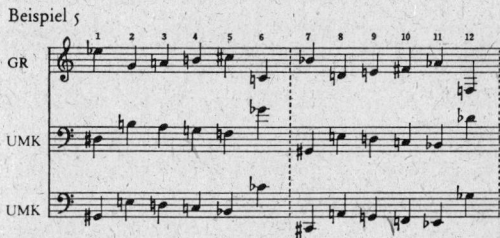

Beispiel 5 zeigt die Grundreihe (mit ihren Umkehrungen in der Oktave und Quinte tiefer) meines *Bläserquintetts op. 26.*
Viele Themen dieses Werkes benutzen einfach die Reihenfolge einer der Grundformen.

Beispiel 6

Das Hauptthema des ersten Satzes verwendet für seine erste Phrase die ersten sechs Töne, den Vordersatz; für die zweite Phrase den Nachsatz der GR. Dies Beispiel zeigt, wie eine Begleitung gebildet werden kann. Da Oktavverdoppelung vermieden werden sollte (siehe S. 166), ist die Begleitung der Töne 1–6 mit den Tönen 7–12 und umgekehrt eine Möglichkeit, diese Forderung zu erfüllen.
Beispiel 7 beweist, daß dieselbe Tonfolge verschiedene Themen, verschiedene Charaktere hervorzubringen vermag.

Beispiel 7: *Bläserquintett*, Rondo (4. Satz)

Beispiel 8: *Bläserquintett*, Rondo

Beispiel 8, das Hauptthema des Rondos aus diesem Quintett, zeigt eine neue Art, die Wiederholungen eines Themas zu variieren. Solche Abwandlungen zu schaffen, ist nicht nur in größeren Formen, besonders im Rondo, notwendig, sondern auch in kleineren Stücken nützlich. Während Rhythmus und Phrasierung in bezeichnender Weise den Charakter des Themas bewahren, so daß es leicht wiederzuerkennen ist, werden die Töne und Intervalle durch einen anderen Gebrauch der GR und der Spiegelformen verändert. Spiegelformen werden genauso wie die GR verwendet. Indessen zeigt Beispiel 9 ein komplizierteres Verfahren.

Beispiel 9: *Bläserquintett*, Rondo

Zuerst wird dreimal hintereinander eine Transposition des Krebses benutzt, um die Melodie und die Begleitung dieses Nebenthemas aus dem Rondo desselben Quintetts zu bilden. Die Hauptstimme, das Fagott, verwendet drei Töne in jeder der vier Phrasen; die Begleitung verwendet nur sechs Töne, so daß die Phrasen und die Reihen sich überlappen und gleichzeitig ein ausreichendes Maß an Abwechslung hervorbringen. Es gibt eine feste Regelmäßigkeit in der Verteilung der Töne in diesem und dem folgenden Beispiel 10, dem Andante desselben Quintetts.

Beispiel 10: *Bläserquintett*, Andante (3. Satz)

Hier erscheint die benutzte Form, die GR, ebenfalls dreimal. Auch hier treten einige Töne in der Hauptstimme (Horn) auf, während andere eine halb kontrapunktische Melodie im Fagott bilden.

Im Scherzo desselben Werkes (Beispiel 11) beginnt das Hauptthema mit dem vierten Ton, nachdem die Begleitung die vorausgehenden drei Töne der GR verwendet hat. Hier benutzt die Begleitung die gleichen Töne wie die Melodie, aber nie zur selben Zeit.

Beispiel 11: *Bläserquintett*, Scherzo (2. Satz)

In Beispiel 12 sind die Umkehrung und der Krebs der Umkehrung zu einer kontrapunktischen Einheit verbunden, die in der Art der Ausführung des Rondos gearbeitet ist.

Beispiel 12: *Bläserquintett*, Scherzo (Takte 88–94)

XI

Offensichtlich ist die Forderung, alle Töne der Reihe zu benutzen, erfüllt, ganz gleich, ob sie in der Begleitung oder in der Melodie erscheinen. Mein erstes größeres Werk, die *Suite für Klavier op. 25,* nutzt die Möglichkeit bereits zu seinem Vorteil, wie in den folgenden Beispielen gezeigt werden wird. Aber die Besorgnis wegen der Oktavverdoppelung veranlaßte mich zu einer besonderen Vorsichtsmaßnahme.

Beispiel 13: *Suite op. 25,*

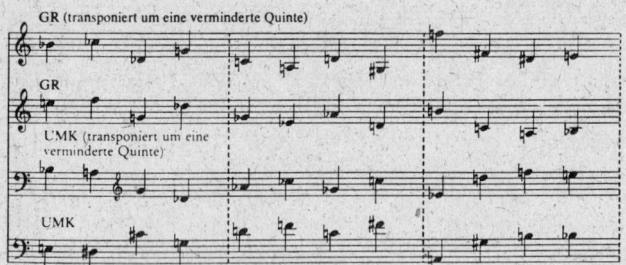

Beispiel 13 a: *Suite op. 25,* Praeludium

Die GR ist ebenso wie die Umkehrung um das Intervall einer verminderten Quinte transponiert. Diese einfache Maßnahme ermöglichte es, im Präludium dieser Suite die GR für das Thema und die Transposition für die Begleitung ohne Oktavverdoppelung zu verwenden.
Aber in der Gavotte (Beispiel 14) und im Intermezzo (Beispiel 14a) ist dies Problem durch das erste oben erwähnte Verfahren gelöst: die getrennte Auswahl von Tönen nach ihrer formalen Funktion als Melodie oder Begleitung. In beiden Fällen erscheint eine Gruppe von Tönen zu früh – 9–12 in der linken Hand kommt vor 5–8.

Beispiel 14: *Suite op. 25,* Gavotte

Beispiel 14a: *Suite op. 25*, Intermezzo

Diese Abweichung von der Reihenfolge ist eine Unregelmäßigkeit, die sich auf zweierlei Weise rechtfertigen läßt. Die erste davon wurde bereits erwähnt: da die Gavotte der zweite Satz ist, ist die Reihe schon vertraut geworden. Für die zweite Rechtfertigung sorgt die Unterteilung der GR in drei Gruppen von je vier Tönen. Innerhalb irgendeiner dieser Gruppen kommt keine Veränderung vor; mit anderen Worten: sie werden wie unabhängige kleine Reihen behandelt. Diese Behandlung wird dadurch unterstützt, daß in allen Formen der Reihe zwischen dem dritten und vierten Ton (Des-G oder G-Des) und dem siebten und achten Ton verminderte Quinten bestehen. Diese Ähnlichkeit, die wie eine Verwandtschaft wirkt, macht die Gruppen austauschbar.

Im Menuett der *Suite für Klavier* (Beispiel 15) beginnt die Melodie mit dem fünften Ton, während die Begleitung viel später mit dem ersten einsetzt.
Das Trio dieses Menuetts (Beispiel 15a) ist ein Kanon, in dem der Unterschied zwischen langen und kurzen Notenwerten zur Vermeidung von Oktaven beiträgt.

Die Möglichkeit zu solchen Kanons und Imitationen, ja selbst zu Fugen und Fugatos ist von Analytikern dieses Stils überschätzt worden. Für einen Anfänger könnte das Vermeiden von Oktavverdoppelungen hier natürlich genauso schwierig sein wie für einen schlechten Komponisten das Vermeiden von Oktavparallelen im „tonalen" Stil. Aber während ein „tonaler" Komponist seine Stimmen immer noch in Konsonanzen oder gestattete Dissonanzen weiterführen muß, besitzt ein Komponist mit zwölf unabhängigen Tönen anscheinend die Art von Freiheit, die viele durch den Satz „Alles ist erlaubt" charakterisieren. „Alles" war immer schon zwei Arten von Komponisten erlaubt: den Meistern einerseits und andererseits den Ignoranten. Jedoch, Komponieren im imitierenden Stil heißt hier nicht das Gleiche wie im Kontrapunkt. Es ist nur *eine* der Möglichkeiten, dem Hauptthema eine zusammenhängende Begleitung oder eine Nebenstimme hinzuzufügen und somit zum besseren Ausdruck seines Charakters beizutragen.

XII

Die Reihe meiner *Variationen für Orchester op. 31* wird im Beispiel 16a gezeigt.

Ein Werk für Orchester muß notgedrungen für mehr Stimmen als eines für kleinere Besetzung komponiert werden. Natürlich können viele Komponisten mit einer geringen Anzahl von Stimmen auskommen, indem sie die Harmonien auf vielerlei Arten brechen und verdoppeln – wodurch, indem sie sie in vielen Instrumenten oder in Oktaven verdoppeln, manchmal das Vorhandensein eines Inhalts verdunkelt, manchmal seine Abwesenheit erhellt wird. Man muß zugeben, daß die meisten Orchesterbesetzungen nicht gerade fördern, was der Künstler als reine, ungebrochene Farben bezeichnet. Die kindliche Vorliebe des primitiven Ohrs für Farben hat eine Menge unzulänglicher Instrumente wegen ihrer Individualität im Orchester erhalten. Der reifere Geist widersteht der Versuchung des Farbrauschs und läßt sich lieber in nüchterner Weise von der Durchsichtigkeit klar umrissener Gedanken überzeugen.

Das Vermeiden der Oktavverdoppelung schließt automatisch die Verwendung gebrochener Harmonien aus, die soviel zu dem angenehmen Geräusch beitragen, das heutzutage mit „Klang" bezeichnet wird. Da meine Ausbildung vornehmlich im Spielen und Schreiben von Kammermusik bestanden hatte, war mein Orchestrierungsstil schon vor langer Zeit trotz der zeitgenössischen Einflüsse dünn und durchsichtig geworden. Das Schlimmste zu verhindern, scheint mir klüger, als auf das Beste zu hoffen. Deshalb lehnte ich jegliches Risiko ab und bildete, indem ich ein paar geringfügige Änderungen vornahm, die Grundreihe so, daß ihr Vordersatz (siehe Beispiel 16a) sich, wenn er eine kleine Terz tiefer anfing, in die restlichen sechs Töne der vollständigen chromatischen Skala umkehrte.

Beispiel 16 a und b: *Variationen op. 31*

Variationen op. 31, Thema

Außerdem benutzte ich an vielen Stellen ein Mittel, das vom doppelten Kontrapunkt in der Dezime und Duodezime abgeleitet ist und das die Hinzufügung von parallelen Terzen zu jeder beteiligten Stimme gestattet. Indem ich die GR eine Terz aufwärts (GR 3) und die UMK eine Terz abwärts (UMK 3) transponierte, erhielt ich zwei weitere Grundformen, die die Hinzufügung paralleler Terzen erlaubten.

In der ersten Variation (Beispiel 17) benutzte ich dieses Mittel oft, aber nicht so oft, wie ich erwartet hatte. Sehr bald erkannte ich, daß meine Furcht unbegründet war.

Beispiel 17: *Variation I*

Von den folgenden Beispielen, die ich beliebig zur Erläuterung anderer Eigentümlichkeiten ausgewählt habe, zeigt keines diese Hinzufügung von parallelen Terzen.

Nach einer Einleitung, die nacheinander die Töne der GR und ihrer UMK 3 enthüllt, erscheint das „Thema" der Variationen (Beispiel 16). Als dreiteilige Form gebaut, benutzt es die Töne der GR und ihrer drei Ableitungen in strenger Reihenfolge ohne irgendeine Auslassung oder Hinzufügung.

Das Motiv der fünften Variation beruht auf einer Transposition der UMK (UMK 8). Hier sind auf den ersten zwei Taktzeiten sechs unabhängige Stimmen aus einer einzigen Reihe gebildet; die Fortführung behält dieses System bei und findet Möglichkeiten, ein befriedigendes Maß an Abwechslung zu schaffen.

Beispiel 18: *Variation V*

Das Motiv der sechsten Variation ist aus einer anderen Transposition der UMK gebildet (UMK 6). Es ist als kontrapunktische Verbindung zweier melodischer Stimmen komponiert, wobei einige Töne der UMK 6 in der oberen und andere in der unteren Stimme vorkommen. Diese Kombination gestattet eine große Anzahl von Formen, die für jede Anforderung der Variationstechnik Material bereitstellen.

Beispiel 19. *Variation VI*

Neue Formen ergeben sich aus der Umkehrung beider Stimmen (Beispiel 20a) und anderer Veränderungen ihrer Stellung zueinander wie zum Beispiel kanonische Imitation (Beispiel 20b).

Beispiel 20 a und b: *Variation VI*

a)

b)

Man sollte niemals vergessen, daß das, was man in der Schule über Geschichte lernt, nur insoweit stimmt, als es nicht die politischen, philosophischen, moralischen oder sonstigen Ansichten derjenigen durchkreuzt, in deren Interesse die Fakten ausgeschmückt oder zurechtgemacht erzählt werden. Das gleiche trifft auf die Musikgeschichte zu, und wer arglos glaubt, was ihm erzählt wird – sei er Laie oder Berufsmusiker –, ist ausgeliefert und muß es „schlukken", so schlucken, wie man es ihm auftischt. Natürlich: wir wissen, daß ihre Mutmaßungen nicht besser sind als unsere.

Indessen geben sich unsere Historiker leider nicht damit zufrieden, die Geschichte der Vergangenheit neu zu ordnen; sie möchten auch die Geschichte der Gegenwart in ihr vorgefaßtes Schema einpassen. Das zwingt sie, die Fakten nur so genau zu beschreiben, wie sie sie sehen, sie nur so richtig zu beurteilen, wie sie sie verstehen, falsche Schlüsse aus falschen Voraussetzungen zu ziehen und nebelhafte Visionen einer Zukunft aufzuzeigen, die nur in ihrer verzerrten Phantasie existiert.

Ich bin viel weniger irritiert als amüsiert über die kritische Bemerkung eines gewissen Dr. X, der sagt, daß mir nichts am „Klang" liegt.

Der „Klang", einst eine würdige Eigenschaft höherer Musik, ist in der Bedeutung heruntergekommen, seit geschickte Handwerker – Orchestrierer – sich seiner bemächtigt haben mit der bestimmten und unverhohlenen Absicht, ihn als Fassade zu benutzen, hinter der der Einfallsmangel nicht zu bemerken ist. Früher war der Klang die Ausstrahlung einer spezifischen Eigenschaft der Gedanken gewesen, die mächtig genug war, die Hülle der Form zu durchdringen. Nichts vermochte zu strahlen, was nicht selber Licht war; und hier sind nur die Gedanken Licht.

Heutzutage wird der Klang selten mit dem Gedanken in Verbindung gebracht. Die oberflächlich Gesinnten, die sich mit dem Verdauen des Gedankens nicht abgeben wollen, hören besonders auf den Klang. „Kürze ist des Witzes Seele"; Länge scheint, bei den meisten Leuten, des Klanges Witz zu sein. Sie nehmen ihn nur wahr, wenn er eine vergleichsweise lange Zeit andauert.

Es stimmt, daß der Klang sich in meiner Musik mit jeder Wendung des Gedankens – sei sie gefühlsmäßig, strukturell oder sonstwie – ändert. Es stimmt weiterhin, daß diese Veränderungen in schnellerer Folge als üblich geschehen, und ich gebe zu, daß es schwieriger ist, sie gleichzeitig wahrzunehmen. Die siebte Variation bietet für das Verständnis eben solche Hindernisse. Aber es stimmt nicht, daß die andere Art von Klang meiner Musik fremd ist.

Beispiele 21: *Variation VII*

Die schnellen Klangwechsel in dieser siebten Variation machen es für den Hörer schwierig, die Musik zu genießen. Die Figur im Fagott läuft einige Zeit weiter, während sich die Instrumentation der Harmonien in Achtelnoten schnell und fortlaufend ändert.

Beispiel 22: *Variation VIII*

Beispiel 23: Finale (Takt 332)

Beispiel 24: Finale (Takt 396)

Die Beispiele 21–24 zeigen, daß eine große Vielzahl thematischer Charaktere von einer Reihe abgeleitet werden kann. Natürlich sind vielerlei Methoden angewandt. Es scheint erwähnenswert, daß im Beispiel 25

Beispiel 25: Finale (Takt 435)

als Hommage an Bach die Töne B, A, C, H eingeführt wurden als Kontrapunkt zu den hauptsächlichen thematischen Entwicklungen.

Der Hauptvorteil dieser Methode, mit zwölf Tönen zu komponieren, ist ihre vereinheitlichende Wirkung. In sehr überzeugender Weise erlebte ich die Befriedigung, hiermit recht gehabt zu haben, als ich einmal mit Sängern meine Oper *Von heute auf morgen* einstudierte. Die Technik, der

Rhythmus und die Intonation all dieser Partien war ungeheuer schwierig für sie, obwohl sie alle absolutes Gehör hatten. Aber plötzlich kam einer der Sänger und sagte mir, für ihn sei, seit er mit der Grundreihe vertraut geworden sei, alles viel einfacher. In kurzen Abständen erzählten mir alle anderen Sänger unabhängig voneinander das Gleiche. Ich freute mich sehr darüber, und als ich es überdachte, fand ich noch größere Ermutigung in der folgenden Hypothese.

Vor Richard Wagner bestanden die Opern fast ausschließlich aus selbständigen Stücken, deren gegenseitige Beziehung keine musikalische zu sein schien. Ich persönlich weigere mich zu glauben, daß in den großen Meisterwerken die Stücke lediglich durch den oberflächlichen Zusammenhang des dramatischen Geschehens verbunden sind. Selbst wenn diese Stücke nur „Lückenbüßer" aus früheren Werken desselben Komponisten waren, muß irgend etwas des Meisters Sinn für Form und Logik befriedigt haben. Vielleicht vermögen wir es nicht zu entdecken, aber es ist da. In der Musik gibt es keine Form ohne Logik und keine Logik ohne Einheit.

Ich glaube, daß Richard Wagner, als er – zu dem gleichen Zweck wie ich meine Grundreihe – sein *Leitmotiv* einführte, gesagt haben mag: „Es werde Einheit."

Ein gefährliches Spiel

Es gibt sehr viele Kategorien von Kollaborateuren in Deutschland und den besetzten Ländern. Man muß unterscheiden zwischen den Vielen, die gezwungen worden sind, zu kollaborieren, und jenen, die es freiwillig getan haben. Außerdem gibt es andere, die einfach „den Zug verpaßt" haben, die, wenn es dazu nicht zu spät gewesen wäre, lieber emigriert wären, als sich Diktaten zu beugen. Und es gibt auch jene, deren törichter Egoismus sie glauben ließ, daß nur anderen Böses geschehen könne, während sie selbst verschont würden. Einige taten nur, was ihnen befohlen wurde, andere wirkten als Agitatoren, indem sie jene verfolgten, die sich dem vorgeschriebenen Stil anpaßten, und sie richteten ihr Verhalten nach der theoretischen Linie der Partei aus.

In Erinnerung daran, daß der Kapitän in *Carmen* keinen Feigling darstellen soll, sondern lediglich einen Mann, der sich der Beweiskraft der auf ihn gerichteten Gewehre fügt, darf gesagt werden, daß nur jene das Recht haben sollten, unfreiwillige Kollaborateure zu tadeln, die selber angesichts der Drohung von Konzentrationslager und Folter ihre Furchtlosigkeit bewiesen haben. Solche Leute gibt es natürlich auch.

Seltsamerweise machen sich Wenige eine Vorstellung davon, daß Politik, ein angenehmes Gesprächsthema, ein ziemlich gefährliches Spiel ist, an dem man sich nur beteiligen sollte, wenn man sich bewußt ist, daß das eigene Leben und das des Gegners auf dem Spiel stehen und wenn man willens ist, für seine Überzeugung zu zahlen – selbst jenen Preis.

Künstler gehen mit diesem Problem im allgemeinen so gedankenlos um, als ob es lediglich eine Kontroverse über künstlerische Angelegenheiten sei; gerade so, als ob sie bloß über „die Kunst um der Kunst willen" im Gegensatz zur „Objektivität in der Kunst" diskutierten. Selbst bei solchen Streitgesprächen kann das Leben eines Teilnehmers auf dem Spiel stehen. Ich frage mich, ob Richard Wagner wußte, daß er so viele Jahre als Geächteter im Exil leben würde, als er wegen künstlerischer Korruption das Dresdner Hoftheater mit in Brand steckte.

Andererseits können wenige von denen, die emigrierten, verlangen, daß sie wegen ihrer politischen oder künstlerischen Geradlinigkeit geehrt werden. Die meisten von ihnen hatten wegen ihrer eigenen Rasse oder der ihrer Ehepartner keine andere Chance, verschont zu bleiben. Viele waren politisch engagiert gewesen oder fielen unter den Bann des „Kultur-Bolschewismus". Vermutlich emigrierten nur Wenige freiwillig; und selbst unter solchen „echten" Emigranten gibt es welche, die sich sehr um eine Übereinkunft mit den politischen Mächten bemühten, um schließlich doch aufzugeben.

Dennoch, trotz der Tatsache, daß der Unfähigkeit vieler zur Gleichschaltung wenig persönliches Verdienst anhaftet, muß zu ihren Gunsten gesagt werden: sie alle mußten ihr Heim, ihre Stellung, ihr Heimatland, ihre Freunde, ihr Geschäft, ihr Vermögen verlassen. Sie alle mußten ins Ausland gehen, versuchen, das Leben von vorn anzufangen und im allgemeinen auf einer viel niedrigeren Stufe des Einkommens, des Einflusses und der Wertschätzung; viele mußten sogar ihren Beruf wechseln und Erniedrigung dulden.

Es mag kein Verdienst in all dem liegen; dennoch, wenn die, die es tun mußten, es tun konnten – warum hätten nicht auch andere es vorziehen sollen, ihre Rechtschaffenheit, ihre Integrität und ihren Charakter zu bewahren, indem sie aus freien Stücken die Leiden der Emigration auf sich nahmen wie jene, denen keine andere Wahl blieb?

Das wäre verdienstvoll gewesen!

Ich neige zu der Ansicht:

Jene, die hier wie Politiker agierten, sind Politiker und sollten genauso wie Politiker behandelt werden.

Jene, die nicht so handelten, sollten der Strafe entgehen.

Jedoch in Anbetracht der niedrigen geistigen und moralischen Maßstäbe von Künstlern im allgemeinen würde ich sagen:

Behandelt sie wie unmündige Kinder.

Heißt sie Narren und laßt sie laufen.

Schulung des Ohrs durch Komponieren

I

Angenommen, jemand besuchte die antiken Gebäude Roms oder die berühmten Bilder im Louvre in Paris oder läse ein Goethe-Gedicht oder eine verwickelte Detektivgeschichte von Poe. Wie würde er reagieren?

In Rom träumte er vielleicht von dem mächtigen römischen Imperium, von den Sklaven, die seine Monumente bauten, von den Bürgern, die die öffentlichen Spiele besuchten. Im Louvre würde er sich vielleicht wiederum seiner Phantasie überlassen. Ein religiöses Bild würde ihn an biblische Geschichten gemahnen, bei mythologischen Skulpturen würden seine Gedanken sich dem Heidentum zuwenden. Wenn er ein Gedicht von Goethe läse, würde er es mit dem Leben dieses großen Mannes in Verbindung bringen. Bei der Erinnerung an *Die Leiden des jungen Werthers* würde ihm sodann die Oper *Werther* von Massenet einfallen – der auch *Manon* schrieb, die ihm besser gefällt.

Ein schöner Traum!

Und er täte ganz recht daran, der Versuchung der Phantasie nicht zu widerstehen. Aber wäre dasselbe Verhalten ratsam, während er eine Detektivgeschichte läse? Könnte er, wenn er von mehr oder weniger zusammenhängenden Dingen träumte, so interessant und schön sie auch sein mögen, könnte er die Einzelheiten aufnehmen und erinnern, die den Mörder zugleich verbergen und verraten?

Es ist nicht allzu schlimm, die Lösung eines solchen Verbrechens *nicht* zu entdecken. Aber wenn die ersten Beispiele nicht gezeigt haben, worauf ich hinaus will, dann muß der Fall der Detektivgeschichte es deutlich gemacht haben: man kann einem Kunstwerk nicht gerecht werden, solange man seiner Phantasie gestattet, zu anderen Themen abzuschweifen, ob sie darauf Bezug haben oder nicht. Vor einem Kunstwerk darf man nicht träumen, sondern muß sich anstrengen, seine Bedeutung zu erfassen.

II

[Das Fach] „Music Appreciation" [Musikverständnis] vermittelt dem Studenten oftmals nicht mehr als den Duft eines Werkes, jene narkotische Ausdünstung der Musik, die die Sinne gefangennimmt, ohne den Verstand miteinzubeziehen. Niemand, der Unterhaltungsmusik hört, würde sich mit einem derartigen Eindruck zufriedengeben. Es gibt keinen Zweifel über den Augenblick, in dem ein Mann beginnt, an einem Schlager oder einem Tanz Gefallen zu finden. Das passiert dann, wenn er anfängt, ihn zu singen oder zu pfeifen – mit anderen Worten, wenn er sich an ihn zu erinnern vermag. Wendet man dieses Kriterium auf die ernste Musik an, wird klar, daß man nur an ihrem Duft Gefallen findet, es sei denn, man könne sie sich merken.

Erinnern ist der erste Schritt zum Verstehen. Das Verständnis eines so einfachen Satzes wie „der Tisch ist rund" erfordert, daß man den Tisch im Gedächtnis behält. Sobald man den Tisch vergißt, bleibt nur der Duft des Satzes. Historische Fakten, Biographien von Autoren und Ausführenden, ergreifende, humorvolle, interessante oder lehrreiche Anekdoten aus ihrem Leben mögen einen gewissen Wert für Leute haben, die den Wirkungen der Musik gegenüber taub sind. Aber all das kann niemandem dazu verhelfen, den Inhalt aufzunehmen und zu erinnern.

Natürlich ist der beste Weg, das musikalische Gehör zu schulen, es soviel ernster Musik wie möglich auszusetzen. Die musikalische Bildung würde schneller um sich greifen, wenn die Leute mehr Musik läsen, spielten und hörten, als es heute geschieht. Weitgehende Vertrautheit mit ernster Musik ist die erste Bedingung für musikalische Bildung. Aber selbst das ist nicht genug ohne gründliche Gehörbildung.

Gehörbildung im engeren Sinne wird an Hochschulen und Colleges mit ausgezeichnetem Ergebnis praktiziert. Gute Methoden sind entwickelt worden, aber sie sind, wie die Unterrichtstechnik in anderen Musikfächern auch, zu abstrakt geworden und haben bis zu einem gewissen Grad den Kontakt mit dem ursprünglichen Zweck verloren. Ein geschultes Ohr ist viel wert, indessen nicht so viel, wenn das Ohr eher das Tor zum Gehörsinn als zum musikali-

schen Sinn ist. Wie Harmonielehre, Kontrapunkt und andere theoretische Studienfächer ist Gehörbildung kein Selbstzweck, sondern nur ein Schritt zum Musikertum.
Man hört oft die Frage: „Warum soll man Leute in Komposition unterrichten, die sich nach ihrem Studium darin nie wieder versuchen werden, Leute, die weder schöpferische Fähigkeiten noch einen schöpferischen Impuls haben, für die es ein Alptraum ist, etwas in einem ihnen völlig fremden Idiom ausdrücken zu müssen?"
Die Antwort ist: genauso wie man fast jeden im Zeichnen, Malen, Aufsatzschreiben und Vortraghalten schulen kann, muß es auch möglich sein, Leute mit sogar unterdurchschnittlicher Begabung die Mittel der musikalischen Komposition in sinnvoller Weise anwenden zu lassen. Die Aussicht, ihren musikalischen Produkten zuhören zu müssen, macht eine solche Möglichkeit nicht gerade wünschenswert, und es ist gewiß nicht die Absicht des Theorieunterrichts, einen Überschuß an unerwünschten Komponisten zu produzieren. Dennoch sollte sich jeder gute Musiker einer solchen Schulung unterziehen. Wie kann man ein Spiel genießen, wenn man seine Finessen nicht kennt, wenn man nicht weiß, wann ein Ball geschnitten ist oder einen Drall hat, wenn man die Strategie und die Taktik nicht durchschaut? Und doch gibt es Ausführende, die einfach nicht einmal den nackten Aufbau, geschweige denn die Feinheiten eines Musikstücks kennen.
Das Verstehen der Finessen – das heißt das Verstehen des Spiels überhaupt – erfordert eine gründliche Vorbereitung. Harmonik, Kontrapunkt und Form brauchen nicht als Teilgebiete der Ästhetik oder Geschichte gelehrt zu werden. Einige Erläuterungen werden zeigen, wie diese Ausbildung sinnvoller angewandt werden kann.
Wenn ein Student der Harmonielehre seine Beispiele nicht nur schreibt, sondern sie nachher auch spielt, wird sein Ohr mit einer Anzahl von Fakten Bekanntschaft machen. Er wird merken, daß Akkorde in der Grundlage und in Umkehrungen vorkommen und daß es zwischen ihnen einen Unterschied im strukturellen Gewicht gibt. Und wenn er eine klassische Fermate auf einem Quart-Sext-Akkord hört, wird er nicht applaudieren, weil er weiß, daß dies nicht das Ende des Stückes sein kann. Selbst jemand mit absolutem

Gehör könnte das Ende des ersten Abschnitts einer Symphonie für das Ende des Satzes halten, wenn er nichts von den strukturellen Funktionen der Tonart wüßte. Manchmal wird ein Trugschluß in ähnlicher Weise mißverstanden.
Die Kenntnis der Harmonielehre allein wird nicht genügen, um solche Irrtümer zu beseitigen. Weitere Studien sind notwendig, um dieses Wissen zu vertiefen und fest im Instinkt zu verankern. Selbst Leute ohne absolutes Gehör können lernen, modulatorische Abschnitte zu erkennen. Warum sollte ein Komponist solche Abschnitte überhaupt schreiben, wenn sie keine Wirkung auf den Laien haben? Ein gut geschulter Student der Harmonielehre wird auch wenigstens etwas über die Wirkungen zentrifugaler Harmonien gelernt haben.
Das Kontrapunktstudium entwickelt die Fähigkeit, auf mehr als eine Stimme zu hören. Ein Hörer, der in einer Fuge nur die Themenwiederholungen hört, mag sich wohl über Eintönigkeit beklagen. Aber wenn er auch die Begleitstimmen wahrnimmt, die oft zweite und dritte Themen sind, wird er dem Verständnis der wahren Natur kontrapunktischer Kompositionen näherkommen. Sogar in homophonen Kompositionen gibt es Fälle, wo man mehr als die Hauptstimme hören muß. Viele Erweiterungen in der Musik von Mozart und Brahms werden durch eine der Melodie entgegengesetzte harmonische Bewegung hervorgebracht, eine Wirkung, die jedem, der nur auf die Melodie hört, entgeht. Jeder Ton, den ein Meister geschrieben hat, sollte wahrgenommen werden. Wieviel Vergnügen bereitet es dem Kenner, die zweite Violine in einem Mozart-Quartett zu verfolgen, wie sie sich der ersten anpaßt, ihr hilft oder widerspricht und Sympathie oder Antipathie durch charakteristische Einwürfe ausdrückt!

III

Diese Beispiele mögen schon Anhaltspunkte dafür gegeben haben, wieviel mehr noch durch das Studium der Form und der Orchestrierung erreicht werden könnte.
Es ist ein großer Fehler zu glauben, daß der Gegenstand der Form die Schönheit sei. Es gibt keine Schönheit in acht Takten, weil es acht sind, keinen Mangel an Schönheit in

zehn. Mozarts Asymmetrie ist nicht weniger schön als Beethovens Symmetrie. Die Hauptaufgabe der Form ist, unser Verständnis zu fördern. Musik sollte genossen werden. Unleugbar bietet Verstehen dem Menschen eine seiner genußreichsten Freuden. Und obwohl Schönheit nicht Gegenstand der Form ist, bringt die Form doch Schönheit hervor, indem sie für Faßlichkeit sorgt. Ein Apfelbaum existiert nicht, um uns Äpfel zu schenken, aber er bringt sie trotzdem hervor.

Formen sind in erster Linie Organisationen, um Gedanken in faßlicher Weise auszudrücken. Der Versuch, sich selber auszudrücken, ist ein nützlicher Schritt zum Verständnis der Methoden großer Komponisten. Ein Student weiß aus Erfahrung, daß die Wiederholung eines Abschnitts bei der einen Gelegenheit gut, nützlich oder unvermeidbar, bei der anderen schlecht, unnötig oder eintönig sein kann, und er wird den Sinn der Wiederholung in den Werken anderer erkennen. Ist die Wiederholung nicht monoton, hilft sie einen Gedanken mitzuteilen. Jeder, der gelernt hat, das Grundmotiv seiner eigenen Komposition zu variieren, wird vermutlich einer komplizierten Melodie folgen können, ohne unwillkürlich von belanglosen Bildern zu träumen.

Gerade die Organisation eines Stückes hilft dem Hörer, den Gedanken zu behalten, seiner Entwicklung, seinem Wachsen, seiner Ausarbeitung, seinem Schicksal zu folgen. Wenn man gelernt hat, seine Themen zu begrenzen, Haupt- und Nebengedanken zu unterscheiden, Flüssigkeit mit Durchsichtigkeit zu verbinden, deutlich in Teile zu trennen, was man sich nicht ungeteilt vorstellen kann, wird man wissen, wie man diese Merkmale in Meisterwerken als Zeichen zur Erinnerung benutzen kann. Das Thema des fünften Satzes aus Beethovens *Streichquartett in a-Moll op. 132* besteht erstaunlicherweise aus zehn Takten und erreicht, was noch erstaunlicher ist, im zehnten Takt einen vorläufigen Abschluß auf der siebten Stufe von a-Moll: G-Dur. Kaum ein Musiker würde die Einzigartigkeit eines solchen Verfahrens erkennen, wenn er nicht gelernt hätte, daß Themen wie dieses nur aus acht Takten bestehen und auf der ersten, dritten oder fünften Stufe enden sollten. Aber jeder, der dies weiß, wird das Thema leicht wiedererkennen, wann immer es in der Durchführung auftaucht.

Wie könnten wir, ohne uns zu erinnern, Variationen verstehen? Wenn ein Komponist sein Stück *Variationen über X* nennt, will er offensichtlich, daß wir jede Variation als eine Ableitung seines gewählten Themas begreifen. Das Thema der *Haydn-Variationen* von Brahms hat einen „A"-Teil, der aus einer zehntaktigen Periode besteht, die nach dem ersten Takt charakteristisch unterteilt ist. Es ist kaum möglich, das in den Variationen nicht wiederzuerkennen. Darüber hinaus ist der dritte Abschnitt ungewöhnlich, insofern als er durch Erweiterung verlängert ist. Niemand kann beim ersten Hören alle Feinheiten von Brahms' Variationstechnik verstehen, die harmonischen und kontrapunktischen Kombinationen, die vielen Arten, auf die er die Unregelmäßigkeit seiner Fünftakt-Abschnitte behandelt. Vielleicht ist dies alles nicht unbedingt notwendig für eine angemessene Reaktion auf die Musik. Aber es ist gewiß ein guter Zugang zu dem, was der Komponist uns sagen will.

Komponieren übt das Ohr im Erkennen dessen, was man im Gedächtnis behalten sollte, und verhilft auf diese Weise zum Verständnis musikalischer Gedanken. Charakteristische Abweichungen von der Norm, Unregelmäßigkeiten, werden Führer ins Niemandsland großer Gedanken sein.

Nun zur Orchestrierung. Mein Begriff von Farbe ist nicht der übliche. Farbe drückt, wie Licht und Schatten in der physikalischen Welt, die Gestalt und Größe von Gegenständen aus und begrenzt sie. Manchmal dienen diese Elemente zur Tarnung. Ebenso könnte ein Musiker gelegentlich etwas verbergen wollen. Zum Beispiel würde er vielleicht wie ein guter Schneider gern die Nähte, an denen die Abschnitte zusammengefügt sind, verstecken wollen. Im allgemeinen jedoch ist Durchsichtigkeit der oberste Zweck der Farbe in der Musik, das Ziel der Orchestrierung eines jeden wahren Künstlers. Ich möchte kein Spaßverderber sein, aber ich muß bekennen, daß ich die Freude an der Farbe etwas übertrieben finde. Vielleicht ist die Kunst der Instrumentation zu populär geworden, und interessant klingende Stücke werden oft aus keinem anderen Grund produziert als dem, der auch die Herstellung von Schreibmaschinen und Füllfederhaltern in verschiedenen Farben diktiert.

IV

Es ist offensichtlich, daß nicht einmal ein geringer Prozentsatz der Musikstudenten Komponisten werden. Sie können und sollten es nicht. Es ist ebenso offensichtlich, daß viele Möchte-gern-Komponisten und -Musiker, die sich durch einige Studien oberflächliche Musikkenntnisse angeeignet haben, sich anmaßen dürfen, über die Tätigkeit guter Künstler und wirklicher Schöpfer zu urteilen. Hier gewinnt die richtige Haltung des Lehrers höchste Bedeutung. Er muß seine Studenten davon überzeugen, daß das Kompositionsstudium sie nicht zu Experten oder anerkannten Richtern macht, sondern daß es lediglich bezweckt, ihnen zum besseren Musikverständnis zu verhelfen, um zu dem Vergnügen zu gelangen, das der Kunst innewohnt. Der Besitz eines durch Komposition geschulten Gehörs sollte einen Menschen nicht dazu berechtigen, seine unwissenden und weniger glücklichen Nachbarn zu demütigen. Es sollte ihm nur Vergnügen bereiten: das Vergnügen am Gleichgewicht zwischen der Freude, die er von der Musik erwartet, und der Freude, die er tatsächlich empfängt.

Herz und Hirn in der Musik

Balzac beschreibt in seiner philosophischen Erzählung *Seraphita* einen der Charaktere wie folgt: „Wilfrid war ein Mann von sechsunddreißig Jahren. Obwohl er kräftig entwickelt war, fehlte es seiner Gestalt nicht an harmonischen Proportionen. Er war nur mittelgroß, wie die meisten Menschen, die über den andern stehen; seine Brust und seine Schultern waren breit, sein Hals kurz wie der von Leuten, deren Herz dem Kopf nahegerückt ist."
Zweifellos halten all diejenigen, von denen angenommen wird, daß sie mit dem Verstand schaffen – Philosophen, Wissenschaftler, Mathematiker, Konstrukteure, Erfinder, Theoretiker, Architekten – ihre Gefühle unter Kontrolle und bewahren einen kühlen Kopf, wenn auch die Vorstellungskraft sie oft inspiriert. Aber man ist sich nicht allgemein darüber einig, daß Dichter, Künstler, Musiker, Schauspieler und Sänger ihre Gefühle vom Verstand beeinflussen lassen sollten.
Vor nur wenigen Jahrzehnten herrschte die allgemeine Überzeugung, daß ein Dichter, und besonders ein lyrischer Dichter, sich nicht nur durch lange Haare und einen schmutzigen Kragen auszeichnete, sondern auch durch die Gewohnheit, eine interessante Pose einzunehmen. Man erwartete von ihm anstelle eines nüchternen und treffenden Wortes eines, das einen Gedanken oder eine Tatsache nur umschrieb, wenn möglich, beides etwas verdunkelte und Bedeutung und Erscheinung vernebelte. So erschienen sie wie etwas Traumhaftes und weckten im Leser die Vorstellung – nicht, daß er einschlafe, nein, sondern daß er im Wachen träume.
Obwohl derartige Meinungen nicht länger vorherrschen, sind ähnlich veraltete falsche Anschauungen noch immer im Umlauf. Eine davon ist der allgemeine Glaube, daß die wesentlichen Eigenschaften der Musik ihrem Ursprung nach zwei Kategorien angehören: dem Herzen oder dem Hirn, mit Ausnahme einiger Werke, bei denen beide ein Wort zu sagen haben könnten.
Die Eigenschaften, in denen der Hörer gern sein eigenes Herz wiedererkennt, sind jene, von denen er meint, sie

seien den Gefühlen eines Komponisten entsprungen: die schöne Melodie oder Phrase, der schöne – oder wenigstens süße Klang, die schöne Harmonie.

Die Eigenschaften von weniger herzerwärmender Natur wie dynamische Gegensätze, Tempowechsel, Akzentuierung, Merkmale des Rhythmus und der Begleitung und vor allem die Feinheiten der Organisation – all diese scheinen dem Zusammenwirken von Herz und Hirn zugeschrieben zu werden und wären eher als „interessant" einzuordnen, indem sie das Interesse des Hörers wecken, ohne besonders auf sein Gefühl zu wirken.

Die dritte Gruppe weckt weder so viel Gefühl noch so viel Interesse, aber wenn sie dennoch das Herz höher schlagen lassen sollte, so wegen der ihr geltenden Bewunderung und Ehrfurcht. Kontrapunkt, kontrapunktischer Stil wird eindeutig dem Hirn zugeschrieben. Er wird durch die höchste Wertschätzung ausgezeichnet, aber nur geduldet, wenn er die Wärme der Träume nicht zerstört, in die der Hörer durch den Zauber des Schönen entführt worden ist.

Ich glaube, daß ein wirklicher Komponist Musik aus keinem anderen Grund schreibt, als weil es ihm Freude macht. Diejenigen, die komponieren, um anderen zu gefallen, und an das Publikum denken, sind keine wirklichen Künstler. Sie gehören nicht zu den Menschen, die es treibt, etwas zu sagen, ganz gleich, ob es jemanden gibt, dem es gefällt, oder nicht, und sogar, wenn es ihnen selbst nicht gefällt. Sie sind keine Schöpfer, die die Ventile öffnen müssen, um sich von dem inneren Druck einer ausgereiften Komposition zu befreien. Sie sind lediglich mehr oder weniger geschickte Unterhalter, die das Komponieren aufgeben würden, wenn sie keine Zuhörer finden könnten.

Wirkliche Musik von einem wirklichen Komponisten vermag jede Art von Eindruck hervorzurufen, ohne darauf auszugehen. Einfache und schöne Melodien, gepfefferte Rhythmen, interessante Harmonien, anspruchsvolle Formen, komplizierten Kontrapunkt – der wirkliche Komponist schreibt sie mit der Leichtigkeit, mit der man einen Brief schreibt. „Als ob er einen Brief schriebe" – genau das sagten meine Kameraden in der österreichischen Armee voller Bewunderung, als ich in der Kaserne irgendwelche Musik für ein Fest schrieb, das von der Kompanie veranstaltet wurde. Daß dies kein bemerkenswert schönes, sondern nur ein durchschnittlich handwerkliches Stück war, macht keinen Unterschied, weil oftmals genausoviel Zeit nötig ist, um einen Brief zu verfassen, wie um Musik zu schreiben. Ich persönlich gehöre zu denen, die im allgemeinen sehr schnell schreiben, ganz gleich ob es sich um „verstandesmäßigen" Kontrapunkt oder „spontane" Melodien handelt.

Die meisten meiner Jugendfreunde waren ebenfalls Schnellschreiber. Zum Beispiel bereitete sich Alexander von Zemlinsky, Komponist erfolgreicher Opern, während er am Wiener Konservatorium noch Komposition studierte, zugleich auf einen Klavierwettbewerb vor, den er später gewann. Da er, um seinen Lebensunterhalt zu verdienen, gezwungen war, viele Klavierstunden zu geben, hatte er eine eigentümliche Methode, seine Zeit sinnvoll auszunutzen. Er pflegte abwechselnd zu komponieren und Klavier zu üben. Wenn er mit Tinte eine Seite Noten geschrieben hatte, mußte er warten, bis sie getrocknet war. Nur diese Zwischenzeit konnte er zum Üben entbehren. Ein arbeitsreiches Leben!

Eine Woche galt im allgemeinen gerade als Zeit genug, um einen Sonatensatz zu beginnen und zu beenden. Aber einmal habe ich innerhalb dieser Zeit alle vier Sätze eines Streichquartetts geschrieben. Ein Lied für Gesang und Klavier hätte vielleicht ein bis drei Stunden erfordert – drei Stunden, wenn man unglücklicherweise an einem langen Gedicht festsaß.

Ich komponierte drei Viertel sowohl des zweiten als auch des vierten Satzes meines *Streichquartetts Nr. 2* in jeweils anderthalb Tagen. Ich vollendete die halbstündige Musik meiner Oper *Erwartung* in vierzehn Tagen. Mehrmals schrieb ich zwei oder drei Stücke des *Pierrot lunaire* und des Liederzyklus *Hängende Gärten* in einem Tag. Ich könnte noch viel mehr derartige Beispiele erwähnen.

Daher wird es für Sie ebenso erstaunlich sein, wie es für meine Freunde war, als ich mit der Partitur der *Verklärten Nacht* kam und ihnen einen bestimmten Takt zeigte, an dem ich eine volle Stunde gearbeitet hatte, obwohl ich die ganze Partitur von vierhundertfünfzehn Takten in drei Wochen geschrieben hatte. Dieser Takt ist tatsächlich etwas kompliziert, da ich, gemäß der künstlerischen Überzeugung jener

Zeit (der nachwagnerischen) die Idee *hinter* dem Gedicht ausdrücken wollte und das geeignetste Mittel zu diesem Zweck eine komplizierte kontrapunktische Kombination schien: ein Leitmotiv und seine Umkehrung gleichzeitig gespielt.

Beispiel 1: *Verklärte Nacht*

Diese Kombination war nicht das Ergebnis einer spontanen Eingebung, sondern einer außermusikalischen Absicht, einer verstandesmäßigen Überlegung. Was technisch soviel Mühe und Zeit kostete, war das Hinzufügen solcher Nebenstimmen, die die harten Reibungen dieser Kombination milderten.
Natürlich besteht immer die Möglichkeit, daß inmitten einer Komposition neue Gründe auftauchen können, die einen Komponisten überreden, sich auf solch ein Wagnis einzulassen. Von diesen Gründen ist einer der häufigsten künstlerischer Ehrgeiz, das Ehrgefühl des Künstlers. Wahrhaftig, das Streben eines Künstlers nach gründlicher Ausarbeitung seiner Gedanken, besonders wenn dies die Aufgabe für ihn erschwert und selbst wenn es der Zuhörer dadurch schwerer hat – dies Streben sollte nicht verurteilt werden, auch wenn das verstandesmäßige Vorgehen einen Verlust an Oberflächenschönheit bedingt. Außerdem muß ein Künstler nicht zwangsläufig versagen, wenn er etwas be-

gonnen hat, ohne dazu von der Eingebung gezwungen zu sein. Oft genug tritt die Eingebung spontan dazwischen und gibt unaufgefordert ihren Segen.

Es passiert einem Komponisten häufig, daß er eine Melodie in einem einzigen Zug und mit einer Vollendung niederschreibt, die keiner Änderung bedarf und keine Möglichkeit zur Verbesserung bietet. Mir ist das oft genug geschehen. Zum Beispiel habe ich an dieser Melodie aus meinem *Streichquartett Nr. 2* bestimmt nicht das geringste verändert.

Beispiel 2: *Streichquartett Nr. 2*

Gewiß war ich nicht weniger von der Eingebung geleitet, als ich meine erste *Kammersymphonie* begann. Ich hatte eine vollständige Vision des ganzen Werkes – natürlich nicht in allen seinen Einzelheiten, aber doch in seinen Hauptzügen. Während ich aber viele der Nebenthemen später in *einem* Zug niederschrieb, mußte ich an der Gestaltung des Anfangs sehr hart arbeiten. Ich habe hier einige der Phasen und Metamorphosen abgeschrieben, die die ersten beiden Hauptgedanken durchmachen mußten, bevor ich zufrieden war.

Beispiel 3 A, B, C. D: *Kammersymphonie*, Hauptthema 3

A- zeigt die eine rhythmische und melodische Gestalt, die in allen Skizzen wiedererscheint.

Aa- zeigt den Versuch einer Fortführung, die ganz unausgewogen ist, aber einen Rhythmus (Aa) enthält, der nicht mehr verschwindet.

B- bringt schon die aufsteigenden Ganztöne, obgleich in längerer Rhythmisierung, und die Triolen (★), die auch in der folgenden Skizze 3C und in der endgültigen Form auftauchen.

Beispiel 3 E, F, G, H, I, J: *Kammersymphonie*, Hauptthema 5

E- Diese erste Skizze enthält schon vier Merkmale, die in allen folgenden Skizzen und auch in der endgültigen Form verwendet werden (3J). Die melodische Gestalt, mit *a* bezeichnet, besteht hier nur aus vier Tönen. Aber schon die nächste Skizze fügt den fünften Ton hinzu (a i). Unter *b* befindet sich auch der synkopierte Rhythmus (∧), unter *c* der charakteristische Nonensprung, c nach d, und die harmonische Fortschreitung, die auf Quartenakkorden beruht (bezeichnet mit ★).

G-I- Man behalte die ersten viereinhalb Takte bei und versuche, auf verschiedene Weise fortzufahren. Die endgültige Gestalt ergibt sich dann in Beispiel 3J.

In all diesen Fällen fand sich kein Problem, das als kompliziert zu bezeichnen wäre. Es gab keine Stimmkombination, deren kontrapunktische Beziehung eine Anpassung verlangte wie in dem Beispiel aus der *Verklärten Nacht*. In diesen ersten Aufzeichnungen gab es nicht einmal harmonische Fortschreitungen, die der Kontrolle bedurften. Von Anfang an waren genügend motivische Gestalten und ihre Ableitungen zur Hand, eher zu viele als zu wenige. Deshalb bestand die Aufgabe darin, das Fortschreiten der Entwicklung hinauszuzögern, um den guten Durchschnittshörer zu befähigen, sich an das Vorausgegangene zu erinnern, damit er die Folge verstehe. Ein Thema in Grenzen und im Gleichgewicht zu halten, dessen Charakter, Tempo, Ausdruck, harmonische Fortschreitung und motivischer Inhalt eine zentrifugale Tendenz zeigten: das war hier die Aufgabe. Wenn man die schwere Mühe, die in diesem Fall erforderlich war, mit der großen Leichtigkeit vergleicht, mit der die meisten anderen Themen ersonnen wurden, könnte man zu dem Schluß kommen, daß die Eingebung dem Komponisten zu manchen Zeiten ein Geschenk in vollendeter Gestalt macht, das ihm zu anderen Zeiten versagt bleibt. In beiden Fällen war nicht Kompliziertheit der Vollkommenheit im Wege, auch nicht das irrende Herz oder das korrigierende Hirn.

Beispiel 4: *Kammersymphonie*, Adagio-Thema

Um eine Vorstellung davon zu vermitteln, wie solche Themen aussehen, wenn sie spontan empfangen und ohne Korrektur niedergeschrieben werden, verweise ich den Leser auf das Nebenthema aus der *Kammersymphonie* (Nr. 21, S. 23–23 in der Partitur). Oder Beispiel 4 aus demselben Werk erläutert diesen Punkt auch.

Es gibt andere Fälle, die die Verwirrung noch vergrößern und die Bestimmung des Anteils von Herz oder Hirn, Eingebung oder Anstrengung erschweren.

Vor etwa vierzig Jahren komponierte ich mein *Streichquartett Nr. 1 op. 7*. Auf meinen Morgenspaziergängen komponierte ich im Kopf für gewöhnlich vierzig bis achtzig Takte, die in fast jedem Detail vollständig waren. Ich benötigte nur zwei oder drei Stunden, um diese großen Abschnitte aus dem Gedächtnis niederzuschreiben. Aus solch einem Abschnitt von etwa achtzig Takten (die selbst ein schneller Schreiber nicht in weniger Zeit, als ich zum Komponieren brauchte, kopieren könnte) möchte ich einige Beispiele anführen und einige der darin enthaltenen intrikaten Schwierigkeiten erklären.

Die erste Violine spielt eine Passage in den Takten 100–103 (S. 46 in der Partitur):

Diese wird in den Takten 107–110 (S. 46) wiederholt:

Und noch einmal in den Takten 40–43 (S. 48):

Diese drei Darstellungen unterscheiden sich durch ihre Begleitung und Harmonisierung und schließen verschieden: die erste auf einem d-Moll-, die zweite auf einem D-Dur-, die dritte auf einem Des-Dur-Akkord.

Das Pizzicato in den Takten 103–104 (S. 46) ist ein Bestandteil des Scherzo-Themas und wird in vielerlei Abwandlungen verwendet. In den Takten 1–11, nach H (S. 46–47), begleitet es eine Umgestaltung des Hauptthemas:

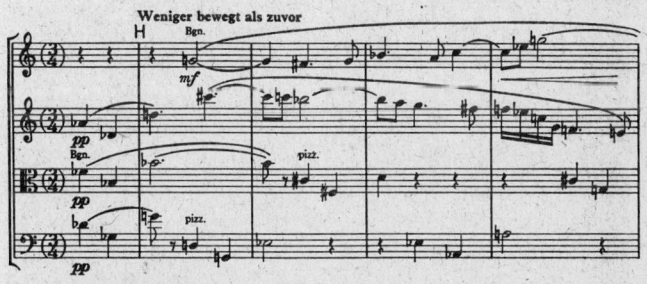

und in den Takten 43–46 (S. 48) wird eine Variante davon ähnlich gebraucht:

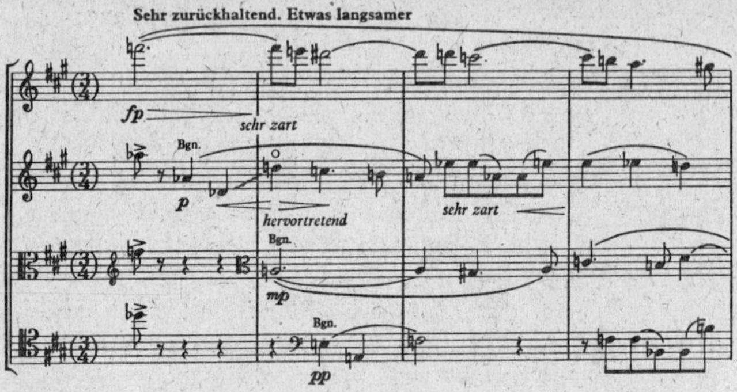

Man beachte auch die unabhängige Stimme, die in den Takten 19–26 (S. 47) führt:

Und ein ähnliches Beispiel findet sich in den Takten 63–70 (S. 49–50). Außer den hier angeführten Beispielen gibt es zahlreiche weitere kontrapunktische Kombinationen; und zweifellos ist der ganze Abschnitt von einer Textur, die man kompliziert nennen muß.

Wer annimmt, daß Kontrapunkt verstandesmäßig, die Melodie hingegen spontan sei, müßte angesichts dieser beiden Beispiele zu dem Schluß kommen, die Erzeugnisse des Verstandes könnten schneller geschrieben werden als jene des spontanen Gefühls. Aber nichts wäre irriger; das eine sowohl wie das andere kann viel und wenig Arbeit erfordern. Ob viel oder wenig Anstrengung nötig ist, hängt von den Umständen ab, auf die wir keinen Einfluß haben. Nur eines ist gewiß, zumindest für mich: ohne Inspiration könnte *keines von beiden* vollbracht werden.

Es gibt Zeiten, in denen ich nicht imstande bin, ein einziges Beispiel einfachen zweistimmigen Kontrapunkts zu schreiben, sowie ich ihn in meinen Unterrichtsklassen von Studenten im zweiten Jahr verlange. Und um ein *gutes* Beispiel dieser Art zu schreiben, muß ich die Mitwirkung der Inspiration erhalten. In bin in dieser Hinsicht viel schwächer als einige meiner Schüler, die guten oder schlechten Kontrapunkt schreiben ohne irgendeine Art von Inspiration.

Da ich jedoch in der Einflußsphäre von Brahms erzogen worden war (als Brahms starb, war ich nur wenig über zweiundzwanzig Jahre alt), folgte ich wie viele andere seinem Beispiel. „Wenn ich nicht zum Komponieren aufgelegt bin, schreibe ich ein bißchen Kontrapunkt." Leider vernichtete Brahms vor seinem Tode alles, was er nicht für die Veröffentlichung wert hielt. Das ist bedauerlich, denn einen Blick in die Werkstatt eines so gewissenhaften Mannes tun zu dürfen, wäre äußerst lehrreich. Man würde sehen, wie oft er hart gearbeitet hat, um seine Grundgedanken für die Schlußfolgerungen, die er voraussah, zuzubereiten. „Ein gutes Thema ist eine Gabe Gottes", sagte er; und er schloß mit einem Goethe-Wort: „Erwirb es, um es zu besitzen."

Eines scheint sicher: Brahms' geistige Gymnastik war gewiß nicht bequemer Art. Wir wissen, daß er die Gewohnheit hatte, auf seinen Sonntagsausflügen in den Wienerwald „Rätselkanons" zu entwerfen, deren Lösung seine Begleiter mehrere Stunden beschäftigte. Folglich wurde ich angeregt, mich ebenfalls an diesen schwierigen Kanonarten zu versuchen. Manche erforderten viel Arbeit, wie etwa das folgende Beispiel. Vielleicht kostete dieser Spiegelkanon eine so mühselige Anstrengung, weil mein Herz die Mitarbeit verweigerte.

Beispiel 5: Spiegelkanon

Wenn auch der Zweck solcher Dinge nicht Musik, sondern nur Gymnastik ist, muß ich doch, als ich in etwa einer Stunde den Spiegelkanon für Streichquartett schrieb, inspiriert oder wenigstens guter Stimmung gewesen sein.

Beispiel 6: Spiegelkanon für Streichquartett

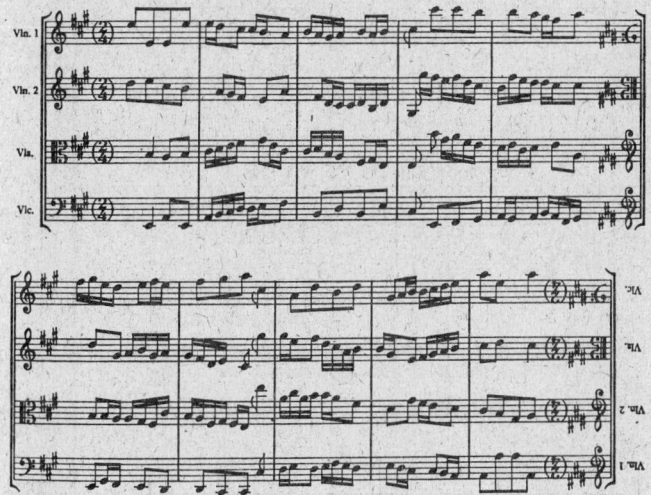

Aber was mir beim Schreiben dieser Kanons half, konnte niemals die gleiche Art der Inspiration gewesen sein, die Melodien wie jene im Adagio-Teil meines *Streichquartetts Nr. 1, op. 7* hervorbrachte.

Beispiel 7: Adagio-Thema, op. 7

Es ist vielleicht notwendig, auch einige Melodien aus meiner späteren Periode, besonders der Kompositionsweise mit zwölf Tönen zu zeigen, die mir den Titel eines Konstrukteurs, Ingenieurs, Mathematikers etc. eingetragen hat, was bedeutet, diese Kompositionen seien ausschließlich dem Hirn entsprungen ohne die geringste Beteiligung von etwas wie einem menschlichen Herzen. Als Beispiel aus meiner späteren Periode zitiere ich hier den Anfang meines *Klavierkonzerts op. 42.*

Beispiel 8: *Konzert für Klavier und Orchester op. 42*
    (Klavierauszug des Orchesterparts von Eduard Steuermann)

Ein unvoreingenommener Musiker wird leicht viele solcher Beispiele mehr in meinen jüngsten Werken finden. Zum Beispiel das Intermezzo aus meinem *Streichquartett Nr. 3, op. 30* und das Andante grazioso des *Violinkonzerts, op. 36.*

Beispiel 9: *Drittes Streichquartett*, Intermezzo

Beispiel 10: *Violinkonzert*, Andante

In der Annahme, daß ein Komponist wenigstens das Recht hat, Gefallen an seinen Themen zu finden (wenn es auch nicht seine Pflicht sein mag, nur das zu veröffentlichen, was ihm selbst gefällt), darf ich wohl behaupten, daß ich hier nur Melodien, Themen und Abschnitte aus meinen Werken vorgeführt habe, die ich für gut, wenn nicht für schön hielt. Einige davon entstanden leicht; andere sind kompliziert. Aber man kann nicht behaupten, daß die komplizierten harte Arbeit erforderten oder daß die einfachen immer mühelos geschaffen wurden. Ebensowenig kann man behaupten, daß es irgendeinen Unterschied macht, ob die Beispiele einem spontanen Gefühl oder einer Anstrengung des Verstandes entspringen.
Leider gibt es keine Aufzeichnungen darüber, daß die klassischen Meister viel Aufhebens von den größeren oder geringeren Anstrengungen machten, die für die verschiedenen Aufgaben nötig waren. Vielleicht schrieben sie alles mit der gleichen Leichtigkeit oder, wie man im Falle Beethovens vermuten könnte, mit der gleich großen Anstrengung, wie Beethovens Skizzenbücher bezeugen.
Eines scheint jedoch klar zu sein: ob das endgültige Erscheinungsbild einfach oder kompliziert ist, ob das Werk schnell und mühelos komponiert wurde oder harte Arbeit und viel Zeit kostete, das vollendete Werk gibt keinen Hinweis darauf, ob der gefühlsmäßige oder der verstandesmäßige Anteil ausschlaggebend war.
Man muß sich daran erinnern, daß die Ausarbeitung unbegleiteter Melodien und Themen in den von mir gezeigten Beispielen häufig drei bis sieben Skizzen erforderte, während einige der kontrapunktischen Abschnitte in sehr kurzer Zeit komponiert wurden.
Es scheint mir, daß ich die Lösung dieses Problems ganz zu Beginn dieses Aufsatzes in dem Zitat von Balzac vorweggenommen habe: „Das Herz muß dem Kopf nahegerückt sein."
Es ist nicht das Herz allein, das alles Schöne, Gefühlvolle, Pathetische, Zärtliche und Bezaubernde schafft; ebensowenig ist es allein das Hirn, das das gut Konstruierte, das klar Organisierte, das Logische und das Komplizierte hervorzubringen vermag. Erstens muß alles, was in der Kunst von höchstem Wert ist, sowohl Gefühl als auch Verstand zei-

gen. Zweitens ist es für das wirklich schöpferische Genie nicht schwierig, seine Gefühle mit dem Verstand zu kontrollieren; auch darf der Verstand, während er sich auf Richtigkeit und Logik konzentriert, nicht nur Trockenes und Reizloses hervorbringen.

Man könnte jedoch mißtrauisch werden gegenüber der Aufrichtigkeit von Werken, die unaufhörlich ihr Herz zur Schau stellen; die nach unserem Mitleid verlangen; die uns einladen, mit ihnen von vager und unbestimmter Schönheit und von unbegründeten, grundlosen Gefühlen zu träumen; die übertreiben, weil zuverlässige Maßstäbe fehlen; deren Einfachheit in Mangel, Dürftigkeit und Trockenheit besteht; deren Süße künstlich ist und deren Wirkung nur die Oberfläche der Oberflächlichen erreicht. Solche Werke demonstrieren lediglich das völlige Fehlen eines Hirns und zeigen, daß diese Sentimentalität einem ganz armen Herzen entspringt.

Kriterien für die Bewertung von Musik

In den Bestsellern von vor hundertfünfzig bis zweihundert Jahren trat häufig eine Person auf – ein alter Kavalier, im allgemeinen nichts Geringeres als ein Graf, dessen äußerste Großzügigkeit sowohl die anderen Personen der Erzählung als auch die Leserschaft jener Zeit in Erstaunen und Verwunderung versetzte. Ob solch ein Charakter jemals wirklich existiert hat oder nicht, die Größe seiner Freigebigkeit war beeindruckend. Wenn er einem geringfügigen Mißgeschick begegnete – ob es nun ihm selbst, seinem Pferd oder seiner Equipage widerfuhr –, pflegte er denjenigen, welcher ihm zu Hilfe kam, dadurch zu belohnen, daß er ihm seine ganze Börse zuwarf, die natürlich nichts als Goldstücke enthielt. Kleine Münze rührten seine Hände nicht an. Bei anderer Gelegenheit mochte er einige Hände voll Louisdor unter eine Menschenmenge verteilen. Derart war seine Großzügigkeit bei kleineren Mißgeschicken.
Man stelle sich also vor, was er im Falle eines ernsthaften Unglücks getan hätte! Er hätte dann vielleicht den Retter mit auf sein Schloß genommen und ihn entweder zum Erben seines Vermögens und Titels gemacht oder ihm die Hand seiner Schwester angeboten. Selbst wenn sie nicht die schönste Frau der Welt war, war sie doch voller Liebreiz und würde zudem eine ansehnliche Mitgift erhalten!
Wie auch immer, als echter Edelmann bestand er darauf, einen Preis zu zahlen, der den Wert des geleisteten Dienstes überstieg, und er hätte sich geschämt, den Glauben des niederen Volkes an die Großzügigkeit des Adels zu enttäuschen. Andererseits darf man nicht vergessen, daß dieser Edelmann, gleichviel ob eine fiktive oder eine wirkliche Gestalt, davon überzeugt war, daß sein Vermögen unerschöpflich sei und er sich nicht darum zu sorgen brauche, welchen Preis er zahle, und er fürchtete nur, weniger zu zahlen, als seinem gesellschaftlichen Rang zukam.
Was für ein Mann! Was für Leute! Was für Zeiten!
Während der Edelmann nicht nur nicht nach dem Preis dessen, was er kaufte, fragte, sondern ihn vielmehr gar nicht zu wissen wünschte, sind wir armen Leute gezwungen, die

Preise im voraus zu kennen. Ganz gleich, ob wir ein Haus, ein Paar Schuhe oder ein Auto kaufen – wir müssen den Wert dieser Dinge kennen und wissen, ob er den Preis rechtfertigt. Wir müssen wissen, ob das Haus die gewünschte Anzahl Zimmer hat, ob die Nachbarschaft gut ist, wie hoch die Steuern sind, ob die Chance besteht, das Haus nach einigen Jahren ohne allzu großen Verlust zu verkaufen und so weiter. Ähnliche Fragen stellt man nach Schuhen. Sie müssen passen, ihre Fasson sollte nicht altmodisch, das Material geeignet sein etc. Wir würden uns auch weigern, mehr für ein Auto zu zahlen, als es wert ist, selbst wenn wir das Geld besäßen, weil unsere Einkünfte natürlich nicht unerschöpflich sind. Außerdem hassen wir es, mehr für eine Sache zu zahlen, als sie wert ist – wenn möglich, zahlen wir lieber weniger. Das ist – im Durchschnitt – die menschliche Natur, und Menschen aller Schichten verhalten sich ähnlich. Es macht ihnen Spaß, weniger zu zahlen, als etwas wert ist.

Wenn wir solche Vorsicht für berechtigt halten im Fall eines Hauses, eines Paares Schuhe und eines Autos, deren Vorzüge und Mängel kein Geheimnis sind und nicht des fachmännischen Urteils bedürfen, wieviel mehr ist dann solche Vorsicht im Fall von Kunstgegenständen gerechtfertigt, wo es Kriterien der Wertung wirklich nur im fachmännischen Bereich gibt und Fachleute so rar sind wie ein gutes Urteil.

Zwar ändert sich der Stil von Häusern, Schuhen und Autos, aber da sie einem bestimmten Zweck dienen, bleibt wenigstens ihre Brauchbarkeit dieselbe, und jemand, der nur diese beurteilt, wird nicht fehlgehen.

Aber der Stil in der Kunst wandelt sich ungefähr alle zehn bis fünfzehn Jahre. Und fast unvermeidlich wandelt sich die Wertung mit dem Stil. Eine der sichersten Methoden, Aufmerksamkeit zu erregen, ist, etwas zu tun, was vom Üblichen abweicht, und wenige Künstler haben das Rückgrat, dieser Versuchung zu entgehen. Ich muß bekennen, daß ich zu jenen gehörte, denen nicht viel an der Originalität lag. Ich pflegte zu sagen: „Ich versuchte immer, etwas ganz Konventionelles zu schaffen, aber es mißlang mir, und gegen meinen Willen wurde es immer etwas Ungewöhnliches!" Wie recht hat daher ein Musikliebhaber, der sich

weigert, Musik zu würdigen, die selbst der Komponist nicht schreiben wollte!
Und ist es unbillig, daß jemand, der sein Porträt in Auftrag gibt, es verabscheut, so auszusehen, wie ein expressionistischer Maler, dessen Vorstellung auf der Psychoanalyse beruht, glaubt, daß er aussehen sollte? Andere wieder möchten nicht als Opfer der Unbestechlichkeit einer Schnappschuß-Aufnahme erscheinen. Mag man der Moral, der Philosophie, dem politischen Standpunkt eines Autors ablehnend gegenüberstehen. Es mag für einen Autor altmodisch sein, persönlich in den Vordergrund zu treten wie Goethe in den *Wanderjahren*, wenn er an einem bestimmten Punkt ohne jeglichen Zusammenhang mit dem Vorausgehenden eine Geschichte einfügt und sagt: „... weil wir beweisen möchten, daß es uns nicht an Erfindungsgabe mangelt" – an der Erfindungsgabe für eine hübsche kleine Geschichte. Strindberg hätte das nicht getan; vielleicht Balzac oder vielleicht Shaw – in einem seiner Vorworte, aber nicht im Text.
Man mag sich fragen, ob es ganz falsch sein kann, wenn der große Goethe es tat? Und sollte ein derartiges Verfahren aus der Kunst ganz ausgeschlossen werden? Und wenn ja, nur weil es altmodisch ist? Oder vielleicht, weil „Erfindungsgabe zu zeigen" kein rechter Grund ist, etwas in ein Kunstwerk aufzunehmen, weil dort nur erscheinen sollte, was vom Thema abgeleitet oder darauf bezogen ist, wenigstens indirekt?
Aber was wäre, wenn die Fortsetzung die Beziehung der Geschichte zum Thema enthüllen sollte?
Es könnte immer noch der Einwand gegen die Art und Weise der Einführung bestehenbleiben – „um Erfindungsgabe zu zeigen" – was eines der persönlichen Interessen des Autors ist, sich jedoch stillschweigend kundtun sollte. Dann könnte der Leser voll enthusiastischer Bewunderung ausrufen: „Was für ein Reichtum an Phantasie und Erfindung."
In der Literatur, Malerei, Bildhauerei, Architektur und in anderen Künsten scheint es, daß der Mann auf der Straße und andere Uneingeweihte noch etwas Zugang zu der Bewertung haben, die sich vom Sujet, vom Gegenstand, von der Handlung eines Werkes her anbietet. Wie unangebracht

solche Gesichtspunkte sind, ist am besten am Fall der großen Anzahl von Malern zu sehen, die schon in die Akademie der Unsterblichen aufgenommen worden sind: die El Grecos, van Goghs, Gauguins, Kandinskys, Kokoschkas, Matisses, Picassos.
Da Stilwandel in der Kunst nicht immer Weiterentwicklung bedeutet, mag es vielleicht äußerst schwierig sein, Kriterien aufzustellen, die in jeder Kunstepoche ihre Gültigkeit behalten. Aber die Sinnlosigkeit einer Wertung, die äußerlichen Kriterien entspringt, bleibt durch die Jahrhunderte hindurch offenkundig.
In den zuvor erwähnten Künsten kann zumindest eine falsche Wertung auf oberflächlicher Beurteilung beruhen. Derartiges ist in der Musik nicht möglich. Es gibt keine Handlung, kein Sujet, keinen Gegenstand, keine Moral, keine Philosophie, keine Politik, die man schätzt oder verabscheut. Die Ablehnung musikalischer Werke in den letzten anderthalb Jahrhunderten beruhte in erster Linie auf Merkmalen, die die Verständlichkeit behinderten: zu reiche Modulation, Verwendung von Dissonanzen, komplizierte Formulierung von Gedanken. Es war die Zeit, als Kleinstädte zu Großstädten wurden, als das Fortschreiten der Industrialisierung neue, aber uneingeweihte Menschen in die Großstädte brachte. Es war die Zeit, als die Konzertsäle immer größer werden mußten, weil die Zuhörerschaft wuchs.
Vor dieser Zeit war die Zuhörerschaft klein gewesen und hatte ausschließlich aus Musikliebhabern bestanden, von denen die meisten imstande waren zu spielen, was sie wollten, von denen viele wenigstens halb berufsmäßige Kenntnisse besaßen, wenn nicht mehr. Ihr Urteil gründete sich also bis zu einem gewissen Grad auf Begriffe, zu deren Gebrauch heutzutage nur die Fachleute berechtigt sind – obwohl auch andere sie verwenden. Musikertum so hohen Grades ermöglicht das Erkennen wertender Kriterien. Musik kennen bedeutete, sie – wenigstens teilweise – auswendig kennen. Viele Menschen waren imstande, sich nach einmaligem Hören an ein Stück zu erinnern. Man vergesse nicht, daß Mozart die verbotene Musik von Allegris *Miserere* niederschrieb, nachdem er sie nur einmal gehört hatte.
Ja, die Rolle des Gedächtnisses in der Musikwertung ist

wichtiger, als sich die meisten Leute klarmachen. Vielleicht stimmt es, daß man ein Stück erst dann anfängt zu verstehen, wenn man sich wenigstens teilweise daran zu erinnern vermag. Aber das Gedächtnis muß Nahrung und Gelegenheit zur Tätigkeit erhalten. Vor dem Ersten Weltkrieg lernte ich einen Mann kennen, der mir erzählte, er habe die *Lustige Witwe* zwanzigmal gesehen. Und als ich während des Krieges die *Neunte Symphonie* von Beethoven dirigierte, kam ein Mann ins Künstlerzimmer, um mir zu erzählen, daß dies die fünfzigste Aufführung des Werkes sei, die er von Anfang bis Ende angehört habe. Man stelle sich vor, wie gut diese Leute jeden Ton ihrer Lieblingsmusik kannten!

Natürlich konnte man solche Fähigkeiten nicht von den jüngst gewonnenen Verehrern der Künste erwarten. Während J. S. Bach Musik von einer Art schreiben durfte, die in ihrem wirklichen Wert nur der Fachmann zu begreifen fähig ist, begannen die Komponisten im achtzehnten und neunzehnten Jahrhundert sehr bald zu spüren, daß ihre wirkliche Unabhängigkeit dahin war. Sogar ein Beethoven, demokratisch wie er war, muß es gefühlt haben. Aber zu Mozart sagte Kaiser Joseph II. nach der Uraufführung des *Don Giovanni* in Wien: „Das ist keine Musik für unsere Wiener." „Keine Musik für unsere Wiener?" Schon zu jener Zeit sollte Mozart nicht Kunst von höchster Qualität schaffen, sondern es wurde von ihm erwartet, daß er sich so weitläufig ausdrückte, wie es für das volkstümliche Verständnis erforderlich war.

Ich möchte wirklich nicht behaupten, daß spätere Komponisten diesen volkstümlichen Forderungen nach Verständlichkeit bewußt nachgaben – Forderungen, die nicht ganz den Forderungen höherer Kunst entsprechen. Aber es besteht kein Zweifel, daß vieles in Schuberts melodischem Aufbau – seine Aneinanderreihung von Motiven, die nur melodisch variiert, rhythmisch jedoch sehr ähnlich sind – sich, vermutlich instinktiv, dem volkstümlichen Empfinden anpaßte. Als echtes Kind seiner Zeit spiegelte er ungewollt das Gefühl seiner Zeitgenossen wider. Robert Schumanns Stil ist ein weiterer Beweis für die gleiche Art von Anpassung; seine äußerst häufigen Wiederholungen eines rhythmischen Charakters deuten darauf hin.

Beispiel 1: Melodien von Schubert und Schumann

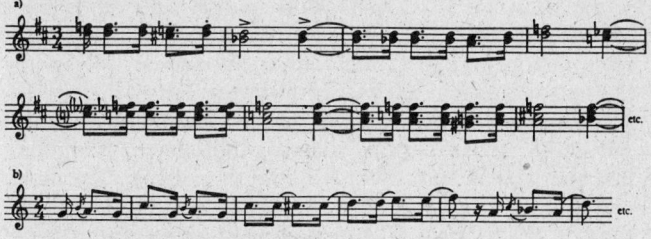

a. Schubert, Scherzo, *Klaviersonate D-Dur*
b. Schumann, *Arabesque*

Anpassungen an die volkstümlichen Forderungen wurden noch unumgänglicher, als Wagners Evolution der Harmonie sich zu einer Revolution der Form ausweitete. Während vorausgegangene Komponisten und selbst sein Zeitgenosse, Johannes Brahms, Phrasen, Motive und andere strukturelle Bestandteile von Themen nur in variierter Form wiederholten, wenn möglich in der Form dessen, was ich *entwickelnde Variation* nenne, mußte Wagner, damit seine Themen erinnerbar wurden, Sequenzen und Halbsequenzen verwenden, das heißt, unveränderte oder leicht variierte Wiederholungen, die sich in nichts Wesentlichem vom ersten Auftreten unterscheiden, außer daß sie exakt auf andere Stufen transponiert sind.

Beispiel 2: Wagner-Sequenzen

Warum ein solches Verfahren weniger verdienstvoll ist als Variation, ist offensichtlich: weil Variation einer neuen und besonderen Anstrengung bedarf. Aber der Schaden, den diese minderwertige Konstruktionsmethode der Kompositionskunst zugefügt hat, war beträchtlich. Mit sehr wenigen Ausnahmen wurden alle Nachfolger und sogar Gegner Wagners zu Anhängern dieser primitiveren Methode: Bruckner, Hugo Wolf, Richard Strauss und sogar Debussy und Puccini.

Eine neue Technik mußte geschaffen werden, und in dieser Entwicklung spielten Max Reger, Gustav Mahler und auch ich selbst eine Rolle. Aber die zerstörerischen Folgen hörten deshalb nicht auf. Und leider schaffen viele der heutigen Komponisten Werke, die nur durch zahlreiche unveränderte Wiederholungen weniger Phrasen länger und ausführlicher werden, anstatt Gedanken durch entwickelnde Variation zu verbinden und so aus den Grundgedanken abgeleitete Konsequenzen zu zeigen und innerhalb der Grenzen menschlichen Denkens und dessen logischer Forderungen zu bleiben.

Ich habe hier den schweren Fehler begangen, ein Kriterium kompositorischer Technik als „zerstörerisch" zu bezeichnen, als ob nun für alle Zeiten erwiesen wäre, daß ein derartiges Verfahren wertlos ist.

Wie kann sich ein Haus von allen anderen Häusern unterscheiden und eine bestimmte architektonische Vorstellung ausdrücken, wenn es in seinem Material – Ziegelsteine – so wenig Abwechslung gibt wie in den unveränderten Wiederholungen einer Phrase? Muß es nachteilig sein, Motive, Phrasen und andere Einheiten in einer Weise zu verwenden, die auf die endgültige Form so wenig Einfluß hat wie Ziegelsteine auf ein Gebäude?

Könnte nicht Beethovens *Pastorale* für einen Fall gelten, bei dem die Harmonien mit Ziegelsteinen zu vergleichen sind, weil nur Harmonien einer Art benützt werden? Ich war sehr überrascht, als ich neulich Radio hörte und entdeckte – und später in der Partitur bestätigt fand –, daß Beethoven in den ersten drei Sätzen fast keinen Moll-Akkord verwendet außer in einer sehr geringen Anzahl von Fällen, in denen es im Hinblick auf die natürlichen Gesetze der Harmonie unmöglich ist, Moll-Dreiklänge zu umgehen. Selbst dann weicht er aus, indem er viele Abschnitte im Unisono unbegleitet läßt, wenn die Melodie ohne Harmonie verständlich ist. Hier ist die Absicht klar: in Beethovens musikalischem Vokabular drückt ein Moll-Akkord Traurigkeit aus. Aber er wollte das „Erwachen heiterer Gefühle bei der Ankunft auf dem Lande" darstellen.

Ich bin bereit, diese Hypothese zugunsten einer anderen zu vergessen, als das Resultat eines veränderten Standpunkts im Hinblick auf die Wertung. Zu Beginn meiner Laufbahn schrieb ich, noch unter dem Einfluß des Nach-Wagnerianismus, Sequenzen wie meine Zeitgenossen. Dies erschien mir gerechtfertigt durch das Vorbild aller großen vorausgehenden Komponisten: Bach, Beethoven, Mozart, Wagner und sogar Brahms, der echte Sequenzen oder leicht variierte Wiederholungen nicht vermied. Da außerdem ein junger Komponist in dieser Periode nicht nur darauf bedacht war, die Stimmung und all ihre Veränderungen zu schildern, sondern auch darauf, jede Einzelheit der Handlung zu beschreiben, schien eine spezielle Formulierung, das Leitmotiv, obligatorisch. Das Leitmotiv, gewöhnlich eine kleine Phrase, nahm nicht viel Raum ein, weil Entwicklung, Anfügung variierter Phrasen, kadentielle Abschlüsse und andere technische Erfordernisse zur Befestigung, die einen Raum von acht bis sechzehn Takten verlangen, überflüssig wurden. Eine Phrase von zwei Takten, gefolgt von einer Sequenz, erforderte im allgemeinen eine angefügte Liquidation von ein oder zwei Takten. So konnte ein kleiner unabhängiger Abschnitt geschaffen werden, der auch keine ausgearbeitete Fortführung verlangte und sozusagen nach allen vier Seiten hin offen war. Richtig angewandt, wird ein ästhetisches Verdienst erworben, indem nicht mehr Raum gebraucht wird, als die Gedanken fordern, und deshalb erwies sich diese Technik für die *Neudeutsche Schule* als recht anregend.

Es war die Brahms-Schule, die zu dieser Zeit heftig gegen die Sequenzen der *Neudeutschen Schule* kämpfte. Ihre Haltung beruhte auf dem entgegengesetzten Standpunkt, daß unveränderte Wiederholung billig ist. Und tatsächlich waren Sequenzen für viele Komponisten eine Technik, kurze Geschichten in die Länge zu ziehen – aus vier Takten acht zu machen und aus acht sechzehn oder sogar zweiunddreißig. Vor allem die russischen Komponisten, Rimskij-Korssakow und Tschaikowskij, sind für die falsche Anwendung einer sonst annehmbaren Technik zu tadeln. Und es hätte passieren können, daß dieser Mißbrauch jedes höhere technische Streben ausgerottet hätte.

Es hängt sehr vom Standpunkt ab, ob Kriterien als Verdienste oder Mängel beurteilt werden. Wenn Schumann von der „himmlischen Länge" der Musik Schuberts spricht, könnte man dazu verleitet werden, Länge, himmlisch oder irdisch, als Verdienst anzusehen. Es enttäuscht einen indessen zu hören, daß Hanslick, Wagners Gegner, Bruckner wegen der Länge seiner Symphonien tadelt. Als Brahms verlangte, daß der Pianist mit der einen Hand Duolen oder Quartolen spielen sollte, während die andere Hand Triolen spielte, mißfiel dies den Leuten, und sie sagten, es mache sie seekrank. Jedoch war dies vermutlich der Anfang der polyrhythmischen Struktur vieler zeitgenössischer Partituren. Es kann keinen Zweifel darüber geben, daß jene, die Mozarts *Streichquartett in C-Dur* „Dissonanzen-Quartett" nannten, lediglich eine Charakterisierung beabsichtigten, genauso wie sie ein anderes Quartett „Trommel-Quartett" und noch ein anderes „Jagd-Quartett" nannten. Es ist vielleicht kein Verdienst, Trommeln in ein Streichquartett aufzunehmen oder Jagdfreuden zu beschreiben. Und es trägt rein gar nichts zur Wertung bei.

Gewiß schließt die Bezeichnung „Dissonanzen"-Quartett eine Kritik ein, auf der eine Wertung zum Teil beruhen kann. Meine eigene Erfahrung bestätigt dies. Eine Wiener Gesellschaft lehnte die Uraufführung meines Streichsextetts *Verklärte Nacht* ab, wegen des „revolutionären" Gebrauchs einer – das heißt *einer* einzigen unerlaubten Dissonanz.

Beispiel 3

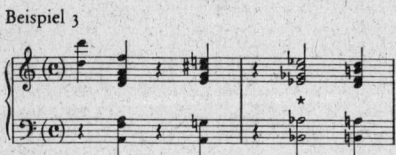

Der Fachmann ist nicht in der Lage zu vergessen, was seine Erziehung ihn gelehrt hat. Sein Ehrenkodex, der, zum Beispiel, einige Dissonanzen verbietet, andere hingegen duldet, verlangt zahlreiche Verdienste als Grundlage für die Wertung. So bewertet er eine Komposition nur dann besser, wenn ihre Themen und Melodien sinnvoll gebildet und gut organisiert sind; wenn sie interessant genug sind, einen Hörer zu fesseln; wenn eine ausreichend große Anzahl von Gedanken vorhanden ist; wenn sie gut verbunden sind, damit sie nicht gegen die musikalische Logik verstoßen; wenn sie durch die Unterteilung auf einen faßlichen Umfang begrenzt sind; wenn Monotonie durch gute Gegensätze vermieden wird; wenn alle Gedanken, wie gegensätzlich auch immer, als Variationen des Grundgedankens nachgewiesen werden können, wodurch die Einheit gesichert ist; wenn eine gründliche Ausarbeitung beweist, daß ihre inneren Verdienste ihre zufälligen Vorteile übertreffen.

Nach der Bewertung der Gedanken von diesen Gesichtspunkten aus könnte der Fachmann zu Problemen des Stils fortschreiten: Ist der Zeitraum der Wichtigkeit oder Unwichtigkeit der Gedanken angemessen? Sind Hauptgedanken räumlich deutlich von Nebengedanken unterschieden durch verlängerte Proportionen ebenso wie durch Nachdrücklichkeit, damit die Vorherrschaft des Gegenstandes immer gesichert ist? Ist die Ausführlichkeit der Darstellung gerechtfertigt? Ist sie zulässig aufgrund der Anzahl der Gedanken, aufgrund ihrer unumgänglichen Folgen oder wegen der Faßlichkeit? Ist jedes Detail so kurz und gedrängt wie möglich dargestellt?

Beeinträchtigt die Tiefe der wirklichen Bedeutung die Eleganz der Darstellung und die Glätte der Oberfläche? Ist das Material im Hinblick auf die Vermittlung angemessen, und umgekehrt? Sind heroische Themen unheroischen Instrumenten wie Flöte, Gitarre oder Mandoline zugewiesen? Soll eine Violinsonate leidenschaftliche Gefühle ausdrücken, die für eine Symphonie passen würden? Wird von einem so unbeweglichen Instrument wie dem Kontrafagott verlangt, eine anmutige Barkarole zu spielen? Ist die musikalische Beschreibung technisch und tonlich so stilisiert, daß sie der Natur der Instrumente angepaßt ist, wie die Rufe der Nachtigall, der Wachtel und des Kuckucks in der *Pastorale* jeweils zur Flöte, zur Oboe und zur Klarinette passen? Ist das beschreibende Element formal und motivisch in den Grundbedingungen des Stückes enthalten? Sind Zustände und Situationen dargestellt, deren Natur derjenigen der Musik entgegengesetzt ist – wie zum Beispiel das Ausdrücken von Ruhe durch leichte Bewegung, von Stille durch Klänge oder von abstrakter Philosophie durch konkrete Töne? Führt das Stück seine Gedanken und sein Material in einer Technik durch, die seinem Stil nicht entspricht? Werden kontrapunktische Gedanken in einer quasi-kontrapunktischen Weise begleitet, die kaum mehr als eine Harmonisierung bewirkt? Wird die natürliche Phrasierung einer homophonen Melodie verwirrt durch die Hinzufügung ausgeklügelter Gegenmelodien, wie es oft in der Unterhaltungsmusik geschieht? Werden einfachen Volksweisen Dissonanzen hinzugefügt, die nicht zum Tonvorrat gehören?

Der Fachmann könnte auch nicht darauf verzichten, den Wert des thematischen Materials zu prüfen. Er müßte auch die Erfindungsgabe des Komponisten untersuchen. War er imstande, soviel Abwechslung hervorzubringen, wie Einheit und Faßlichkeit ertragen und die Weckung des Interesses sie fordert? War er imstande, die Notwendigkeit des Werkes zu beweisen – daß es ihm durch einen inneren Schaffensdrang aufgezwungen war? War er imstande, etwas zu schaffen, das eine Lücke im Wissen und in der Bildung der Menschheit füllt, oder, wenn schon das nicht, zumindest ein Verlangen nach Unterhaltung befriedigt? Mit anderen Worten, erweist sich sein Werk durch Neuheit als ein erwünschter Beitrag? Ist diese Neuheit eine der wesentlichen oder nebensächlichen Eigenschaften? Wenn sie ihren Ursprung im Wesentlichen hat, ist sie dann von der Art wie Beethovens Dramatisierung der Durchführung oder vergleichbar der Neuheit der strukturellen, gefühlsmäßigen und beschreibenden Eigenschaften von Schuberts Liedern? Oder ist sie wie Wagners ganz neue Art und Weise des Bauens, Ausdrückens, Harmonisierens und Orchestrierens, somit des Revolutionierens der Musik in allen ihren Aspekten?

Ist die Neuheit eher durch eine neue Persönlichkeit als durch revolutionäre Veränderungen, durch evolutionäre Entwicklungen eher als durch erschreckende Ausbrüche

entstanden? Kam diese Neuheit von einer Persönlichkeit, die einem Mendelssohn, Schumann, Gounod, Debussy etc. vergleichbar ist – Künstlern also, die keinen reformatorischen Ehrgeiz hatten, obwohl ihre Originalität reich und deutlich genug war?
Obwohl Originalität von der Persönlichkeit nicht zu trennen ist, gibt es auch eine Art von Originalität, die keiner tiefen Persönlichkeit entspringt. Werke solcher Künstler zeichnen sich häufig durch ein außergewöhnliches Erscheinungsbild aus, das echter Originalität ähnelt. Sicherlich war Erfindungsgabe am Werke, als die auffallenden Veränderungen einiger untergeordneter Elemente zum erstenmal vollbracht wurden. Bewußt eingesetzt, bewirkten sie in der Folge einen Aspekt der Neuheit, der letztlich nicht von Grundgedanken herrührte. Dies ist *Manierismus*, nicht Originalität. Der Unterschied besteht darin, daß Manierismus Originalität in Nebensächlichkeiten ist.
Es gibt viele, und sogar angesehene Künstler, deren Erfolg und Ruf auf dieser geringeren Art der Originalität beruht. Leider ist der Hang, Interesse durch technische Eigenheiten zu erwecken, die einfach einem Nichts von einem Gedanken beigegeben werden, heute häufiger als früher. Das moralische Gebaren derartiger Produkte ist eher auf Erfolg und Popularität gerichtet als darauf, die Gedanken der Menschheit zu bereichern.
Einige Werte haben ihren Ursprung in Ursachen und Gründen, denen kein Einfluß auf das Schaffen zuerkannt werden sollte. Schaffen sollte für einen Künstler so natürlich und unausweichlich sein wie das Wachsenlassen von Äpfeln für einen Apfelbaum. Selbst wenn der Apfelbaum versuchte, Äpfel hervorzubringen, die den Forderungen der Mode oder des Marktes entsprächen, er könnte es nicht. Solche Künstler, die „in eine Zeit zurückgehen" möchten, die versuchen, die Gesetze einer veralteten oder neumodischen Ästhetik zu befolgen, die sich in Eklektizismus oder in Nachahmung eines Stils ergehen, entfremden sich auf diese Weise der Natur. Das Produkt zeigt es – kein derartiges Produkt überlebt seine Zeit.
Zwischen den Kriterien dieser Art von Musik und der zuvor erwähnten besteht kein wesentlicher Unterschied. Unterhaltungsmusik spricht die Naiven an, diejenigen Men-

schen, die die Schönheit der Musik lieben, aber nicht dazu neigen, ihren Verstand anzustrengen. Was sie lieben, ist jedoch nicht Trivialität, Vulgarität und mangelnde Originalität, sondern eine verständlichere Darstellungsweise. Menschen, die nicht die Fähigkeit erworben haben, sofort alle Konsequenzen aus einem Problem zu ziehen; müssen mit Rücksicht auf ihre geistigen Fähigkeiten behandelt werden; schnelle Lösungen, Sprünge von Voraussetzungen zu Schlußfolgerungen würden die Popularität gefährden.

Das heißt nicht, daß in der Unterhaltungsmusik notwendigerweise solche Melodien, Rhythmen und Harmonien, wie man sie in der höheren Musik erwarten würde, ausgeschlossen sein müssen. Natürlich können solche strukturellen Probleme, Entwicklungen und Durchführungen, wie sie zum Beispiel in den Symphonien von Brahms zu finden sind, und solche kontrapunktischen Kombinationen wie die von Bach nicht Gegenstand eines Unterhaltungskomponisten sein. Nichtsdestoweniger ist man, wenn man amerikanische Unterhaltungsmusik hört, oft überrascht, an was sich diese Komponisten im Hinblick auf traditionelle Maßstäbe wagen. Jedoch ist zugunsten des volkstümlichen Verständnisses für vielfältige Wiederholungen, für die Anbringung von nur geringfügigen Veränderungen und für wohl angewandte, wenn auch nur konventionelle Bindeglieder gesorgt.

Es scheint, daß Freunde der Unterhaltungsmusik ihren eigenen Kodex für die Bewertung haben, was sie mögen oder nicht. Es ist nicht klar, ob technisches oder theoretisches Wissen erforderlich ist; vermutlich dient der Instinkt als Richter. Gewiß vermag ein gut funktionierender Instinkt die Grundlage für ein richtiges Urteil zu bieten.

Aber die meisten der erwähnten Kriterien für die Bewertung höherer Musik sind nur dem Fachmann zugänglich und viele von ihnen nur dem höchst sachkundigen Fachmann.

Obwohl außer Zweifel steht, daß jeder Schöpfer nur schafft, um sich von dem großen Druck des Schaffensdranges zu befreien, und obwohl er daher in erster Linie zum eigenen Vergnügen schafft, strebt jeder Künstler, der sein Werk der allgemeinen Öffentlichkeit übergibt, zumindest unbewußt danach, den Zuhörern etwas für sie Wertvolles zu sagen.

Ehrgeiz oder der Wunsch nach Geld regt das Schaffen nur bei Künstlern niedrigeren Ranges an. „Geld! Wie kann man eine Bezahlung erwarten für etwas, das einem so viel Freude macht?"
Aus dem Leben wahrhaft großer Männer kann man schließen, daß der Schaffensdrang auf ein instinktives Lebensgefühl antwortet, einzig um der Menschheit eine Botschaft zu bringen.
Ebenso offensichtlich wie daß die Musik nicht geschaffen wird, um Freude zu bereiten, ist die Tatsache, *daß* Musik Freude bereitet; daß sie eine unleugbar große Wirkung auf Menschen ausübt, „die nichts wissen von der Tabulatur" – die die Spielregeln nicht kennen.
Andererseits kann es verhängnisvoll sein, sich auf den Fachmann zu verlassen – und auf diejenigen, die sich die Rolle des Fachmanns anmaßen. Wagner stellte in seinem Beckmesser einen solchen lebenden Fachmann dar, der alles von der Tabulatur wußte, jedoch kläglich versagte bei der Anwendung seines Wissens auf das, „was nicht nach eurer Regeln Lauf". Und wenn Hans Sachs jenen mehr vertraut, „die nichts wissen von der Tabulatur", wird sein Vertrauen gerechtfertigt.
Es ist eine bekannte Tatsache, daß schon in den Kulturen der Urvölker die geheimnisvolle Wirkung der Musik auf die Menschen die Anbetung der Gottheit schmückt zur Heiligung kultischer Handlungen. Bei primitiven Völkern ist es vielleicht sogar allein der Rhythmus oder der Klang, der einen Zauber ausübt. Aber selbst die kulturell hochstehenden Griechen schrieben einfachen Tonfolgen geheimnisvolle Wirkungen zu wie den Ausdruck von Tugenden oder deren Gegenteil. Der Gregorianische Choral gewinnt nicht so sehr durch die Bedeutung des Textes wie der protestantische Choral; er lebt allein von der Musik.
In Anbetracht dieser Tatsachen könnte man sich fragen, ob die nachfolgenden höheren Kunstformen für das religiöse Zeremoniell unerläßlich waren. Ob nun aber Kunst niederer oder höherer Art die berückende Wirkung der Musik steigert oder nicht, eine Schlußfolgerung scheint unausweichlich: es gibt ein Geheimnis.
Mein persönliches Gefühl ist, daß Musik eine prophetische Botschaft vermittelt, die eine höhere Form des Lebens ent-

hüllt, auf die die Menschheit sich hinentwickelt. Und gerade dieser Botschaft wegen wirkt Musik auf Menschen aller Rassen und Kulturen.
Auf der Suche nach Kriterien für die Bewertung von Musik scheint es gefährlich, diesen geheimnisvollen Einfluß allen Arten von Musik zuzuschreiben, ungeachtet ihrer Maßstäbe und Werte. Es wäre gefährlich zuzugeben, daß einer, der die Musik liebt und für ihren Zauber empfänglich ist, damit das Recht und die Fähigkeit erwirbt, ihren Wert zu beurteilen. Wie gefährlich die Folgen solchen Schlusses sein können, hat sich jüngst erwiesen.
Bei den Abstimmungsergebnissen über die Rundfunkübertragungen aus der Metropolitan Opera waren *Fidelio, Die Zauberflöte, Die Hochzeit des Figaro, Die Meistersinger von Nürnberg, Eugen Onegin, Fra Diavolo, Der Barbier von Sevilla* etc. nicht unter den sechs gewählten Opern. Demokratisch wie eine solche Abstimmung ist, hat sie doch einen entscheidenden Fehler. Gehen politische Parteien zwar nicht so weit, nur einen Kandidaten aufzustellen, so würden sie wiederum auch nicht so weit gehen, sechsundvierzig Kandidaten anzubieten – die Zahl der angebotenen Opern. In der praktischen Politik wird die Auswahl der Kandidaten von den Parteiführern getroffen.
Dies hat vielleicht Ähnlichkeit mit der Forderung Schopenhauers, daß die Bewertung von Kunstwerken nur auf Autorität beruhen könne. Leider sagt er weder, wer Autorität verleiht, noch, wie man sie erwerben kann; noch, ob sie unangefochten bleiben und was geschehen wird, wenn eine solche Autorität Fehler macht. Fehler wie seinen eigenen, als er, ohne Beethoven und Mozart zu beachten, Bellinis *Norma* als die größte Oper bezeichnete.
Meine Anklage gegen Schopenhauer mag dadurch entschuldigt werden, daß ich mich zur gleichen Verurteilung anbiete: ich bekenne mich ähnlicher Verbrechen schuldig. Lange Zeit hatte ich Gustav Mahlers Musik verachtet, ehe ich sie verstehen und bewundern lernte. Einmal habe ich gesagt: „Wenn das, was Reger schreibt, Kontrapunkt ist, dann ist der meinige keiner." Ich habe mich geirrt – *beides* war Kontrapunkt.
Andererseits habe ich etwas zugunsten von Sibelius und Schostakowitsch gesagt, was nicht der Kenntnis eines Fach-

manns bedurfte. Jeder Dilettant, jeder Musikliebhaber könnte gesagt haben: „Ich fühle, daß sie den Atem von Symphonikern haben."
Fachleute sind auch menschlich – aber das ist nicht der Fehler von uns Komponisten!

Symphonien aus Volksliedern

Friedensverträge des Ersten Weltkrieges haben Nationen Unabhängigkeit gewährt, die in kultureller Hinsicht weit entfernt waren von Unabhängigkeit. Nichtsdestoweniger erwarteten sogar kleine Nationen von nicht mehr als sechs bis zehn Millionen, daß man sie als kulturelle Einheiten betrachten werde, deren nationale Eigenart sich in vielen Äußerungen darbot: in ihren Handwerkskünsten, in Webereien, Keramik, Gemälden, Gesängen und, schließlich sogar, in ihren Kompositionen. Selbstverständlich: X-Stadt mochte Gewohnheiten und Gebarungen entwickelt haben, die beträchtlich verschieden waren von Y-Stadt, von welcher sie durch ein tausend Meter hohes Gebirge getrennt ist. Solche Orte hatten bald allgemeine Anerkennung verlangt und nach einem „Platz an der Sonne" gestrebt, der ihnen die Gelegenheit bieten sollte, ihre nationalen Produkte mit gutem Gewinn zu verkaufen. Es war, mit einem Worte, die Handelsbilanz, die das treibende Motiv hinter ihrem Scheinidealismus war.

Isolierung allein kann nicht Fruchtbarkeit garantieren. Im Gegenteil, Verbindung, selbst mit Minderwertigkeit, kann anregend sein. Andererseits finden sicherlich jene unentrinnbaren Notwendigkeiten des Lebens, diese Gefühle der Liebe, der Trauer, der Sehnsucht u. a., individuellen, ja vielleicht sogar originellen Ausdruck: Ob Menschen in Weltabgeschlossenheit leben oder nicht, so könnten sie doch immer ihre eigenen Worte, Melodien und Gesänge erzeugen. Und selbst wenn die von X-Stadt sich von denen von Y-Stadt nicht mehr unterscheiden als Dorisch und Äolisch, es ist noch immer genug da, um sich darauf etwas einzubilden.

Wenn Lieder aus dem Südteil West-Farinoxias eher Lydisches in einem im übrigen Phrygischen, Tänze des benachbarten Nordteils von Franquimonia aber das Gegenteil zeigen: Spuren von Phrygischem in einer ausgesprochen lydischen Melodik, so mögen solche Unterschiede einem ortskundigen Fachmann Zeichen autochthoner Originalität bedeuten. Solche Unterschiede bestehen in den Balkanländern. Die Lieder und Tänze dieser Völker sind oft von überwältigender Tiefe des Ausdrucks und höchst interessant in ihren Melodieschritten. Sie sind wahrhaft schön, und man kann sie nur bewundern. Jedoch der Ort, von woher sie stammen, ist wieder höchstens für den Spezialisten von Bedeutung, der seine Lebensaufgabe in der Bewertung solcher Qualitäten erblickt. Für den Laien aber ist das gleichgültig.

Wie hoch immer man solche Merkmale einschätze, so muß man doch zugeben, daß sie vernachlässigbar sind im Vergleich zu den Unterschieden zwischen Volksmusik und Kunstmusik. Sind diese vielleicht nicht so groß wie die zwischen Petroleum und Olivenöl oder zwischen Waschwasser und Weihwasser, so mischen sich diese beiden so schlecht wie Öl und Wasser. Sogar Beethoven konnte ein gegebenes Thema *(Rasumowsky-Streichquartett op. 59, Nr. 2)* nur verhältnismäßig einfach bearbeiten, mittels einer fugatoartigen Einkleidung. Wenn er aber dieses Thema extra als „théme russe" bezeichnet, so kann man das wohl einerseits als eine Huldigung für seinen aristokratischen Mäzen auffassen; andrerseits aber kann es eine Entschuldigung bedeuten: Wahrhafte Kunstkenner werden die Hindernisse verstehen, die solche Bestellungen mit sich bringen. Man wird dieses Problem richtiger beurteilen, wenn man das Fugato dieses Scherzo-Trios mit dem ebenfalls fugatoartigen Aufbau des Scherzos der *IX. Symphonie* vergleicht. Hier nämlich ist das begleitende Gegenthema die melodische Fortsetzung des Hauptthemas. Die Gegenthemen des „théme russe" dagegen sind nur gelegentliche Zusätze ohne kombinatorische Bedeutung. Es ist klar, daß dieses Thema auf einer primitiven Harmoniefolge beruht, und das läßt sich nicht leicht mit den Erfordernissen kontrapunktischer Kombination vereinbaren. Nebenbei, in seiner anspruchslosen Zusammensetzung ist auch kein Problem vorhanden, das zur Entwicklung in ein Thema anregen könnte.

Als Volkstanz ist dieses russische Thema sehr hübsch. Doch daß es jetzt russische Musik gibt, ist dem Auftreten einiger großer Komponisten zu verdanken. Wäre es anders, so müßte es auch große irische und schottische Symphonien geben, da die Volkslieder dieser Nationen von unübertroffener Schönheit und voll interessanter und charakteristischer Wendungen sind. Dagegen haben kleinere Nationen es erreicht, sich in die Musikgeschichte und in das Gedenken der Musikfreunde durch einige ihrer Repräsentanten einzuzeichnen, so z. B. Smetana, Grieg, Chopin, Liszt, Dvořák und Sibelius. Bezeichnenderweise konstatiert Sibelius, daß seine Musik nicht auf Volksmusik beruht, und ich glaube, auch die Griegs nicht. Chopins Rhythmik stammt deutlicherweise von polnischen Tänzen her, seine Harmonik aber und teilweise auch seine Melodik unterscheiden sich nicht wesentlich von West- und Zentral-Europas damaligen Stilen; und dasselbe gilt auch größtenteils für Liszt und Smetana.

Augenscheinlich weisen solche Arten Volksmusik, die auf ungewöhnlichen oder gar exotischen Skalen beruhen, mehr charakteristische Züge auf – ja vielleicht sogar zu viele. Es ist ein Angsttraum, sich vorzustellen, was aus der Musik geworden wäre, wenn es Japan gelungen wäre, England, Amerika und schließlich auch Deutschland zu besiegen. Hat doch Japans musikalische Denkweise nicht die leiseste Ähnlichkeit mit der unsrigen! Ihre Skalen sind nicht das Resultat harmonischen Denkens, oder wenn doch, so ist es nicht das unsere. Freunde ostasiatischer Musik behaupten, deren Monodien seien fähig, jede Schattierung menschlicher Gefühle auszudrücken. Das mag wohl wahr sein, aber dem europäischen Ohr klingt es – wie soll man sagen? – anders! Wenn es auch nicht gänzlich unmöglich ist, eine harmonische Begleitung zu solchen Stimmen hinzuzufügen, so ist es gewiß unmöglich, sie auf logische oder natürliche Art von solchen Skalen herzuleiten. Aus diesem Grund allein muß man annehmen, daß sie unsere Musik eher zerstören als sich ihren Bedingungen anpassen würden.

Selbst die Zigeunermusik, deren charakteristische Skalen die Musik der umgebenden Balkanvölker beeinflußt haben, hat, obwohl sie unseren Auffassungen nicht so fremd ist, die Mauer nicht durchdringen können, die Volksmusik von Kunstmusik trennt. Wenn Brahms manchmal solche Melodien einer Komposition einverleibt, dann ist gewöhnlich die Konstruktion nicht komplizierter als etwa die einer Walzerreihe oder einer Quadrille. In Werken einer höheren Organisation aber fügt er seinen eigenen Themen etwas von solchem Charakter bloß als Würze hinzu. Aber er hat es nicht nötig, in fremde Gebiete einzudringen, um ungewöhnliche Melodien hervorzubringen, was zum Beispiel der Fall ist im letzten Satz des *Streichquintetts in G-Dur.* Die *Ungarischen Rhapsodien* von Liszt sind in konstruktiver Hinsicht höher organisiert als diese rumänischen, zigeunerischen und spanischen Rhapsodien. Übrigens sind alle diese der Hauptsache nach Potpourris, das heißt Formen, deren Zusammensetzung zufälliger ist als das, was klassische Meister von Bach bis Brahms „Fantasie" nennen.

Wie schön immer man echte Volkslieder finden mag, so muß man ihnen vor allem einen höheren Rang zumessen als unechten, Simili-Volksliedern. Deren Popularität beruht auf dem bedauerlichen Massenerfolg der Trivialität. Diese Silcher, Abt, Neßler und ähnliche in andern Ländern fälschten Einfachheit, indem sie sie durch Kunstlosigkeit, Gefühl, indem sie es durch Sentimentalität ersetzten. Die geben bloß wieder die Vorstellung, die sich der „Gebildete" vom „Mann aus dem Volke" macht. Doch auch bessere Komponisten vergessen ihre aristokratische Überlegenheit nicht, wenn sie in ihren „Im-Volkston-Gesängen" von ihrem Piedestal herabsteigen. Diese sind immerhin wenigstens korrekt. Wenn einer ein zu kurzes linkes Bein hat, so mag das als kompensiert angesehen werden dadurch, daß sein rechtes zu lang ist. Aber meistens finden sich in solchen Imitationen Phrasen, die einen Schritt zu kurz sind. Dafür können andere Satzteile nicht Kompensation leisten, wenn sie sogar mehrere Schritte – zu lang sind. Echte Volksmusik ist immer vollkommen, denn sie stammt her von einer Improvisation, das ist: von einer blitzartigen Inspiration.

Die Kluft zwischen den Erfordernissen der großen Formen und der einfachen Zusammensetzung der Volkslieder kann nicht überbrückt werden, und darum ist es auch bisher keinem gelungen. Jeder wird verstehen, daß parallele Linien in jedem ihrer Punkte den gleichen Abstand haben. Aber die wissenschaftliche Formulierung: daß sie „sich in der Unendlichkeit schneiden", erfordert zuviel Denken und Vorstellungsvermögen, als daß sie allgemein verständlich und populär werden könnte. Echte Volksmusik verbleibt innerhalb eines engbegrenzten Teiles einer Tonleiter und ihrer einfachsten Harmoniefolgen. Änderung und Bereicherung der Harmonik und figurative „Ausschmückung" der Melodien, wie z. B. Bach das in Choralvorspielen tut, erzeugen keine wesentlich neuen Gestalten, wie Kontraste, Nebengedanken etc. Die innere Organisation in der Volksmusik läßt keinen „ungelösten Rest" zu, dessen Folgerungen erst später gezogen werden sollen. Die Teile und Abschnitte, aus denen solche Formen bestehen, können auf umständlich begründete Verbindungen verzichten und sind, da keine Widersprüche das hindern, einfach durch Nebeneinanderstellung angegliedert. Auch ist nichts vorhanden, das Ausbreitung beansprucht: die kleine Form vermag ihren Inhalt deutlich zu fassen und erfüllt solcherart die Bedingungen eines zwar kleinen, aber in sich abgeschlossenen, selbständigen Gebildes.

Im Gegensatz dazu ist ein Motiv ein unfertiges, unvollständiges und nicht selbständiges Gebilde, das erst durch daraus folgende Fortsetzungen entwickelt wird. So ist z. B. das Beethovens *Fünfte* eröffnende Motiv (Beispiel 1) sogar hinsichtlich der Tonart noch unbestimmt. Ehe das bestimmende C hinzukommt, kann es für Es-Dur gelten. In der Hauptstimme aber (Beispiel 2) kommt das c-Moll erst im 7. und 8. Takt zum Ausdruck, wenn in (a') das Terzenmotiv (a) mit C endet.

Beispiel 3 zeigt, wie das Thema der Überleitung aus dem Ursprungsmotiv hervorgeht: die beiden Hauptnoten Es und F (markiert durch ★) werden als Tonika und Dominante von Es-Dur interpretiert, indem ihnen ein B vorangeht und eines nachfolgt. Beispiel 4 zeigt, wie der Seitensatz nun von dieser Gestalt abgeleitet wird und damit auch vom Ursprungsmotiv (Beispiel 1)[1].

---

[1] Die Durchführung zeigt in den Takten 196 ff. und 409–415, daß Es und F die Hauptnoten sind.

Das nenne ich *„entwickelnde Variation"*.
Ich kann mich an kein einziges Stück erinnern, in welchem Nebengedanken von einem Volkslied auf diese Art entwickelt wurden. Gewöhnlich ist eine Methode angewendet, die, statt eine lange Geschichte kurz zu machen, eine kurze in die Länge zieht: zahllose Male wird eine kurze Phrase wiederholt, ohne mehr Variation als Transposition auf andere Stufen, eine andere Instrumentation, seit kurzem auch durch Zusatz dissonanter Töne, und was die Arrangeure in Hollywood Kontrapunkt nennen, das sind unnötige und beziehunglose Nebenstimmen.
Nichts anderes wurde dabei gesagt, das nicht schon in dem Volkslied bei seinem ersten Auftreten gesagt wurde.
Ein Komponist – ein wirklich schöpferischer, komponiert nur, wenn er etwas zu sagen hat, das noch nicht gesagt worden ist und das, wie er überzeugt ist, gesagt werden muß: eine musikalische Botschaft an den Musikfreund. Welche Umstände jedoch könnten in ihm das Bedürfnis auslösen, etwas zu sagen, noch einmal zu sagen, das schon von andern gesagt worden ist, und noch dazu in der unentwickelbaren Form eines Volksliedes?
Ein wirklicher Komponist erfindet auch nicht ein oder mehrere Themen, sondern ein ganzes Stück. In der Blüte, ja schon in der Knospe eines Apfelbaums ist der ganze zukünftige Apfel mit allen seinen Details vorhanden – die haben nur noch zu reifen, zu wachsen, um ein Apfel zu werden und ein Apfelbaum, der seinerseits selbst fruchttragend werden wird. In der gleichen Weise ist eines wirklichen Komponisten musikalische Empfängnis, gleich wie die physische, ein einziger Akt, der die Totalität des Produkts einschließt. Die Form ist in Umrissen vorhanden, die Charakteristik durch Tempi, Dynamik, Stimmung der Haupt- und Nebengedanken, deren Beziehung und Abstammung, ihre Kontraste und Abweichungen – all dies ist auf einmal da, wenn auch teilweise in embryonalem Zustand. Die endgültige Formulierung der Melodien, Themen, Rhythmen und anderer Details wird sich später durch die Zeugungskraft der Keime entwickeln.
Man lege hundert Hühnereier unter ein Adlerweibchen; es wird unfähig sein, einen einzigen Adler aus diesen Eiern auskriechen zu lassen.

Viele, die die Benützung von Volksmusik in großen Formen berechtigt finden, mögen eine Analogie darin sehen, daß in klassischer Musik oft Choralmelodien und andere Volkslieder als Thema für Variationen dienen. Während Bach in seinen Choralvorspielen Stimmen, die den Choral kontrapunktisch begleiten, aus den Chorälen selbst ableitet, ist da nirgends weder eine Möglichkeit noch eine Notwendigkeit zu entwickelndem Wachstum. Man kann allerdings zugeben, daß die Frühwerke die Variationstechnik in primitivem Zustand zeigen, indem sie lediglich dem Bedürfnis des Virtuosen dienen, der durch seine Geläufigkeit glänzen will. In solchen Werken kann man kaum eine andere Entwicklung erwarten als die der Schnelligkeit, und keine anderen „Veränderungen" als die des instrumentalen Stils. Die Einfachheit der Variation entspricht der des Themas. In künstlerisch höherstehenden Werken dieser Gattung ist das „Motiv der Variation" (wie ich das nenne) durch „entwickelnde Variation" aus den grundlegenden Eigenschaften abgeleitet. Dieserart ist tatsächlich dasselbe kompositorische Verfahren konstatierbar, welches in unserer westlichen Musikkultur die Hervorbringung des thematischen Materials für jede Form reguliert: all diese Melodien, Themen, Überleitungs- und Schlußgedanken, Durchführungen und die erforderlichen Gegensätze.

Ein wirklicher Komponist, einer der gewöhnt ist, sein thematisches Material in dieser logischen Weise herzustellen, gleichgültig, ob es durch spontane Inspiration oder durch harte Arbeit erzielt wurde, ein wirklicher Komponist wird nur ausnahmsweise freiwillig darauf verzichten, sein Werk auf durchaus eigene Art, mit seinen eigenen Themen, anzufangen. Und diese werden eine ausreichende Zahl anreizender Probleme enthalten, die eine Verarbeitung verlangen. Es gäbe keine größeren Formen, wäre dieser Drang entrinnbar, und wäre er nicht schon im embryonalen Zustand vorhanden. Das ist es, warum eine wirkliche Komposition nicht komponiert, das ist: zusammengesetzt, sondern als Ganzes empfangen wird. Darum auch ist es nicht nötig, Details erst hinzuzufügen.

Wie ein Kind seinen Eltern ähnelt, so entsprechen die Details dem ursprünglich Empfangenen. Und sie kommen von selbst heraus, wie die ersten und zweiten Zähne herauskommen, und in derselben Weise, wie all diese unfaßbaren, aber natürlichen Wunder geschehen, von denen Schöpfung begleitet ist.

Wirkliche, echte Volksmusik könnte weder entstehen noch bestehen, wäre sie nicht auf ähnliche Weise durch spontane, inspirierte Improvisation hervorgebracht. Es ist allgemein bekannt, daß Schubert gerne Walzer und andere Tanzweisen improvisierte, wenn seine Freunde tanzen wollten. Es scheint unglaubwürdig, daß wahrhafte Volksmusik durch mühselige Aneinanderfügung von Tönen und kleinen Tonfolgen „gemacht" worden ist. Sie sind von Barden, Troubadours, Volkssängern und anderen begabten Personen singend oder spielend improvisiert worden. Man weiß wohl, daß manche Fotografen imstande sind, selbst bessere Leute zu vergewaltigen, sie zu zwingen, für sie auf die gewisse triviale Art zu posieren: die linke Hand am Klavier, sich bemühend, die Töne oder Harmonien zu finden, die der Bleistift in der rechten Hand für die Ewigkeit festhält – ich, für meine Person, zweifle dann immer, ob das ein wirklicher Komponist ist, ein Erfinder.

Es scheint, als ob Völker, die bis jetzt noch keinen Platz an der Sonne erobern konnten, werden warten müssen, bis es dem Herrgott gefällt, ein musikalisches Genie in ihr Gebiet einzusetzen. Solange das nicht geschieht, wird Musik der Ausdruck jener Nationen verbleiben, denen Komponieren, Tondichten, nicht bloß einen Versuch, einen Markt zu erobern, bedeutet, sondern denen es ein Bedürfnis der Seele ist.

Aber, selbstverständlich: eine Seele wird man haben müssen.

Menschenrechte

I

Es ist traurig zugeben zu müssen, daß die Mehrzahl der Menschen es für ihr Menschenrecht hält, die Menschenrechte der anderen zu bestreiten, ja zu bekämpfen. Weit trauriger ist der Anblick der Welt, der heute keine Hoffnung auf Besserung in absehbarer Zukunft gestattet.
Das sollte jedoch nicht die Sehnsucht nach einem Weltzustand ersticken, in welchem jedem die Heiligkeit der Menschenrechte unantastbare Selbstverständlichkeit ist. Aller solcher Segnungen ist die Menschheit nur dadurch teilhaftig worden, daß eine stetig wachsende Menge in heißer Inbrunst den erlösenden Zustand so lange herbeisehnte, bis Erfüllung erfolgte. Aller Fortschritt im gesellschaftlichen Denken und Fühlen, der das Zusammenleben reibungsloser gestaltete, kam nur zustande durch die Kraft solcher Sehnsucht.
Man darf nie die Sehnsucht aufgeben.
Mögen die Heiden immer wieder die Unsterblichkeit der Seele bestreiten, die Gläubigen werden nicht aufhören dürfen, sie als eine Selbstverständlichkeit zu fühlen. Und selbst wenn die Heiden derzeit recht haben sollten: die Kraft der Sehnsucht der Gläubigen wird eine unsterbliche Seele erzeugen.
So wird es auch mit den Menschenrechten geschehen, wenn man bloß nicht aufhört zu glauben, daß es sie gibt, obwohl sie noch lange nicht erkannt und definiert sind.

II

Wenn das allgemeine, das bürgerliche Recht und das Menschenrecht sich voneinander unterscheiden, so sollte das nur darin bestehen, daß
a) das Menschenrecht den Ausgleich zwischen Anspruch und Widerstand anstrebt, auch für solche Probleme, für die das allgemeine Recht noch keine Lösungen gefunden hat, oder
b) daß ein gewisses Minimum gefunden werden soll, welches für alle Völker und Rassen unveränderlich gültig ist.

Die Befugnis zur Deklaration von Menschenrechten gebührt einer Körperschaft, die sich ansieht als „avant-garde" für die Weiterentwicklung des allgemeinen Rechtes.

III

Recht ist nur zum geringsten ein Versuch des Ausgleichs. In Wirklichkeit ist es fast immer ein Ausdruck von Macht. Wohl hat sich das Recht des Schwächeren bis zu einem gewissen Grad durchgesetzt, aber doch auf die Art, wie eine Macht sich durchsetzt. Wenn man, bezwungen durch Mitleid, unvorhergesehene Konsequenzen hinnehmen muß, regt sich Widerspruch: Reaktion wird heraufbeschworen.

IV

Die Schwierigkeit der Rechtsfindung liegt an den Widersprüchen der schutzberechtigten Interessen. Galilei, der die Glaubwürdigkeit der Schöpfungsgeschichte ins Wanken brachte, und die Kirche, die an die Unantastbarkeit des heiligen Wortes nicht rühren lassen kann, sind gleichermaßen schutzbedürftig und -berechtigt.
In unserer hochgepriesenen Zivilisation ist der Scheiterhaufen aus dem Gebrauch gekommen. Bis zu einem gewissen Grad darf man sagen, was man will, (vergessen wir jedoch nicht den dritten Grad [des polizeilichen Verhörs]). Immerhin hatten Pasteur und Zola nicht körperlich zu leiden, sondern höchstens geistig. Auch dem Arzt, der zehn Jahre zu früh eine neue Diabetes-Theorie aufgestellt hatte, ist kaum etwas Besonderes passiert – außer einer gewissen Anzahl von Kränkungen.
Krieg, der Vater aller Dinge, hat der Welt neue Methoden zur Nachahmung empfohlen. Lästige, allzu freie Meinungsäußerungen werden ausgemerzt, zusammen mit deren Urhebern, indem man die ersteren niedriger, die letzteren nackt hängt. Generäle haben kein Extra-Recht. Das Schamgefühl aber der Zuschauer kann man ignorieren, denn „Recht ist, was dem Deutschen frommt". Alles übrige ist Menschenrecht.

V

Einundfünfzig Prozent sind keineswegs gewiß, eine Schlacht gegen neunundvierzig Prozent zu gewinnen. Aber durch eine Wahl gewinnen sie Macht über die Minorität, unterwerfen sie und machen sie zu Sklaven. Daß Minoritätsrechte schutzbedürftig sind, wird anerkannt, wenn das Verhältnis achtundneunzig Prozent zu zwei Prozent ist. Aber die neunundvierzig Prozent-Minorität hat alle Rechte verloren, vielleicht sogar manche die bürgerlichen Rechte.

Man vergesse jedoch nicht immer jene mikroskopisch kleinen „Ein-Mann"-Minoritäten, von denen es sogar in Ländern unserer Kultur höchstens fünf bis zehn in jedem Jahrhundert gibt.

VI

Eine fortschreitende Entwicklung der Kultur und Zivilisation, die nur auf wissenschaftlichen Erkenntnissen und daraus resultierenden Überlegungen, Folgerungen und Maßnahmen beruhte, müßte in einiger Zeit, in Jahrhunderten vielleicht zur Ausbalancierung widerstreitender Interessen gelangen, würden nicht äußere Mächte dem entgegenwirken und wären alle solche Interessen bekannt oder rechtzeitig feststellbar. Aber je feiner das Instrument der Rechtsfindung wird, desto zahlreicher werden die Ansprüche, die an es gestellt werden. Man denke an den *Ehrenschutz*. Der Erzbischof konnte es wagen, Mozart zu ohrfeigen, ohne auch nur zu ahnen, daß er damit seine Aufnahme in die Musikgeschichte erreicht hatte. Wer konnte damals voraussehen, daß ein Künstler lebensüberdrüssig wird, wenn er sich bei einem seiner unwürdigen Gedanken ertappt.

Wer aber konnte auch voraussehen, daß die Beschimpfungen, die von Kritikern auf Wagner, Ibsen, Strindberg, Mahler und andere [geäußert wurden], als ein Ehrenschild betrachtet werden: ohne solche Feinde könnte keiner ein wahrhaft Großer sein.

Wann wird Menschenrecht – oh: nicht verhindern, daß einer das erdulden muß, sondern die anderen wissen lassen, daß es schmachvoll ist, solches Leiden zu verursachen.

VII

Jeder Wissenschaftler, Techniker, Erfinder, Dichter, Maler oder Musiker, der von den Errungenschaften eines Vorgängers profitiert – gleichviel, ob dieser oder jener ein Original oder bloß ein Imitator oder Nutzanwender ist – jeder von ihnen trägt zur Weiterentwicklung in seinem Fach bei. Man darf den redlichen Handwerker, der bekanntes Material wiederverarbeitet, nicht unterschätzen, und man sollte auch nicht den originellen Denker überschätzen. Niemand verdankt alles sich selbst.

Ob es möglich bleibt, dauernd zuzulassen, daß solche Eingriffe höheren Lohn finden als das fremde Eigentum, von dem sie „geborgt", aber nie zurückgezahlt sind – das ist eine Frage zweiter Ordnung. Oft genug aber wird der wirkliche Urheber für den Nachahmer gehalten, wenn der wirkliche Nachahmer ein geschickter Propagandist ist. Das ist eine Fälschung der Geschichte der Intellektuellen – aber wem liegt etwas daran außer dem Opfer?

VIII

Ein Goldbergwerk, eine Ölquelle, ein Kaufhaus, eine Bank, eine Fabrik oder selbst ein Ölgemälde kann niemand den entferntesten Nachkommen ihrer Besitzer wegnehmen. Das Eigentumsrecht aber an Werken des Geistes und der Kunst ist durch eine „Schutzfrist" begrenzt, während welcher es ein strafbares Verbrechen ist, den Hervorbringer oder Schöpfer zu bestehlen. Nicht etwa, weil Stehlen unmoralisch und entehrend ist, sondern weil es die Interessen kriegführender Mächte durchkreuzen würde. Denn nachdem diese Zeit abgelaufen ist, zwingt der Konkurrenzkampf den Verleger, billiger zu verkaufen, läßt ihm jedoch noch genug Profit übrig, weil er nichts mehr an den Autor zahlen muß. Angeblich gehört das Kunstwerk dann der Allgemeinheit, aber in Wirklichkeit gehört es den Ausbeutern. Nach Ablauf dieser Zeit ist es kein strafbares Verbrechen mehr, etwas wegzunehmen, was einem nicht selbst gehört, obwohl es doch nach wie vor Diebstahl ist. Die Allgemeinheit hat nur das Recht, das ihr von ihrer Macht verliehen wird. Das ist nicht nur moralisch, sondern auch wirtschaftlich sinnlos;

denn das Interesse der Öffentlichkeit an dem Kunstwerk ist viel zu gering, um zu rechtfertigen, daß sie die Verantwortung auf sich nimmt, die Nachkommen des Genies dem gleichen Elend auszusetzen wie das Genie selbst.

IX

Es ist tragisch, daß den Menschenrechten die Fähigkeit, sich gegen Angriffe und Vernichtung zu verteidigen, ebenso fehlt wie der Demokratie. Alles, was man in ihrem Namen versuchte, verletzte die Menschenrechte der Angreifer; so wie alles undemokratisch ist, was die Demokratie aufrechterhalten kann.
Ihre letzte Zuflucht ist nur Überredung.

X

Es sieht aus, als ob das Menschenrecht sich auf eine kleinere Anzahl von Ansprüchen wird beschränken müssen, als dieser hochtrabende Begriff insinuiert.

XI

Die meisten Glaubensformen sind ausschließlich und antagonistisch, ja sogar kämpferisch, herausfordernd und streitsüchtig. Es wäre Selbstaufgabe, wären sie tolerant. Man denke insbesondere an kommunistische oder faschistische Verfassungen, wo der Glaube ein Regierungsinstrument darstellt.

XII

Gibt es Menschen-Pflicht: das Wahre zu glauben? Ist das Recht: das Falsche zu glauben schützenswürdig?

XIII

Die Zehn Gebote sind sicherlich eine der ersten in Wort und Schrift festgelegten „déclarations des droits humains". Sie gewähren das Recht zu leben und zu besitzen, sie schützen die Ehe, den Eid, die Arbeit, verweigern aber – da es nur *einen* Gott gibt – von vornherein Glaubensfreiheit.

XIV

„Wie kann ich das Gute wahrhaftig lieben, ohne das Böse zu hassen?" – fragt Strindberg, und folglich wird er das Böse bekämpfen wollen, ja müssen. So bekämpft der eine „bourgeoise" Kunst, der andere „fremdrassigen" Baustil, den er als palästinensisch bezeichnet, obwohl er vom großen Adolf Loos stammt.
Wer bekämpft, will und muß siegen, will und muß den Besiegten unterdrücken. Aber welche sind die Menschenrechte derer, die noch an besiegte Kunst, an besiegte Ideen glauben?

XV

Musik spricht in ihrer Sprache anscheinend bloß von musikalischen Angelegenheiten oder aber, wie die meisten Ästhetiker annehmen, von Angelegenheiten der Gefühle und der Phantasie. Man kann übergehen den guten Witz von Richard Strauss, der sagte: „Daß ein Bleistift von einem Platz zu einem anderen bewegt wird, kann ich in Musik ausdrükken." Denn das ist nicht die Sprache, in der ein Musiker, ohne es zu wissen, sich preisgibt, indem er Gedanken formuliert, über die er selbst erschrecken würde – wüßte er nicht, daß ja doch niemand herausfinden wird, was er verbirgt, indem er es sagt.
Aber eines Tages werden die Kindeskinder unserer Psychologen und Psychoanalytiker die Sprache der Musik dechiffriert haben. Wehe dann dem Unvorsichtigen, der sein Innerstes, sein Geheimstes sorgfältig verborgen dachte und nun zulassen muß, daß Unreine ihre eigene Niedrigkeit hineinschmieren. Wehe dann Beethoven, Brahms, Schumann und alle anderen bisher „Unknown"[1], wenn ihr in solche Hände fallt; ihr, die ihr von dem Menschenrecht freier Meinungsäußerung nur Gebrauch macht, um eure Meinung zu verschweigen.
Ist das Recht zu verschweigen nicht auch schutzwürdig?

---

[1] Vgl. *The Unknown Brahms.* Unter diesem Titel versucht ein Autor, das Bild des Komponisten zu besudeln. Ist das Recht zu verschweigen nicht auch schutzwürdig?

XVI

Man muß auch die Menschenfresserrechte anerkennen. Sie beruhen auf der instinktmäßigen Erkenntnis, daß aus Blut wieder Blut und aus Fleisch wieder Fleisch wird. In Anbetracht der primitivsten Behelfe, die diese wissenschaftliche Erkenntnis etablieren, muß man solchem Instinkt den Rang von Gleichwertigkeit zuerkennen. Er funktioniert zuverlässiger als „Tests", aufgrund derer der leidenden Menschheit Medizinen verabreicht werden, deren gesundheitsschädliche Wirkungen schon nach einem Jahr zu beobachten sind.

XVII

Ist Geborenwerden oder ist Geburtenregulierung eines der Menschenrechte? Ist Geburtenregulierung zulässig, oder ist es zu dulden, daß Kinder zugrunde gehen, als ob sie überschüssig wären? Welche Haltung nehmen die Religionen ein?

XVIII

Vergessen wir aber die Inder nicht. Sie sterben in einer Hungersnot, Millionen von ihnen. Aber es würde ihnen nicht einfallen, eine Kuh, eine heilige Kuh zu schlachten.
Wie können wir Leuten solchen Glaubens erklären, was Menschenrechte sind, und bei alldem erwarten, daß sie an Menschenrechte glauben – diese Menschen, die lieber schweigend sterben, als in einer Weise zu handeln, die der Heiligkeit ihres Glaubens widerspricht. Man vergleicht diese Haltung mit der der alten Dame, die, als eines ihrer Lieblingshühner für das Nachtmahl designiert war, und sie es zuerst sanft streichelte und küßte, bevor sie den Rest ihrem Koch überließ: „Armes Huhn", sagte sie, „du schmeckst so gut in Weinsauce."

XIX

Das sind wirkliche Probleme, und man könnte leicht pessimistisch darüber werden.

Dennoch darf man die Sehnsucht nach allgemeiner Heiligung der Menschenrechte nicht aufgeben.

In unserer Seele ruht die Kraft, mit schöpferischer Intensität zu sehnen.

On revient toujours

Mit großem Vergnügen erinnere ich mich an eine Fahrt in einem Wiener Fiaker durch das berühmte Höllental. Der Fiaker fuhr sehr langsam, und wir vermochten all die Schönheiten und noch mehr die furchterregenden Aspekte, die diesem Tal der Hölle seinen Namen gegeben hatten, zu erörtern und zu bewundern. Ich bedaure immer, daß man wohl nie wieder die ruhigen Nerven haben wird, um solch eine langsame Fahrt zu ertragen.

Zumindest sah ich, als ich nur zwanzig Jahre später eine Autofahrt durch eines der berühmtesten Täler der Schweiz machte, fast nichts, und mein Begleiter erwähnte lieber einige wirtschaftliche und industrielle Aspekte, die das Tal bot. Innerhalb von zwanzig Jahren hatten die Menschen das Interesse verloren, diese Schönheiten anzuschauen und sich daran zu freuen.

An diese zwei Fälle mußte ich denken, als mich kürzlich ein Deutscher – ein früherer Schüler und Assistent von mir – fragte, was er antworten solle, wenn man von ihm wissen wolle, ob ich mich von der Zwölftonkomposition abgewandt habe, da ich zur Zeit so häufig tonale Musik komponiere: die *Bläser-Variationen op. 43a,* die *zweite Kammersymphonie,* die *Suite für Streichorchester* und mehrere andere Werke.

Meine Antwort auf diese Frage war auf den Ton der zwei zuvor erwähnten wahren Begebenheiten abgestimmt, die auf einigen historischen Tatsachen beruhten. Ich sagte: Mit Überraschung müsse man finden, daß die klassischen Komponisten – Haydn, Mozart, Beethoven, Schubert, Mendelssohn, Schumann, Brahms und sogar Wagner – nach Bachs kontrapunktischem Höhepunkt trotz ihres dem Wesen nach homophonen Stils so oft strengen Kontrapunkt einschieben, der sich von Bachs Kontrapunkt nur durch solche Merkmale unterscheidet, wie sie der Fortschritt in der Musik mit sich gebracht hatte; das heißt durch eine kunstvollere Entwicklung, durch Variationen des Motivs.

Man kann nicht leugnen, daß die Verbindung dieser zwei strukturellen Methoden überraschend ist; weil sie sich widersprechen. Im kontrapunktischen Stil ist das Thema praktisch unveränderlich und alle notwendigen Kontraste werden durch die Hinzufügung einer oder mehrerer Stimmen hervorgebracht. Die Homophonie schafft all ihre Kontraste durch entwickelnde Variation. Aber diese großen Meister besaßen einen derart außergewöhnlichen Sinn für die ethischen und ästhetischen Erfordernisse ihrer Kunst, daß das Problem, ob dies falsch sei, einfach außer acht gelassen werden kann.

Ich hatte nicht vorausgesehen, daß meine Erklärung dieser stilistischen Abweichungen auch meine eigenen Abweichungen erklären könnte. Ich pflegte zu sagen: Die klassischen Meister, die in der Bewunderung für die Werke der großen Meister des Kontrapunkts erzogen worden waren, müssen oft in Versuchung gewesen sein, zu der Kunst ihrer Vorgänger zurückzukehren, die sie der eigenen für überlegen hielten. Derart ist die Bescheidenheit von Menschen, die es wagen könnten, hochmütig zu handeln; sie schätzen die Errungenschaften anderer, obwohl sie selbst nicht ohne Stolz sind. Nur ein Mensch, der selber Achtung verdient, ist fähig, einem anderen Menschen Achtung zu erweisen. Nur einer, der Verdienste kennt, vermag die Verdienste anderer anzuerkennen. Solche Gefühle mochten sich entwickelt haben aus der Sehnsucht, noch einmal zu versuchen, in dem älteren Stil zu vollbringen, was sie in ihrem eigenen, fortgeschritteneren Stil ganz sicher vollbringen konnten.

Es ist ein Gefühl ähnlich jenem, das dem langsamen, gemächlichen Fiaker den Vorzug vor dem schnellen Auto gibt; das sich gelegentlich danach sehnt, in den alten, ziemlich primitiven Verhältnissen unserer Vorgänger zu leben. Es ist nicht so, daß wir jeglichen Fortschritt zunichte machen wollten, obwohl Maschinen so viele Handwerke ausgemerzt haben: die Buchbinderei, die Kunsttischlerei, die Kalligraphie, die Holzschnitzerei und – beinah – die Malerei.

Als ich meine erste *Kammersymphonie, op. 9,* beendet hatte, sagte ich zu meinen Freunden: „Jetzt habe ich meinen Stil begründet. Ich weiß jetzt, wie ich komponieren muß."

Aber mein nächstes Werk zeigte eine große Abweichung von diesem Stil; es war ein erster Schritt zu meinem gegenwärtigen Stil. Mein Schicksal hatte mich in diese Richtung gezwungen. Ich war nicht dazu ausersehen, in der Art der

Verklärten Nacht oder der *Gurrelieder* oder selbst von *Pelleas und Melisande* weiterzumachen. Der Oberste Befehlshaber hatte mich auf einen beschwerlicheren Weg beordert.

Aber eine Sehnsucht, zu dem älteren Stil zurückzukehren, war immer mächtig in mir; und von Zeit zu Zeit mußte ich diesem Drang nachgeben.

Also schreibe ich manchmal tonale Musik. Für mich haben stilistische Unterschiede dieser Art keine besondere Bedeutung. Ich weiß nicht, welche von meinen Kompositionen besser sind; sie gefallen mir alle, weil sie mir gefielen, als ich sie schrieb.

Der Segen der Sauce

Das Berufsmusikertum hatte im neunzehnten Jahrhundert große Fortschritte gemacht. Aber im letzten Viertel des Jahrhunderts lebten noch viele Musikliebhaber – Liebhaber aller Grade, von den Geigern, die nur die erste Lage beherrschten, bis zu denjenigen, die mit ausgezeichneten Konzertvirtuosen zu wetteifern vermochten. Viele Leute machten zu Hause wöchentlich Kammermusik. Sie spielten in allen möglichen Besetzungen: Klavierduos, Violin- und Cellosonaten, Klaviertrios und sogar Streichquartette. Und auch Berufsmusiker spielten in Streichquartetten oder anderen Besetzungen mit, einzig aus Liebe zur Musik, ohne nach einem anderen Gewinn als diesem Vergnügen zu streben. Ich selbst habe sehr häufig in solchen Gruppen mitgespielt, und mein Gewinn aus dieser Tätigkeit war eine ziemlich gründliche Bekanntschaft mit klassischer Kammermusik.
Die Vernichtung des Musikliebhabertums geht zurück auf den Ehrgeiz der Musikliebhaber, mit den Berufsmusikern zu konkurrieren. Das Resultat war äußerst verheerend für die Tonkunst. Das Wettbewerbsbedürfnis zwang die Rivalen jetzt, unlautere Mittel zum Zweck des Erfolgs anzuwenden, und was noch schlimmer ist, diejenigen, die früher als Musikliebhaber unparteiisch und uneigennützig und dazu bereit gewesen waren, bedürftige und unglückliche Künstler zu unterstützen, sie, die Förderer der Künste, waren jetzt selber auf dem Markt. Anstatt Noten zu kaufen, Konzerte zu besuchen, sich an der Musik zu freuen, forderten sie selbst Unterstützung.
Während man bis dahin den Rang eines Künstlers, eines Ausführenden, eines Virtuosen noch leicht und schnell bestimmen konnte, wurde dies schwieriger und zeitraubender, als eine große Anzahl von Komponisten, von frischgebackenen Genies, am Horizont aufzutauchen begann. Einige von ihnen hatten das Handwerk gründlich gelernt und konnten wenigstens etwas; andere waren nur oberflächlich unterrichtet worden und nutzten ihre durchschnittliche Begabung, um mit hart arbeitenden, ernsthaften Komponisten erfolgreich zu wetteifern.
Dem zahlenmäßigen Anwachsen komponierender Musiker

entsprach proportional eine Vermehrung jener, die Komposition unterrichteten. Und entsprechend dem Standard der Komponisten sank auch der Standard ihrer Lehrer. Dennoch muß man feststellen, daß es viele gab, die sachkundig unterrichtet worden waren und das eigene Wissen weiterzugeben vermochten. Es gab auch begabte und erfahrene Komponisten, von denen sich einige mit der Erforschung der Vergangenheit oder sogar der Gegenwart beschäftigt haben mochten, wobei sie die Lösung mancher Probleme fanden, Kompositionstechniken beschrieben und die Lehrmethoden verbesserten. Es gab auch Spezialisten, die nur ein begrenztes Gebiet der Theorie lehren konnten oder wollten, etwa nur Harmonielehre oder nur Kontrapunkt oder beides, aber keine Kompositionstechniken. Leider trug die große Mehrheit durch die eigene Unfähigkeit dazu bei, die Zahl der Nichtswisser zu vergrößern, die nur ein paar Kunstgriffe kannten.

Im Durchschnitt war der Unterricht nicht schlecht. Wirklich schädlich war nur der Umstand, daß diese Lehrer berufsmäßig unterrichteten und ihren Lebensunterhalt damit verdienen mußten. Dementsprechend waren sie gezwungen, dem Druck des Wettbewerbs nachzugeben, und das bedeutete, daß sie „individuell" unterrichteten, das heißt, sie machten es den weniger Begabten leichter, ohne es für die Begabten schwierig genug zu machen.

Es stimmt nicht, daß man wie im Sport etwas Überdurchschnittliches leisten mußte. Ein Lehrer, der eine ausreichende Anzahl gut zahlender Schüler haben wollte, mußte seine Ansprüche an Begabung, Können und Fleiß verringern. Reichte die Begabung für Symphonien oder Opern nicht aus, so konnte der Schüler Lieder oder kurze Klavierstücke schreiben und schließlich auch nur Unterhaltungsmusik. Immer mußte der Privatlehrer seine Schüler zu einem gewissen Erfolg führen.

Ich muß zugeben, daß ich niemals solche Zugeständnisse gemacht habe. Wenn ich in meiner *Harmonielehre* gesagt habe, daß ich den einzelnen individuell unterrichtete, so tat ich es nicht, um meinen Schülern die Anstrengung, das Beste zu leisten, zu ersparen. Ich pflegte lediglich die Anordnung des Lehrstoffs zu ändern, aber ich ließ nichts aus, was ein Musiker wissen muß. Man konnte einige Probleme, die

für den Anfang zu schwierig waren, auf später verschieben. Man konnte Übungen aufgeben als Vorbereitung für die schwierigeren Aufgaben. Aber ich habe niemals von meinen Hauptforderungen abgelassen.
Es gab auch Schüler, die nicht die Absicht hatten, ernsthafte Musik zu schreiben. Sie wollten nur Unterhaltungsmusik schreiben, Operetten und ähnliches. Viele von ihnen waren ehrlich genug, ihre Grenzen zuzugeben und ihre beschränkten Ziele einzugestehen.
Einmal hatte ich einen Schüler, der bei mir Harmonielehre angefangen hatte. Ungefähr zwei Monate später hörte er mit den Stunden auf. Es war ihm eine Stelle als zweiter Musikkritiker an einer großen Zeitung angeboten worden, und er befürchtete, zuviel Wissen könnte einen ungünstigen Einfluß auf sein spontanes Urteil haben. Er machte Karriere als Kritiker und sogar als Pädagoge.
Als Lehrer habe ich niemals bloß das gelehrt, was ich wußte, sondern eher das, was der Schüler brauchte. So habe ich niemals einen Schüler „einen Stil" gelehrt, das heißt die technischen Eigenheiten eines bestimmten Komponisten, die, jetzt zu Kunstgriffen herabgewürdigt, dem betreffenden Meister einst die Lösung eines quälenden Problems gewesen sein mochten. Wenn ich im Vorwort zu meiner *Harmonielehre* gesagt habe, ich hätte versucht, für jeden Schüler etwas zu erfinden, das seinen persönlichen Bedürfnissen diente, bedeutet das nicht, daß ich es einem von ihnen leichter gemacht hätte.
Besonders deshalb nicht, weil ich immer auf einer Hauptforderung bestanden habe: nämlich daß ein Komponist nicht heute zwei, acht oder sechzehn Takte komponieren dürfe und morgen wieder und so fort, bis das Werk beendet scheine, sondern daß er eine Komposition als Ganzes in einem einzigen Akt der Inspiration empfangen solle. Berauscht von seinem Einfall, solle er soviel niederschreiben, wie er könne, und sich dabei nicht um kleine Einzelheiten kümmern. Sie könnten hinzugefügt oder später ausgeführt werden.
Ich pflegte zu sagen, der Komponist müsse weit voraus in die Zukunft seiner Musik schauen können. Dies scheint mir die männliche Denkweise zu sein: zugleich an die ganze Zukunft, an das ganze Schicksal des Gedankens zu denken und sich im voraus auf jede mögliche Einzelheit vorzuberei-

ten. Dies ist die Art, in der ein Mann sein Haus baut, seine Angelegenheiten ordnet und sich zu seinen Kriegen rüstet. Die andere ist die weibliche Denkweise, die mit gutem Urteilsvermögen die nächstliegenden Folgen eines Problems in Betracht zieht, es indessen versäumt, sich auf entferntere Ereignisse einzustellen. Dies ist die Art der Schneiderin, die das wertvollste Material verarbeiten könnte, ohne daran zu denken, ob es lange hält, wenn es nur jetzt in diesem Augenblick die gewünschte Wirkung hervorbringt. Es braucht nicht länger zu halten als die Mode. Dies ist die Art mancher Köchinnen, die einen Salat zubereiten, ohne danach zu fragen, ob alle Zutaten die richtigen sind und gut zueinander passen, ob sie sich zufriedenstellend vermischen. Es wird eine französische – oder vielleicht eine französisch-russische Sauce – darübergegossen und damit alles verbunden. Komponieren nach solchen Anweisungen ist folglich nichts als das Produzieren eines bestimmten Stils.

Ich betrachte es als eines meiner Verdienste, daß ich nicht zum Komponieren ermutigte. Eher behandelte ich die meisten der unzähligen Schüler auf eine Art, die ihnen zeigte, daß ich von ihren schöpferischen Fähigkeiten nicht allzuviel hielt.

Ich will damit nicht sagen, daß ich es meinen Schülern absichtlich schwer machte, sondern lediglich, daß ich keine Kontrolle darüber hatte. Dafür spricht die folgende Tatsache.

Viele Jahre hindurch hatte ich vergeblich versucht, meinen Schülern einige Entdeckungen beizubringen, die ich auf dem Gebiet des mehrfachen Kontrapunkts gemacht hatte. Ich gab mir viel Mühe, diese Anweisungen so zu formulieren, daß sie den Schülern begreiflich wurden, aber vergebens. Nur einmal, in einer der besten Klassen, die ich je hatte, hielt ich die Darstellung dieses Problems und seiner Lösung für endgültig, und ich bat die Klasse, für die nächste Stunde etwas zu komponieren unter Anwendung der Methoden, die sich aus meiner Lösung ergaben.

Es war eine meiner größten Enttäuschungen. Nur einer meiner Schüler hatte versucht, meine Anweisungen zu befolgen, und er hatte mich genauso mißverstanden wie der Rest der Klasse.

Dieser Versuch erteilte mir eine Lehre: Geheimwissenschaft

ist nicht das, was ein Alchemist jemanden zu lehren sich geweigert hätte. Sie ist eine Wissenschaft, die überhaupt nicht gelehrt werden kann. Sie ist eingeboren oder nicht da.

Das ist auch der Grund, warum Thomas Manns Adrian Leverkühn das Wesentliche der Komposition mit zwölf Tönen nicht weiß. Alles, was er weiß, ist ihm von Adorno erzählt worden, der nur das wenige weiß, was ich meinen Schülern zu erzählen vermochte. Die eigentlichen Tatsachen werden möglicherweise eine Geheimwissenschaft bleiben, bis jemand kommt, dem sie kraft einer Gabe zufallen.

Die Härte meiner Forderungen ist auch der Grund, warum von meinen unzähligen Schülern nur wenige Komponisten geworden sind: Webern, Berg, Eisler, Rankl, Zillig, Gerhard, Skalkottas, Hannenheim, Strang, Weiss. Zumindest habe ich nur von diesen gehört.

Noch eine weitere Wirkung ergab sich daraus: alle meine Schüler unterscheiden sich außerordentlich voneinander, und obwohl vielleicht die Mehrzahl Zwölftonmusik komponiert, könnte man nicht von einer Schule sprechen. Sie alle mußten ihren Weg für sich allein finden. Und genau das taten sie; jeder hat seine eigene Art, Regeln zu befolgen, die aus der Behandlung der zwölf Töne abgeleitet sind.

Während ich nicht imstande war, meine Schüler einen Stil zu lehren – ich gebe zu, ich vermochte es nicht, selbst wenn ich meinen Widerwillen dagegen überwunden hätte –, gibt es andere Lehrer, die dies können, und zwar nur dies.

So erleben wir eine große Anzahl von Komponisten verschiedener Länder und Nationalitäten, die ungefähr die gleiche Art von Musik komponieren – zumindest Musik, die so ähnlich ist, daß es schwierig wäre, sie voneinander zu unterscheiden, ganz abgesehen von der Frage ihrer Nationalität. Kompositionsanweisungen werden so gegeben, wie ein Koch Rezepte geben würde. Man kann nichts falsch machen; das Rezept ist absolut zuverlässig. Das Ergebnis ist: niemand macht etwas falsch. Einer macht es so gut wie alle anderen.

Erstaunlicherweise hält jeder das für seinen Nationalstil, obwohl verschiedene Nationalitäten das gleiche schreiben.

Das ist der wahre Internationalismus der Musik in unserer Zeit.

Das ist meine Schuld

Im Vorwort zu *Pierrot lunaire* hatte ich verlangt, die Ausführenden sollten keine eigenen Schilderungen und Stimmungen, die sie aus dem Text ableiten, hinzutun. In der Zeit nach dem Ersten Weltkrieg war es unter Komponisten üblich, mich radikal zu überbieten, auch wenn sie meine Musik nicht liebten. So nahmen sie, als ich gebeten hatte, keinen äußerlichen Ausdruck und keine äußerliche Schilderung hinzuzufügen, an, daß Ausdruck und Schilderung außer Mode waren und daß es keinerlei Beziehung zum Text geben sollte. Nun wurden Lieder, Ballette, Opern und Oratorien komponiert, bei denen die Leistung des Komponisten in einer strengen Abkehr von allem bestand, was sein Text bot.
Was für ein Unsinn!
Wozu wird einem Text Musik hinzugefügt?
Im Ballett sollte die Musik das Geräusch der Schritte verbergen.
Im Radio ist sie Vorhangersatz, wenn die Verfasser von Mordgeschichten nicht fähig sind, einen Szenenwechsel auf andere Weise anzudeuten. Immerhin könnten sie eine Klingel benutzen.
Im Kino soll die Musik, außer ebenfalls als Vorhang zu dienen, Stimmungen und Vorgänge unterstreichen.
Lieder, Opern und Oratorien würden indessen nicht existieren, wenn keine Musik hinzugefügt wäre, um den Ausdruck ihrer Texte zu steigern.
Übrigens, wie vergewissert man sich, daß die Musik nichts ausdrückt – oder vielmehr: daß sie nichts ausdrückt, was durch den Text hervorgerufen ist?
Man kann seine Fingerabdrücke nicht daran hindern, einen selbst auszudrücken. Allein die Handschrift enthüllt dem Graphologen sehr viel.
Ich erinnere mich, wie Busoni als erster forderte, daß die Musik in der Oper nichts ausdrücken dürfe, was durch die Handlung bereits ausgedrückt sei.
Die Oper ist hauptsächlich das Produkt von vier Faktoren: Text, Musik, Bühne und Sänger. Wenn einem dieser Bestandteile erlaubt wird zu mißachten, was die anderen tun,

warum sollten dann diese nicht das gleiche Vorrecht genießen? Zum Beispiel, der Sänger?
Könnte Monostatos nicht Sarastro bitten, mit Pamina einen „Pas de deux" zu tanzen? Oder könnte Lohengrin nicht gleich nach seiner Ankunft den Schwan an einen Schlächter verkaufen und mit der Versteigerung seiner Gondel beginnen? Oder würde König Marke nicht besser sein „Dies, Tristan, mir?" so singen, als ob er über ein herrliches Weihnachtsgeschenk von Tristan überrascht wäre?
Das, was am wenigsten mit dem vom Text Ausgedrückten vereinbar ist, ist dessen Gegenteil. Warum nicht zum Walkürenritt ein Lied im Pianissimo spielen? Warum keinen Boogie-Woogie, wenn Wotan über einen Regenbogen nach Walhalla schreitet? Dies würde zumindest garantieren, daß ihr nichts falsch macht und daß die Musik sehr wohl zu einer anderen Oper passen könnte, aber nicht zu eurer eigenen.
Ich will gerne zugeben, daß eure tonalen und modalen Produkte so ausdruckslos wie ein Pokergesicht sind – aber warum probiert ihr euren Bluff an der Musik aus?
In naher Zukunft wird es Maschinen wie den Lügendetektor geben, und die Kunst der Graphologen wird weiterentwickelt und durch ähnliche Mittel und Kniffe unterstützt werden. Dabei wird genau enthüllt, was ihr verbergt, und erzählt, was ihr ausdrückt – euer Bluff wird dann auch Bluff genannt werden.

Zu den Kais

Jedermann in der Stadt hatte Verwandte auf einem der vier Schiffe. Jeder, ob er nun um das Leben eines Verwandten, eines Freundes oder nur eines Mitglieds der kleinen Gemeinde bangte – jeder wartete mit großer Besorgnis auf Nachricht vom Schicksal der Schiffe, die nun seit zehn Tagen verschollen waren. Andere Schiffe, größere und kleinere, die dem fürchterlichen Sturm entkommen waren, Seeleute und Passagiere, die sie aufgegriffen hatten, berichteten über die große Tragödie des Meeres, die so zahlreichen Menschen das Leben gekostet und den Reedern und Versicherungsgesellschaften enormen Schaden verursacht hatte.
Die Hoffnung war fast gänzlich gewichen. Nur wenige Menschen glaubten noch an die heile Rückkehr ihrer Verwandten. Alle beteten in den Kirchen für die unglücklichen Opfer der See.
Es war später Nachmittag, die Sonne schon halbwegs untergegangen, als ein älterer Mann die Hauptstraße hinunterrannte und auf Französisch schrie so laut er konnte: „Die Schiffe, ich sehe sie, sie kommen heim!"
In wenigen Sekunden waren die Straßen voller Menschen, die alle in eine Richtung rannten, zum Hafen, zu den Kais. Sie riefen laut auf Französisch: „Aux quais! Les vaisseaux sont retournés. Ils se trouvent aux quais!" Oder auf Englisch: „To the wharfs! The boats are returning. They are already at the wharfs – aux quais!" – O. K.

ANHANG

Neue und veraltete Musik,
oder Stil und Gedanke

Hier stehen vier Begriffe in einem offenbar gegensätzlichen Verhältnis; in einer Gegensätzlichkeit, die so vielleicht, so verzwickt und mannigfaltig ist, daß es schwer wäre, alle sich ergebenden Kombinationen zu verfolgen.
Dazu kommt, daß:
so leicht es mir fällt, die beiden schweren Aufgaben zu erfüllen, nämlich, die Begriffe Stil und Gedanke zu erörtern,
so schwer wird es, die beiden leichteren, wesentlich leichteren, weil etwas leichter erdachten, einigermaßen zu bestimmen.
Was ist „Neue Musik"?
Offenbar doch eine solche, die es vor ihr noch nicht gegeben hat?
So neu muß aber Musik immer sein, sofern es sich um *Kunst* handelt! Denn *nur* das *Neue, Ungesagte* ist in der Kunst sagenswert.
So neu war tatsächlich Kunst zu jeder Zeit, und wir hätten danach die Wahl, Werke von Josquin des Prés, oder von Bach oder von Haydn oder von welchem großen Meister immer, als neue Musik zu verstehen; denn Kunst heißt: *Neue Kunst.*
Aber *das* haben die Erfinder dieses Schlagwortes nicht gemeint.
Erfinder ist etwas zuviel gesagt. Denn es waren keine Erfinder, die der in den letzten Jahren entstandenen Musik den Titel einer *neuen* Musik verliehen haben; sondern im Gegenteil eine Art *Historiker*, wenn man Leute so nennen will, die vielleicht die wichtigsten Tatsachen der Musikgeschichte, aber nicht deren Sinn kennen. Es waren das solche, die gelesen haben, daß irgend einmal unter dem Kampfruf „Neue Kunst" der kontrapunktische Kompositionsstil durch den homophonen-melodischen abgelöst wurde.
Nebenbei: Ein Ereignis, das sich naturgemäß in der Entwicklung der Musik oft wiederholt. Denn immer, wenn die eine der beiden Richtungen, eine der beiden Hauptdimen-

sionen der Tonkunst, ausschließlich bearbeitet wird, bleibt die andere dermaßen zurück, daß die nächste Welle dann die Weiterentwicklung der vernachlässigten Dimension bringen muß. Wenn also ein Zeitalter, den kontrapunktischen Stil vernachlässigend, nur die *Horizontale* entwickelt hat und dabei zu einer besonderen Kunstfertigkeit in der Abrundung und Inhalterfüllung einer *einzigen*, einer *Hauptstimme* gelangt ist, dann muß es das nächste Bestreben fähiger Musiker sein, die errungenen Kunstfertigkeiten nun auch in einer Mehrstimmigkeit zu versuchen.
Und umgekehrt: Hat die Inhaltsüberladung und die übermäßige Raumbeanspruchung – denn sie *muß sich*, da sie nur den oberen Raum des Klanges benützt, *breiter, gedehnter* ausdrücken –, hat also eine Musik der Oberstimme, die die Unterstimmen leerlaufen läßt, zu einer Breite der Darstellung geführt, welche beginnt, schärferen Köpfen lästig zu werden, so muß naturgemäß die nächstfolgende Komponistengeneration wieder das Bestreben zu einer kürzeren, den musikalischen Raum in allen seinen Dimensionen gleichmäßig ausnützenden Kompositionsweise zeigen.
Das kann ein solcher Pseudo-Historiker natürlich nicht wissen. Er begnügt sich damit, die Tatsachen zu kennen und mißzuverstehen. Er hält Symptome für Ursachen:
Nicht, ob dem Hörer diese oder jene Musik gefällt oder nicht, treibt die Entwicklung.
Nicht auch der Wille der Künstler; sie mögen auch *hundert* Kampfrufe ausstoßen, wie sie es immer getan haben, und ohne Erfolg! Es hat nur in Zeiten *kontrapunktischen* Stils zweifellos ebensoviel Flachköpfe gegeben, die um die schöne Melodie gejammert, als „Akademiker" in Zeiten eines *melodischen* Stils, die dem *gelehrten* Stil nachgetrauert haben. Und ebenso sicher haben wahre Künstler sich um den Jammer der einen so wenig wie um die Trauer der andern gekümmert, sondern ruhig weitergeschrieben.
Das alles sind bloß Symptome.
Ursache aber ist nichts anderes als der Zwang der Entwicklung der Musik, welche sichtlich dahin geht,
den musikalischen Raum in allen seinen Dimensionen dermaßen auszunützen, daß
im kleinsten Raum der größte und reichste Inhalt untergebracht wird.

Diese Entwicklung kann nur langsam, nur allmählich erfolgen; diesem Ideal kann man sich nur schrittweise und auf Umwegen nähern; ohne weiteres, von einem Tag auf den andern könnten solche Kunstwerke nicht geschaffen werden, weil die Gesetze der Faßlichkeit das nicht gestatten. Denn:
Das Neue, das *gedacht* werden kann, das geschaffen und [dem] Gefolgschaft geleistet werden kann, ist gebunden an eine geistige Verfassung, welche ihre Vorstufen benötigt, zu welcher ohne Voraussetzungen zu gelangen, unmöglich ist.
Gewiß ist ein Gedanke denkbar, dem keine faßliche Gestalt gegeben werden kann: ein Erfinder mag fähig sein: zu denken, ohne zu gestalten.
Aber als Kunst kann nur das Gestaltete angesehen werden, und hier ist der Denker an den vorhandenen Darstellungsapparat bis zu einem ziemlich weitgehenden Grade gebunden: je neuer sein Gedanke, desto mehr wird es sein Bestreben sein müssen, die Erfordernisse der Faßlichkeit in der Darstellung zu berücksichtigen.
Unseren gelehrten Historikern handelt es sich aber nicht um dies wahrhaft Neue, das man von jedem Kunstwerk fordern muß. Sondern: in ihrem Bestreben, unserer Zeit einen Zuschnitt zu geben, der ihnen die Möglichkeit verschafft, sie als Parallelenerscheinung einer andern, gewesenen, zu verkennen, zugunsten also ihrer Verkenntnistheorien haben sie ihren Kampfruf erhoben; weniger zugunsten einer neuen Musik, als vielmehr zugunsten einer selbst ihrem Verkenntnisvermögen sicherlich noch neuen Musik; welche sie aber, zuliebe der Bequemlichkeit eines auf dem Rücken anderer durchzuführenden Kampfes, einfach als *veraltete* Musik bezeichnet haben.
Ich bin noch nicht so weit, zu sagen, wie es um das Veralten von Musik steht, denn wir wissen beinahe noch ebensowenig über die Neue Musik wie ihre *Vorkämpfer*, wenn man die Leute aus dem musikalischen *Hinterland*, die außerhalb der eigentlichen Kampffront in der Etappe der Geschichtsparallelen vegetieren, wenn man diese also Vorkämpfer nennen darf.
Wir haben nämlich noch eine sehr wichtige Feststellung versäumt.
Während nämlich Johann Sebastian Bach ungefähr bis 1750

Werk um Werk einer Musik schrieb, deren Neuheit mir immer unfaßbarer erscheint, je älter die Werke werden, eine Kunst entwickelte (nein: erst schuf, denn sie ist ohne Vorgänger), deren wahres Wesen noch heute nicht annähernd erfaßt wird – – – – – –
Ich bin verpflichtet, so was nicht obenhin zu sagen, als ob ich auch bloß solch ein Pseudo-Historiker wäre:
Das Neue an Bachs Kunst kann man nur erfassen, wenn man ihn einerseits mit den Niederländern und andererseits etwa mit Händel vergleicht.
Dann vermag man zu sehn, daß, während den kontrapunktischen Geheimschulen der Niederländer lediglich die Gesetze der kontrapunktischen Verhältnisse zwischen *sieben* Tönen bekannt waren, Bach als Erster und einziger die geheimgebliebenen Gesetze nicht nur wiederentdeckt, sondern sie auf *zwölf* Töne ausgedehnt hat. Während nämlich die Niederländer zwar die Verhältnisse zwischen sieben Tönen einer Tonleiter so genau kannten, daß es ihnen möglich war, Gestalten von einer unerhörten räumlichen Versetzungs- und Verwandlungsfähigkeit zu erdenken, verwendeten sie die restlichen fünf, die leiterfremden Töne doch nur als gelegentliche Auswechslung, so daß sie in Wirklichkeit mit nie mehr als sieben Tönen arbeiteten. Bach hingegen hat ganz deutlich mit zwölf Tönen zu arbeiten verstanden; und das trotz der Schwierigkeit, welche ihm noch die Ungleichheit zwischen der Quint- und Quart-Hälfte der Tonart bereitete.
Ich kann mich über diese Angelegenheit hier nicht ausbreiten: Nur so viel, daß bei Händel davon keine Spur ist. Und weiters: daß das nicht das einzige Merkmal der unerhörten Neuheit seiner Kunst war, denn auch ein *Segen, ein Neues,* ein *wahrhaft* Neues kommt selten allein! So kann man konstatieren, daß Bach, *ohne* die Nebenstimmen zur Inhaltslosigkeit zu degradieren, doch *Oberstimmen* geschrieben hat, deren formale Eigentümlichkeiten die Künste des Telemann, Keyser oder jenes Phil. Em., eines Sohnes, der ihn veraltet genannt hat, weit hinter sich lassen. Und insbesondere, was meines Wissens noch nie bemerkt wurde, daß Bach als erster ein Prinzip angewendet hat, welches sich vielleicht erst seit Mozart voll entfaltet hat; nämlich das Prinzip der *Entwicklung durch Variation.*

Dieses Prinzip ist in Wahrheit als dasjenige zu bezeichnen, welches die Entstehung der Kunst der Klassiker ermöglicht hat. Und hierin liegt das Neue dieser Kunst. Denn nicht die Entlastung der Nebenstimmen war das Prinzip, das hier zeugend gewirkt hat: die war nur eines der Mittel, zu welchen die Berücksichtigung der Gesetze der Faßlichkeit genötigt hat.

Während also (wie gesagt) Bach Werk um Werk einer neuen Kunst schrieb, hatte seine Umwelt nichts Eifrigeres zu tun, als sie und ihre Neuheit nicht zu beachten und sich eine andere neue Kunst zurechtzumachen.

Wir wissen, daß diese neue Musik dann, allerdings fast hundert Jahre später zur Epoche Haydn-Mozart-Beethoven geführt hat, in welcher jeder einzelne große Meister eine heimliche Sehnsucht nach der kontrapunktischen Kunst mit sich herumschleppt, die aber seinem Gesichtskreis so weit entschwunden ist, daß alles, was diese Meister in solcher Ausdrucksweise versuchen, weit hinter ihren sonstigen Schöpfungen zurückbleibt.

Was aber ist geblieben von den Werken jener, die als erste dem Kampfruf einer neuen Musik gehorchten? Was ist noch lebendig von den Noten eines Telemann, Keyser, Philipp Emanuel Bach, was von Händel, den eine Renaissance für einige Jahre wiederzubeleben versuchte?

Damit soll nun keineswegs gesagt sein, daß *damals nicht allerdings der Anfang zu einer neuen Musik gemacht worden ist*. Denn dafür spricht doch die Existenz der Wiener Klassiker.

Sondern zweierlei anderes:

Erstens, daß es sich bei der neuen Musik der Zeitgenossen Bachs nicht so sehr um einen neuen *Inhalt*, um einen neuen *Gedanken*, auch nicht um eine neue Technik, denn all das war ja die Bachs, gehandelt hat, wohl aber um eine *neue Welle* in der Entwicklung der Musik in dem *alten Kampf* um die *richtige Ausnützung* des *gesamten musikalischen Raumes,* wie ich ihn Ihnen vorher geschildert und dargestellt habe. Und zwar also, um das Wort nun einmal auszusprechen, um einen neuen, oder wenigstens augenblicklich neuen *Stil*, um einen anderen Darstellungsstil musikalischer Gedanken.

Zweitens, daß Bachs Zeitgenossen ebenso unrecht hatten, als sie seine Musik veraltet nannten, wie unsere, wenn sie denselben Ausdruck anwenden. Denn zweihundert Jahre später ist das Verhältnis umgekehrt: was als neu gegolten hat, ist veraltet und Bach ist bloß *ewig*.

Sehen wir aber doch den Begriff der veralteten Musik etwas näher an.

Suchen wir Beispiele von Veraltung, so finden wir im Alltagsleben vielerlei.

Etwa: Langes Haar zu tragen gilt für Frauen und Männer als veraltet. Aber die nächste neue Mode kann es wieder verlangen.

Pathos zu zeigen gilt als veraltet: deshalb wird es nur mehr im Kampf *gegen* das Pathos angewendet.

Da wir elektrisches Licht haben, ist selbstverständlich das Beleuchten mit Kerzen veraltet. Aber die vornehmen Amerikaner, die *keine* Schlösser besitzen, in die man *keine* elektrischen Drähte einleiten kann, ohne bedeutende Kunstwerke an Wänden und Decken zu zerstören, die vornehmen Amerikaner also, imitieren echte, alte vornehme Tradition, indem sie ihre Feste bei Kerzenlicht feiern.

Und es gibt moderne Menschen, die es ihnen, bloß weil es *vor*geäfft wurde, nachäffen.

Weiß man damit schon, was veraltet ist?

Die langen Haare, weil vielleicht die Stellung der Frau im Erwerbsleben eine andere geworden ist. Das Pathos, weil der aus unserer Übergeschäftigkeit sich ergebende Zeitmangel zu fordern scheint, daß man ohne pathetischen, eindringlichen Vortrag alles Wichtige auf kürzestem, jede ornamentale Verzierung vermeidenden Weg mitteilt und auffaßt. Die Kerzenbeleuchtung, weil es zwecklos und sinnwidrig ist, sich oder seinen Dienern eine überflüssige Mühe zu machen.

Das gemeinsame an diesen Erscheinungen ist die veränderte Lebensform: sie macht die ehemalige Betätigungsart zweckwidrig.

Kann man derlei von Musik behaupten?

Welche neue Lebensform ist es, die eine romantische Musik zweckwidrig macht?

Hat unser Leben keine Romantik mehr?

Lassen wir uns nicht begeisterter von unseren Automobilen überfahren als die Römer von ihren Rennwagen?

Sucht niemand mehr den Nordpol, der uns recht wenig mehr als: ideales, wissenschaftliches Interesse zu bieten haben dürfte? Oder vielleicht doch Öl?
Fliegt niemand mehr über Ozean, obwohl er wissen könnte, daß ein Wert dadurch erst zu erwarten sein wird, wenn die Luftschiffahrt sich zur heutigen so verhalten wird wie die heutige Schiffahrt zur Segelschiffahrt?
Ist in all dem keine Romantik, so ist sie doch in unserer Schwärmerei für Detektive?
Romantischer waren unsere Indianerbücher auch nicht. Ihre Gegenstände hießen bloß anders.
Aber auch: wenn es heute keine Romantik mehr gäbe, so ist doch unter allen Umständen die Kunst schon darum etwas anderes als das Leben, weil wir zum Leben nichts hin*zutun* müssen, zur Kunst aber alles. *Sie* ist ohne unser *Zutun* nicht da. Sie setzt voraus, daß wir uns an eine Fiktion hingeben und annehmen, sie sei zwar nicht Leben, aber irgendeines seiner *Sinnbilder*: Sinnbild, Bild seines Sinnes, seines Wesens. Nicht sein Wesen selbst, *nur das Bild*! Ist das nicht Romantik?
Wenn ich nicht irre – es ist schwer, bei dem raschen Wechsel, dem die Mode der Ideen heute unterworfen ist, dauernd auf dem laufenden zu bleiben – aber, wenn ich nicht irre, so ist der Kampf gegen die Romantik heute bereits längst gegenstandslos. Aber ich kann mich dafür nicht verbürgen.
Wenn jemand ein Haus beschreibt und sagt, daß es aus Mauern mit Fenstern und Türen und einem Dach und so weiter besteht, so ist das überflüssig – und wenn jemand etwas dem einigermaßen Ähnliches in einem Kunstwerk tut, so wird man mit Recht sagen dürfen, das sei veraltet.
Rein Tatsächliches, das an sich bekannt ist, hat keinen Anspruch darauf, wiederholt zu werden, sofern es nicht neue Perspektiven zeigt. Darüber hülfe kein noch so neuer und kapriziöser Darstellungsstil hinweg. Sagenswert ist nur das Nie-Gesagte!
So kommen wir nicht weiter. Vielleicht hilft uns ein jüngerer erfolgreicher Komponist. Der hat einmal geschrieben, komplizierte Musik sei veraltet. Die Jugend von heute wünsche nicht mehr Musik zu hören, „die sie nicht verstehen könne". Ich halte das nicht für wahr; denn es fliegen einige

junge Leute über den Ozean, andere fahren zum Nordpol, dritte geben ihr Leben für eine andere ideale Fiktion, z. B. für einen Schnelligkeitsrekord. Da wird es dann noch wohl immer auch eine Anzahl junger Leute geben, die umgekehrt sagen: „Ja bin ich denn ein Kretin, daß man mir nur solches dummes Zeug vorsetzt, das ich verstehe, ehe ich es zu Ende gehört habe?" Und weiter: „Das ist komplizierte Musik, die *will* ich *verstehen lernen!*" Das schließe ich aus der Existenz der Ozeanflieger, Nordpolsucher und Weltrekordschöpfer: Daß die Jugend auch weiterhin durch das Schwierige, Gefährliche, Geheimnisvolle, durch die Tiefe, [das] Gedankenreiche, Schwerverständliche eher zu entflammen sein wird als durch das, was sie aufs erstemal versteht.

Veralten werden nie die großen Geister, die der Jugend Rätsel aufgeben. Aber täuschen wir uns nicht: auch diese Neueren, die so dumm schreiben wollen, daß die Dümmsten sie verstehen, auch die veralten nicht; sie waren immer da und werden immer da sein: die ständigen Begleiter der Kunst aller Zeiten: Die Kitschfabrikanten.

Aber zu allen Zeiten sind intelligente Menschen beleidigt gewesen, wenn man ihnen Dinge gesagt hat, die jeder Trottel verstehen kann.

Ich kann kein anderes Merkmal für neue Musik finden, das sie zur Veraltung verurteilt, *als daß sie etwas sagt, was schon gesagt wurde.*

Ich will nicht tun, als kennte ich nicht die Argumente, die man – – – – – ja – – – – –
ist es nötig, mein Incognito zu lüften? Jedenfalls will ich auch nicht tun, als verteidigte ich einen Dritten, wenn ich gegen die Ästhetiker der neuen Musik polemisiere –
ich kenne also zum großen Teil die Anwürfe gegen *meine* und *andere veraltete* Musik.

Zum Beispiel die gegen die sogenannte *Chromatik.* Man wünscht zur Komposition mit *sieben* Tönen zurückzukehren; ich glaube nicht, daß diesem Wunsch eine Erfüllung gefolgt ist. Theoretisch habe ich die Frage längst in meiner *Harmonielehre* erledigt. Warum aber gerade dieses Zurückkehren das Neue sein soll, wird mir ebensowenig einleuchten wie: daß man die Harmonie „*auflockern*" darf, und was das *bedeutet* und wie man *das tut; mir nicht,* der ich neue Wege zur *Behandlung von zwölf Tönen weise*, Wege, die selbst dann einmal werden gegangen werden müssen, wenn man sich auch jetzt auf die faule Haut legt und neue Musik in undichte alte Schläuche gießt.

Dann: l'art pour l'art. Auch veraltete!

Man verlangt Neue Musik für Alle! Gebrauchsmusik! Es stellt sich aber heraus, daß kein Gebrauch von ihr zu machen ist; daß sie weder für alle, noch für einige, sondern für keinen ist. – Und: welcher Gebrauch denn?

Eine Zeitlang haben solche Stücke Erfolg gehabt. Eine starke Suggestion hat dabei mitgewirkt, die Leute glauben zu machen, daß ihnen solche neue Musik gefalle. Längst aber hat sich, wie gesagt, gezeigt, daß alle diese *Publikumsmusik* – bis auf die *unreine* Absicht, die aber bloß beim Komponieren bestanden und die sonst keiner wahrgenommen hat –, daß diese Publikumsmusik also *reinstes l'art pour l'art ist. Da sie im Grund niemandem gefiel,* konnte jeder sich damit begnügen, sich durch Applaus zu ihr zu bekennen, aber man hütete sich, das Verlangen zu äußern, so ein leichtes Stück ein *zweites* Mal anzuhören. Und so sind viele von den geschäftskundigen Gebrauchsmusikern, mangels Gebrauchs, *ideale Künstler* geworden. Idealere beinahe als die veralteten, die *wenigstens auf Erfolg nach ihrem Tode hoffen dürfen,* während diese *un*freiwilligen *Idealisten* doch nur für einmaligen Gebrauch – so wie Packpapier – komponiert und keine Hoffnung und keinen Wunsch für die Zukunft mehr haben.

Ich bin nur scheinbar ein bißchen von meinem Thema abgewichen, wenn ich von den neuen Musikern spreche, statt von veralteter Musik. Denn nicht nur haben sie in kaum zwölf Jahren seit ihrem Auftreten eine Menge Musik geschrieben, die sie heute selbst bereits als veraltet bezeichnen, sondern man kann auch aus den Zügen, die ihre offiziell noch nicht veraltete Musik trägt, leichter das Bild einer Musik herstellen, die schon zwölf Jahre früher veraltet gewesen sein soll.

Und da zeigt es sich:

Diese Züge sind sehr charakteristisch. So charakteristisch, daß der dümmste Kerl – immer wieder dieser – sofort veraltete Musik von neuer Musik unterscheiden kann.

Denn diese Züge alle zusammen machen das aus, was man den *Stil* eines Werkes nennt.

Wie kunstfremd immer ein Mensch auch sein mag, wie wenig ihn das auch angeht, was produktive Menschen hervorgebracht haben, welche unmöglichen *anderen* Geschäfte sein Denken, welche Wünsche sein Gefühlsleben ausfüllen, so gibt es doch nur sehr wenige unter solchen Menschen, die bei einem Bauwerk nicht einigermaßen passend „Renaissance" zu sagen wüßten, und wenn sie in eine Wohnung kommen „Biedermeier" oder „modern".

Wenn es ein Gewinn war, uns schon in den unteren Schulklassen in diesen Kenntnissen zu unterweisen, so ist dieser Gewinn voll erreicht worden. Einmal eine wirkliche Erfüllung!

Ich habe nicht zu verschweigen und kann darum bekennen, daß ich aus einer Zeit stamme, in der es in der Musik noch Laien gab, die imstande waren, sich eine Melodie, sogar eine von Brahms, nach einmaligem Hören zu merken; wo Musiker beim erstmaligen Hören die Kanons und ihre Stimmenzahl, den Aufbau, die Form und manches andere erkannten, bei Variationen z. B. keinen Augenblick im Zweifel waren, was vorgeht, und dergleichen mehr. Ich kann mich aber nicht erinnern, daß damals viel vom Stil geredet wurde, und nehme darum an, daß das eine neuere Errungenschaft ist.

Es gibt gewiß auch unter Historikern gute Musiker. Zu meiner Jugendzeit aber hätten sie jedenfalls nicht mit uns Musikern mitreden dürfen, wenn sie nicht beim ersten Hören hätten sagen können, daß ihnen etwa – ein Quartsextakkord an einer bestimmten Stelle nicht gefallen habe. Vielleicht haben sie sich gut auf *Mimikry* verstanden; auf eine andere Art von Mimikry als die von heute; denn dunkel ist mir in Erinnerung, daß mir das Mitreden solcher hie und da peinlich verdächtig war. Immerhin: der Quartsextakkord war passend oder nicht: aber er *mußte doch vorgekommen* sein, sonst hätte bei diesen *Historikern* die *Geschichte* ein rasches Ende gefunden.

Heute hat die *Mimikry* gesiegt.

Hat sich früher ein Frosch hinter einem Blatt verborgen, so ist es heute das Blatt, welches trachten muß, mit einem Frosch verwechselt zu werden.

Wir Musiker von damals haben ein Stück als klassizistisch agnosciert, wenn wir hörten, daß die zweite Geige ein Figu-

renwerk spielte, wie es die jungdeutsche Schule nicht mehr
billigte. So groß uns diese Unterschiede damals schienen, so
gering sind sie heute und dennoch: wehe dem Frosch, der
nicht einmal das bemerkte.
Da die Frösche der Mimikry so viel zu verdanken haben, ist
es nur in Ordnung, daß sie heute ihrerseits die Blätter in
Schutz nehmen. Aber es scheint mir: sie verlangen Unmögliches voneinander.
Hat nämlich die Hand jedes wahren Könners eine unverkennbare *Eigentümlichkeit*, so daß nichts aus ihr hervorgeht,
was nicht diese Eigenart zeigt;
ist vielleicht diese Eigenart so *auffallend*, daß es fast entschuldbar wird, wenn sie *mehr auffällt* als der *Gegenstand*, an
dem sie vorhanden ist,
so ist es aber doch ein *bestimmter Gegenstand*, welchen ein bestimmter *Könner* auf bestimmte *Art* hervorgebracht hat, und
seine Hand hat sich in ihrer ganzen Eigenart doch nur bestätigt, *um diesen Gegenstand* hervorzubringen.
Und es bleibt doch ein Blatt ein Blatt und ein Frosch ein
Frosch, auch wenn beide noch so sehr tun, als ob sie der andere wären!
Und so ist es mit dem Stil:
er ist eine Summe von Eigentümlichkeiten des Hervorbringers eines Gegenstandes;
aber das Hervorgebrachte, das, was zur Diskussion gestellt
wurde, ist der Gegenstand.
Man verlange von einem Zwetschkenbaum, daß er gläserne
Zwetschken oder Birnen oder Filzhüte hervorbringe:
ich glaube, daß sogar die minderen Zwetschkenbaumsorten
es ablehnen werden.
Ein Zwetschkenbaum kann nur das hervorbringen, was, so
eigenartig es auch ansonsten sein möge, seiner Natur entspricht. Und unter allem Gewachsenen ist es lediglich der
Weihnachtsbaum, der andere Früchte trägt, als es ihm zukommt, und allenfalls unter den Tieren noch der Osterhase,
wenn er nicht nur Eier legt, sondern sogar farbig bemalte.
Derlei Wunder verlangt man von richtig funktionierenden
Organismen mit Unrecht.
Und wer solche Künste kann, kann eben sonst nichts;
nichts, worauf es ankommt.
Denn Stil ist kein Stilkleid, kein „fancy dress", bestimmt:

Blößen zu zeigen, die man nicht hat, sondern: er ist diese
Nacktheit selbst, welche die Wahrheit nicht abzulegen vermag,
ohne ihren Kern mithinzugeben.
Wer den Stil ablöst vom Gegenstand, behält ein Nichts in
der Hand.
Wer dieses Nichts nachahmt, gibt ein Nichts aus der
Hand.
Und wer aus solchen Händen empfängt, dem geschieht eigentlich
recht: er hätte den Gegenstand auch nicht teurer
bezahlt als den leeren Stil!
Was in Wirklichkeit vom Stil zu halten ist, ergibt sich daraus
von selbst:
Wohl hat alles wahrhaft Gewachsene Stil, d. h. eine Anzahl
nur ihm zugehörige äußere und auch innere Eigenschaften.
Aber die Eigenschaften spiegeln wider:
den Hervorbringer *und*
den *hervorgebrachten Gegenstand.*
Wohl kann auch ein nicht wahrhaft Gewachsenes eine Anzahl
sonderbarer Eigenschaften zeigen.
Sind aber die Eigenschaften nicht ein
Produkt aus
den Eigenschaften eines bestimmten
Hervorbringers mal den Eigenschaften des
zugehörigen Gegenstandes,
so ist all das sinnlos.
Und ebenso sinnlos ist es daher, den Stil, den ein Hervorzubringendes
haben soll, vorher festzulegen.
Wohl kann einer, der *Einer* ist und den Gegenstand in seiner
Phantasie vorher aufs genaueste erschaut, und der auch
seine Hand kennt, noch vor der Verwirklichung im Material,
also noch im Stadium des rein geistigen Schauens genau
angeben, wie der Gegenstand fertig aussehen wird.
Aber immer ist er an den Gegenstand gebunden und weiß,
daß es *dessen* Eigenschaften sind.
Nie aber geht er vom Stil aus, sowenig wie ein Zwetschkenbaum
derlei tut, und beide überlassen das den menschlichen
Fröschen: sich aufzublasen bis zur Ochsengröße oder
sich zu reduzieren bis zur Blattähnlichkeit.
Es ist sicherlich weniger traurig, daß ein Frosch sich wegen
mangelnder Blattähnlichkeit fürchten muß, aber es ist

tragisch, wenn ein Blatt sich vor seiner Blattähnlichkeit bangt.
Wenig kümmert sich ein Schaffender um die Eigentümlichkeiten, die Müßige *nachher* seinen Stil nennen werden; unbesorgt ist er, daß: alles Nötige richtig getan, auch die richtige Erscheinungsform nicht fehlen werde; unablässig und ausschließlich bemüht er sich um seinen Gegenstand, um seinen Gedanken.
Und nun bin ich bei dem angelangt, wo mich meine Unfreunde gerne sehen: bei *dem Gedanken.*
Denn ich bin ja ein Konstrukteur, und nun werde ich mich selbst entlarven. Werde irgendwie zugeben müssen, daß ich konstruiere, während andere „*die Themen nur so aus dem Ärmel schütteln*"; daß ich nachdenke, überlege, während wahrhafte Genies das nicht nötig haben und vieles andere mehr.
Ehe ich näher darauf eingehe, möchte ich sagen: nach meiner Überzeugung hat noch jeder, der ein Hirn besitzt, es benützt. Wenn Nestroy sagt: „Geld allein macht nicht glücklich! Man muß es auch haben!" so ist es anders mit dem Hirn. Kein Hirn zeigen, ist gewiß noch keine volle Schande. Denn die Veröffentlichung solcher Tatsachen hat etwas Versöhnendes. Aber, wenn man unversöhnlich ist und jene verhöhnt, die es verbergen können, weil sie so glücklich sind, es auch zu haben, so kann die Nachsicht sich leicht aufhören.
Die ein Hirn haben, es zu verbergen, tun es nicht. Sie tragen es außen sichtbar wie eine Dekoration oder setzen es als Unterschrift unter ihre Werke oder Briefe. Denken Sie an Beethoven, der einen Brief seines Bruders Johann mit der Unterschrift „Gutsbesitzer" bekam und ihn mit einem mit der Unterschrift „Hirnbesitzer" beantwortete.
Halten Sie es für einen Zufall, daß Beethoven gerade Hirnbesitzer schrieb? Er besaß äußere Ehren, eine große Klaviertechnik, Inspiration, Laune, Humor; konnte Themen erfinden und hätte sich noch zahlreicher anderer Vorzüge rühmen können. Zum Beispiel seines Charakters, seiner Phantasie, seiner Unbeugsamkeit, usw. Warum schrieb er gerade Hirnbesitzer, warum nicht Ärmelbesitzer, da er ja in der Tat doch auch noch so viel Melodien geben konnte wie der Ärmelschüttler.

Ich glaube also: es braucht ein Hirnbesitzer sich nicht entmutigen zu lassen: es nützt nichts, als Meister direkt vom Himmel gefallen zu sein, direkt auf den Kopf; und es nützt nichts, sich blöd zu stellen, selbst wenn man es ist: der Herrgott kann es einem trotzdem im Schlaf geben, und ich glaube, er tut das Seinige überhaupt nur dazu, wenn wir das Unsrige getan haben; wenn wir, sofern er uns eins geschenkt hat, unser Hirn benützen und uns tüchtig geplagt haben.

Ich bin sehr zufrieden, wenn ich wirklich so viel Hirn habe, als man mir vorwirft. Und es schreckt mich gar nicht, daß ich sogar von Leuten, mit denen ich umgehe (denn ich habe keine Ahnengruft, wo ich mir die Leute aussuchen könnte, deren Umgang ich vorziehen würde), daß ich also sogar direkt manchen indirekten Hieb über meinen Kopf empfangen muß, den ich, nichts Böses ahnend, immer erst im Nachhinein als bös gemeint erkenne.

Da war ich einmal so unvorsichtig gewesen, einem Schriftsteller zuviel Hirn zu zeigen. Allerdings, ohne daß er Gleiches mit Gleichem vergolten hätte. Denn im Gegenteil: er erzählte mir so beiläufig die bekannte Geschichte von Meyrink, der eine Kröte den Tausendfüßler fragen läßt, ob er immer wisse, welcher seiner tausend Füße denn eben an der Reihe auszuschreiten sei. Was dem Tausendfüßler seine Unbefangenheit genommen habe, so daß er nun tatsächlich vor lauter Nachdenken nicht mehr zu gehen verstand. Das paßt sehr gut auf mich, der ich bewußter *tausend Füßen* Antrieb geben könnte, als dieser Schriftsteller zweien. So ein Instinktmensch kann auf seinen Beinen nur stehen, weil er nachdenken müßte, was mit ihnen beginnen, wenn sie nicht von selbst täten, was er nicht zu wollen vermag. *So* schreibt aber ein solcher auch; so sehen dann auch solche Dichtungen aus; ist er mit dem linken Fuß aus dem Bett des Unterbewußtseins zufällig und widerwillig in den Strom einer Idee hineingepatscht, so humpelt, plumps, der rechte hinterdrein, und der Tölpel ahnt nicht, daß jetzt gerade überhaupt kein Fuß mehr, sondern um nicht unterzugehen, vielleicht der Arm oder gar die Nase, um zu wittern, in welches Gebiet man geraten, oder das Maul drankommen müßte, es sprachlos aufzureißen, um einen *SOS*-Ruf zu unterdrücken, weil sonst eine Seele in Gefahr geraten könnte, gerettet zu werden.

Gedanken kann aber nur achten, wer sie auch hat,
und achten kann nur, wem selbst Achtung gebührt.
Aber, wie ich einmal geschrieben habe:
Der Gedanke kann warten, denn er hat keine Zeit.
Ich habe mich gewundert, daß die Leser dieses Satzes von
ihm ebensowenig Wesens gemacht haben wie sein Verfasser. Leichteren Schrittes bin ich selbst nicht über ihn hinweggegangen. Vielleicht, somit muß man ihn erläutern.
Also:
Ich kann nicht aufhören, über die *Zange* zu staunen. Ich
finde den in ihr ausgedrückten Gedanken dermaßen wundervoll, daß ich ihm immer wieder mit Genuß nachgehen
muß.
Nämlich: Ich drücke hinten rechts; aber links vorn schiebt
sich ein Teil zur Mitte; ich drücke hinten links, und rechts
vorn das Stück preßt sich an das linke Stück. Preßt sich, weil
die beiden Arme sich kreuzen und der Kreuzpunkt fixiert
ist. Ein dermaßen kleines Instrument entwickelt eine Kraft,
die, die meinige vervielfachend, die staunenswerte Leistung
vollbringt, Eisen durchzuzwicken.
Ich weiß nicht, wie alt die Zange ist. Was sie als Gedankenleistung bedeutet, kann nur dem bewußt werden, der sich
in den Zustand *vor ihrer Erfindung* hineinversetzt. Aber unabhängig davon bleibt dieser Gedanke immer im höchsten
Grad bewundernswert.
Gewiß hat man heute bereits Maschinen für die Leistung
der Zange. Vielleicht schlägt man später überhaupt keinen
Nagel mehr ein, zieht also keinen mehr aus. Der Gebrauch
der Zange kann entbehrlich werden. Aber der Gedanke in
ihr bleibt erhalten und ist erstaunlich wie am ersten Tag.
Er kann warten, denn er hat keine Zeit wie jeder Gedanke.
Er kann nicht vergehen!
Mich wundert es, daß nicht alle Komponisten daraufkommen, sich auf so einfache Weise gegen das Veralten ihrer
Musik zu schützen. Gibt es etwas Einfacheres? Jedesmal einen oder ein paar wirkliche Gedanken, und es kann dir
nichts passieren!
Allerdings, einige andere Fährlichkeiten sind doch dabei;
und das kann dir doch passieren:
keiner bemerkt es, daß du Gedanken vor ihn hinstreust.
Oder: Es weiß es jeder, nimmt aber keine Notiz davon.

Und: Man macht es dir trotzdem zum Vorwurf.
Und schließlich: es weiß *doch* jeder, *ohne* deine Gedanken *bemerkt, verstanden* und *geprüft* zu haben, daß du veraltet bist. Und du stehst da und weißt nicht, ob das nur geschieht, weil es *veraltet* ist: *wirklich denken zu können,* oder ob die schwungvolle Geste, mit der man dich abtut, bloß *deinen Gedanken* für veraltet hält. Und dennoch weißt du, daß noch kein Ton von dem verstanden ist, was du gesagt hast.
Ich glaube, ich darf nun zum Schluß kommen!
Neue Musik ist die Musik neuer musikalischer Gedanken.
Neue Gedanken zeigen sich in einer neuen äußeren Gestalt. Musik aber, die einmal wahrhaft neu gewesen ist, kann in Wirklichkeit nicht veralten: es kann zwar möglich werden, daß der Hörer gegen gewisse Wirkungen, die einmal von ihr ausgegangen sind, sich abstumpft: ich kann nicht Nägel ausziehen, wenn keine eingeschlagen wurden; es ist möglich, daß der Gedankenkreis der Hörer ein anderer wird, so daß ein bestimmter Gedankenkomplex ihn weniger oder nicht berührt; es kommen sicherlich immer Epochen, in welchen die Menschheit über das, was andere gedacht haben, glaubt, sich hinausentwickelt zu haben:
all das kann dem Gedanken nichts anhaben: er wurde gedacht und wird sein.
Dem Gedanken kann es auch nichts anhaben, wenn er als unrichtig erwiesen wird. Ich habe gehört (ich weiß nicht, ob es wahr ist, und verstehe wenig davon), daß die heutigen Schachmeister viele der ehemals als unsterblich bezeichneten Schachpartien bereits widerlegt haben: das ändert aber an dem Wert dieses Gedankens nichts: denn nicht nur ist es ebenso fraglich, ob die Widerlegung ein gleich wertvoller Gedanke ist; wie es gewiß ist, daß es Amerika bereits *vor* seiner Entdeckung gab; sondern, wenn die Widerlegung überhaupt einen Wert hat, so nur dadurch, daß etwas zu Widerlegendes erdacht war, wie eben etwas zu Entdeckendes vorhanden sein mußte, um entdeckt zu werden.
Die Aufstellung eines Gedankens – einer unsterblichen Schachpartie – konnte eine Erkenntnis schenken; die Widerlegung an sich raubt nur eine und *stützt sich dabei dennoch* auf den verfehlten Erkenntnisversuch.
Die Aufstellung eines neuen Stils aber, ehe ein neuer Gedanke da ist, ist ein lächerliches Beginnen und führt zu

Bocksprüngen, wie wir sie die heutige Musik fortwährend tun sehn. Im Stil älterer Komponisten komponieren zu wollen, ist ein Unterfangen, das am besten derjenige unternimmt, der diesen Stil am wenigsten kennt: dem gelingt es auch am besten, seine Hörer glauben zu machen, daß irgend jemand jemals derlei geschrieben hätte.

Ebenso sinn- und zwecklos ist – nebenei gesagt – der Versuch, außermusikalische Absichten in die Musik hineinzutragen. Kein Schachmeister kann eine populäre, eine allgemein verständliche Schachpartie spielen, weil sie dann auch sein Gegner verstünde und sie ihn dann kaum gewinnen ließe; kein Mathematiker kann mathematisch Neues erdenken, das jeder verstehen kann, der das spezifische Denken nicht hat. Und ich bin sehr froh darüber, daß ich Einstein so wenig verstehe wie Kant, denn darum kann ich glauben, daß etwas daran ist. Aber ich möchte nicht, daß man mir das als unverschämte Bescheidenheit auslegt. Denn ich bin sehr stolz darauf, zu wissen, wann ich etwas *nicht* verstehe; weiß ich doch genau genug, wie es ist, wenn ich etwas verstehe. Ebenso kann man also keine höhere Kunstmusik schreiben, die jeder verstehen kann (abgesehen von der Dialektkunst eines Johann Strauß oder eines Nestroy oder Raimund). Denn wie es in der Mathematik Dinge gibt, die jeder verstehen kann: die unteren Stufen, so gibt es in der Musik auch die Musik, die jeder verstehen kann, ohne daß sich andere damit befassen als solche, deren Gedanken- und Ausdruckskreis sich deckt mit den allgemein-faßbaren und darstellbaren Gedanken. *Aber sie kann nicht erzeugt werden von solchen, die sich anmaßen hinunterzusteigen, ohne daß ihnen einer glaubt, daß sie jemals oben gewesen sind.*

Wer denkt, kann nur einen einzigen Wunsch haben: seine Aufgabe zu lösen. Jede andre Absicht, die sich da hineinmengte, könnte nur lästig sein. Wer denkt, kann das Ergebnis nicht durch außerhalb der Bedingungen seines Gedankens Liegendes beeinflussen. Zwei mal zwei ist vier; ohne Rücksicht darauf, ob dieses Ergebnis jemandem behagt.

Man denkt um seines Gedankens willen.

Und so kann Kunst nur um ihrer selbst willen geschaffen werden: ein Gedanke entsteht, er muß gebildet, gestaltet, durchgeführt, zu Ende gedacht werden:

Denn es gibt nur „l'art pour l'art", Kunst um der Kunst willen!

Anmerkungen und Quellen

Zur amerikanischen Erstausgabe von „Style and Idea"

Der Plan dieses Sammelbandes beschäftigte Schönberg seit Ende 1945, aber fünf Jahre vergingen, ehe das Buch erscheinen konnte. Zu den Schwierigkeiten, die das Projekt verzögerten, gehörten vor allem Probleme der Übersetzung. Einerseits beherrschte Schönberg die Sprache seines Gastlandes nicht souverän genug, so daß er für die Aufsätze, die er im Hinblick auf die Publikation in englisch schrieb, der Hilfe amerikanischer Freunde bedurfte. Andererseits bemängelte er an fremden Übertragungen der älteren, deutschen Texte allzu große Freiheiten oder gar sinnentstellende Eingriffe. Eine solche Verfehlung rügte er besonders scharf im Falle seines Schülers Serge Frank, der 1947 offenbar im direkten Auftrag des New-Yorker Verlages mit der Übersetzung einiger Essays begonnen hatte:

„Ich kann unter meinem Namen nur veröffentlichen, was ich selbst gemacht oder wenigstens nachher gutgeheißen habe. Ich würde nicht zögern, einen wirklichen Fehler zuzugeben und zu verbessern. Aber Ihre Änderungen überschreiten das Maß dessen, was mein bereits amerikanisch gedehntes Gewissen zulassen kann ... Ich möchte gerne, daß Sie Ihre Arbeit an dem Buch fortsetzen, denn ich schätze an Ihnen Ihre Aufopferungsfähigkeit, sich so intensiv mit dem Werk eines anderen zu befassen. Sicher bin ich auch, daß Sie all das in der allerbesten Absicht getan haben, und ich nehme an, daß man Sie über die Rechte und Pflichten eines Editors in Amerika in einer durchaus unzulässigen Weise instruiert hat. Ich weiß auch zu schätzen, daß Sie zu den wenigen gehören, die meinen Ideen folgen können. Nur bin ich trotz mancher Unzulänglichkeiten dennoch ein besserer Schriftsteller, als Sie angenommen haben; und eine solche Ausdrucksweise wird durch Verbesserungen nur verschlechtert ..." (Brief vom 3. 12. 1947, zit. nach: Arnold Schönberg, Ausgewählte Briefe, Mainz 1958, S. 262f.)

Welchen Anteil an der englischen Fassung Serge Frank hat (er war übrigens ein Verwandter der durch ihr Tagebuch bekannt gewordenen Anne Frank), läßt sich nicht genau feststellen. Aus Schönbergs Brief an ihn geht jedenfalls hervor, daß auch andere Schüler und befreundete Emigranten – so Richard Hoffmann und René Leibowitz – zu prüfender Mitarbeit herangezogen wurden. Weitere Texte übersetzte und redigierte Dika Newlin, die ebenfalls bei Schönberg eine Zeitlang studierte und die schließlich als Herausgeberin der New-Yorker Ausgabe von „Style and Idea" fungierte.

Diese Musikologin und Komponistin, 1923 in Portland, Oregon, geboren, beschäftigte sich intensiv mit österreichischer Musik, verehrte die Komponisten der Wiener Schule und entwickelte sich zu einem ihrer energischsten Propagandisten in den USA. Schon bevor sie 1938 zu Schönberg kam, hatte sie „Pierrot lunaire" ins Englische übertragen; 1945 promovierte sie über „Bruckner, Mahler und Schönberg" an der Columbia University; seither publizierte sie neben ihren kompositorischen Arbeiten (die äußerst experimentell angelegt sind) eine Fülle von wertvollen Untersuchungen – vor allem natürlich über Schönbergs Musik.
In ihrem Vorwort zu „Style and Idea" hat Dika Newlin mit großem Takt auf die Probleme der Übersetzung aufmerksam gemacht und dabei mit feinem Humor Schönbergs Haltung skizziert: „Arnold Schönberg besitzt als Autor nicht nur im Deutschen, sondern auch im Englischen seine eigene Persönlichkeit und seine eigenen Vorstellungen. Einige der Aufsätze, aus denen Style and Idea jetzt bestehen, wurden ursprünglich deutsch geschrieben. Bei ihrer Übersetzung habe ich mich gemäß dem Wunsch des Autors so wörtlich, wie es der englische Sprachgebrauch gestattet, an den ursprünglichen Stil gehalten. Daher sollte eine gewisse Übereinstimmung in der Ausdrucksweise zwischen diesen und den späteren, englisch geschriebenen Aufsätzen herrschen, die indessen noch den Stempel von Schönbergs individuellem deutschen Stil tragen.
Schönberg hat seine Haltung gegenüber seiner eigenen englischen Schreibweise folgendermaßen erläutert: ‚... Ich denke nicht daran, die Tatsache zu verbergen, daß ich nicht in dieser Sprache geboren bin, und ich möchte nicht mit den stilistischen Verdiensten einer anderen Person geschmückt einhergehen.' Nach diesem Standpunkt hat sich die Herausgebertätigkeit gehorsam gerichtet.
Es darf auch festgestellt werden, daß vorsätzlich kein Versuch unternommen wurde, mögliche Unstimmigkeiten zwischen den in den verschiedenen Aufsätzen zum Ausdruck gebrachten Ansichten zu beseitigen. Man sollte sich daran erinnern, daß sie das Ergebnis von nahezu vierzig Jahren geistiger Aktivität Schönbergs darstellen und daher das Wachstum und die Entwicklung seiner Vorstellungen widerspiegeln. Auf keinen Fall präsentierten sie ein festes Dogma, und nichts dergleichen sollte in ihnen gesucht werden."
(Zit. nach: Arnold Schönberg, Gesammelte Schriften, Bd. 1, Frankfurt [Main] 1976, S. 480 f.)

Widmung aus dem Nachlaß

Die Widmung „To my dead friends" – in englisch und handschriftlich auf zwei Seiten – wird in Schönbergs Nachlaß aufbewahrt. Josef Rufer hat sie in seiner Bibliographie „Das Werk Arnold Schönbergs", Kassel 1959, Seite 155, unter der Nummer C – 187 C katalogisiert. Für die amerikanische Erstausgabe von „Style and Idea" wurde sie aus unbekannten Gründen nicht verwendet. Es ist möglich, daß die beschwörende Privatheit der Erinnerung verlegerischen Erwägungen widersprach. Die Reihenfolge der Namen dürfte kaum zufällig sein, sondern eine Rangfolge bezeichnen, die bei abnehmender freundschaftlicher Nähe zunehmenden Respekt vor geistiger Unabhängigkeit und Ebenbürtigkeit ausdrückt. Webern, der 1945 nach Kriegsende durch den irrtümlichen Schuß eines amerikanischen Soldaten im österreichischen Mittersill tragisch ums Leben kam, stand Schönberg menschlich und künstlerisch am nächsten, obwohl der einstige Lehrer gerade diesen Schüler insgeheim als Rivalen fürchtete und Prioritätsrechte in kompositorischen Fragen notierte. Nicht minder eng war das freundschaftliche Verhältnis zu Berg, der 1935 als Fünfzigjähriger starb, wenngleich Schönberg die stärkeren Erfolge des Jüngeren vor allem im Bewußtsein lenkender Mentorschaft nur schwer verkraftete. Heinrich Jalowetz, Schüler von Schönberg und Berg, hatte sich als Kapellmeister wie als Schriftsteller selbstlos für die Musik der „Wiener Schule" eingesetzt, ehe ihn 1942 im amerikanischen Exil der Tod ereilte. Im gleichen Jahr verstarb, ebenfalls in der Emigration, Alexander von Zemlinsky, den Schönberg als seinen einzigen Lehrer anerkannte und als Komponisten außerordentlich schätzte. Ähnlichen Respekt zollte er auch dem kompositorischen Können und den moralischen Qualitäten Franz Schrekers trotz aller stilistischen Verschiedenheit. Ein Jahr vor Schreker, 1933, hatte Schönberg den eng befreundeten Wiener Architekten Adolf Loos verloren, jenen Verächter des Ornaments, dem er entscheidende ästhetische Impulse verdankte. Schönberg und Loos und alle zuvor genannten Freunde verehrten schließlich in Karl Kraus, dem 1936 Verstorbenen, ein höchstes Vorbild, dessen radikale kritische „Fackel"-Züge gegen die „künstlerische und bürgerliche" Unmoral ihren eigenen Bestrebungen jahrzehntelang vorangeleuchtet hatte.

Das Verhältnis zum Text

Die Wiedergabe des von Dika Newlin für „Style and Idea" übersetzten Aufsatzes erfolgt nach dem Erstdruck in „Der Blaue Reiter", herausgegeben von Wassily Kandinsky und Franz Marc im Verlag R. Piper & Co, München 1912. Über die Entstehung des Almanachs, Schönbergs Beteiligung sowie seine Beziehungen zu der bedeutenden Künstlergruppe um Kandinsky gibt der 1986 beim Verlag Philipp Reclam jun. Leipzig von Andreas Hüneke edierte Band 1122 „Der blaue Reiter – Dokumente einer geistigen Bewegung" detaillierte Auskunft. Mit der Bitte um einen Beitrag

trat Kandinsky im Herbst 1911 an Schönberg heran. Im November wollte Schönberg wegen Arbeitsüberlastung absagen, und noch im Dezember hatte er trotz nachdrücklicher Bitten nichts geschrieben. In einer Voranzeige des Buches erscheint er mit dem Thema „Die Stilfrage". Erst im Januar 1912 dürfte dann der Aufsatz sehr rasch entstanden sein. Das am 20. 1. 1912 begonnene, private „Berliner Tagebuch" Schönbergs erwähnt ihn bereits nicht mehr. Der Almanach erschien im Mai 1912. Neben Schönbergs Text brachte er weitere Aufsätze zur Musik von Leonid Sabanejew über „Prometheus von Skrjabin" und von Nikolai Kulbin über „Die freie Musik". Eine Notenbeilage enthielt im Faksimile der Handschrift Schönbergs „Herzgewächse" (nach Maeterlinck) op. 20 sowie je ein Lied von Berg und Webern.
Für die englische Fassung wurden einige Stellen verändert. Sie haben im frühen deutschen Original folgenden Wortlaut:
Seite 51, Absatz 1: „Da der Musik als solcher ein unmittelbar erkennbares Stoffliches fehlt ..."
Seite 52, Absatz 2: „Ist schon die Fähigkeit des reinen Schauens äußerst selten und nur bei hochstehenden Menschen anzutreffen, so begreift man, wie einige den Weg zum Musikgenuß versperrende zufällige Schwierigkeiten diejenigen, welche unter allen Kunstfreunden den niedrigsten Standpunkt einnehmen, in eine üble Situation bringen."
Seite 54, Absatz 2: „Allerdings wenden sich solche Eindrücke meist nachträglich an den Verstand und verlangen von ihm, daß er sie für einen umgänglichen Gebrauch herrichte, daß er zerlege und sortiere, messe und prüfe, daß er in jederzeit ausdrückbare Einzelheiten auflöse, was man als Ganzes besitzt, aber nicht verwenden kann. Allerdings geht sogar das künstlerische Schaffen oft diesen Umweg, ehe es zur eigentlichen Konzeption gelangt. Aber es sind Anzeichen vorhanden, daß sogar die andern Künste, denen Stoffliches scheinbar näher liegt, zur Überwindung des Glaubens an die Allmacht des Verstandes und des Bewußtseins gelangen. Und wenn Karl Kraus ..."
Das Zitat von Arthur Schopenhauer stammt aus dessen philosophischem Hauptwerk „Die Welt als Wille und Vorstellung", 3. Auflage 1859, 3. Buch, § 52.
Zu Richard Wagners programmatischen Deutungen von Beethovens Symphonik vergleiche man insbesondere die Schriften „Eine Pilgerfahrt zu Beethoven" (1840), „Zu Beethovens Neunter Symphonie" (1846), „Beethovens Heroische Symphonie" (1852), „Ouvertüre zu Koriolan" (1852) und „Beethoven" (1870).
Gedichte von Stefan George vertonte Schönberg im 3. und 4. Satz seines 2. Streichquartetts mit Gesang op. 10 (1907/08), im ersten der Zwei Lieder op. 14 (1907) sowie mit den „Fünfzehn Ge-

dichte(n) aus ‚Das Buch der hängenden Gärten'" op. 15 (1908/09).
Ein Aphorismus von Karl Kraus lautet: „Die Sprache Mutter des Gedankens? Dieser kein Verdienst des Denkenden? O doch, er muß jene schwängern." Schönbergs mißverständliche Deutung dieses Aphorismus, die schon in seinem Aufsatz „Probleme des Kunstunterrichts" (1910) begegnet, führte zu einer Kontroverse mit Kraus.
Kandinsky und Kokoschka hatte Schönberg ursprünglich in umgekehrter Reihenfolge genannt. Mit Brief vom 15. 3. 1912 fragte Gabriele Münter, Kandinskys Freundin und Redakteurin des „Blauen Reiter", an, „ob es Ihnen angenehm ist, wenn Kokoschka vor Kandinsky stehen bleibt. Ich hörte er ist noch sehr jung u. soviel ich weiß hat er außer äusserst talentvollen Bildern noch nicht viel gemacht u. auch kaum Zeit zu einer bedeutenden Entwicklung (gehabt). Wenn Sie es wünschen u. gleich antworten, kann es eventuell noch richtiggestellt werden, d. h. wenn es in Ihren Augen nicht schon richtig ist. Sie wissen wohl, daß die Reihenfolge Bedeutung hat."
Kandinskys Buch „Über das Geistige in der Kunst" entstand 1909 und erschien im Dezember 1911 im Verlag Piper in München. Seine Thesen von der Zufälligkeit des Gegenständlichen gegenüber dem „geistigen" Wesen und seine synästhetischen Fragestellungen empfand Schönberg als Bestätigung eigener Anschauungen.

Mahler

Der Text folgt dem von Schönberg für „Style and Idea" überarbeiteten Manuskript (das wiederum Dika Newlin übersetzte) eines Vortrags aus dem Jahr 1912. Während eines Aufenthalts in Prag – Schönberg dirigierte dort seine Symphonische Dichtung „Pelleas und Melisande" op. 5 – erhielt er die Einladung zu einem Vortrag über Gustav Mahler anläßlich der Prager Erstaufführung der 8. Sinfonie unter Alexander von Zemlinsky am 24. März. Schönberg konzipierte den Text in Berlin und las ihn zum ersten Mal am 25. März 1912 in der Prager Lese- und Redehalle. Weitere Lesungen, nach verändertem Text, fanden am 13. Oktober in Berlin und am 3. November 1912 in Wien statt. Während der Vortrag eine überwiegend positive Resonanz fand, war Schönberg mit ihm (und mit sich) nicht zufrieden. Das Angebot von Carl Moll, dem österreichischen Maler und Stiefvater Alma Mahlers, den Vortrag zu veröffentlichen, lehnte er in einem Brief vom 11. 11. 1912 ab: „Vor allem habe ich mich entschlossen, wenigstens ein paar Jahre nichts mehr zu schreiben ... da ich mit meinen schriftstellerischen Leistungen unzufrieden bin, daß ich das nur schwer verwinde, so Unvollkommenes der Öffentlichkeit übergeben zu haben. Dann aber finde ich insbesondere diese Arbeit, den Vortrag über Mahler, leider vor Allem Mahlers, aber auch meiner nur in sehr geringem Maße würdig. Ich begreife es nicht, warum gerade diese Arbeit, obwohl ich sie mehrmals umgearbeitet habe, so ganz und gar nicht gelingen will. Ich habe mich deshalb auch immer nur schweren Herzens entschlossen, eine Einladung zum Vorlesen anzunehmen, und habe nur angenommen, weil ich merkte, daß ich dennoch im günstigen Sinne auf die Zuhörer wirkte, obwohl der Vortrag unzulänglich ist. Daß ich immerhin wirksam Propaganda mache! Das kann nur daran liegen, daß ich ... offenbar beim Sprechen imstande bin, das zu erzielen, was mein Vortrag einleitend ausspricht: meinen Glauben zu übertragen. Das kann aber nur beim Sprechen geschehen ... Ich muß anders über Mahler sprechen. Würdiger! Und ich weiß bestimmt, daß ich das noch tun werde ... Ich habe mich meiner selbstauferlegten Verpflichtung zum Bekenntnis für Mahler nicht entziehen wollen." (Zit. nach: Arnold Schönberg – Gedenkausstellung 1974, Katalog, Wien 1974, S. 248 f.) Schönberg hat auch andernorts und später noch gelegentlich über Mahler geschrieben, so in dem kleinen Artikel „Gustav Mahler" (gedruckt in „Der Merker" 1912) und in der Aufzeichnung „Mahlers 25. Todestag ..." (Nachlaß, 1936). Der Vortrag wurde teilweise publiziert in der Festschrift „Arnold Schönberg zum 60. Geburtstag, 13. September 1934", herausgegeben von der Wiener Universal Edition, und erstmals vollständig in der Fassung vom 13. 10. 1912 in dem Sammelband „Über Gustav Mahler" mit Beiträgen von Arnold Schönberg, Ernst Bloch, Otto Klemperer, Erwin Ratz, Hans Mayer, Dieter Schnebel, Theodor W. Adorno, Tübingen 1966.

Die spätere Revision des Textes für die englische Übersetzung betrifft folgende Stellen:

Seite 56, Absatz 4: Der zweite und dritte Satz wurden hinzugefügt.

Seite 57, Absatz 2: Auslassung nach „entsprechen müsse": „... ich untersuchte die Themen auf ihren Wert, auf ihre Originalität, prüfte Stimmführungs- und Harmonisierungsdetails, spürte vermeintlichen Formschwächen nach und fand schließlich, daß mir das Ganze nicht gefalle, da mir ja alle möglichen Details mißfielen."

Seite 61, Absatz 2: Auslassung nach „Beckmesser schuf": „Aus der Furcht für kunstfeindlich, für veraltet, rückständig gehalten zu werden, hat man heute für moderne Kunst eine solche Aufmerksamkeit, übertreibt die Beachtung, die man ihr schenkt, in solchem Maße, daß sich das gerade Gegenteil von dem zeigt, was der großen Kunst not tut. Man weiß so schrecklich viel, man befaßt sich mit solcher Intensität mit den Problemen, daß es wirklich schwer ist, aufrichtige Idioten zu finden, an denen man noch sein Vergnügen haben kann. Es gibt nur mehr Gelehrte, nur mehr solche, die über alles ihre selbständigen Meinungen haben. Es gibt fast keine ungelösten Probleme mehr; jeder hat sie gelöst. Jeder kennt die Symptome des Genies und kann eine Definition geben. Ganz aus eigenem! Nur selten findet sich noch einer, der's nicht weiß, daß man mit der Moderne mitgehen muß." Auslassung nach „arge Täuschung": „Man hat nur andere Methoden, sich falsch zur Kunst zu stellen, als früher. Sonst ist alles Wesentliche beim alten geblieben, weil es dabei bleiben muß."

Seite 65, Absatz 2: Auslassung nach „nicht nötig gehabt": „Man kann nicht nur seine Themen jedes einzeln ansehen, man wird es tun müssen, ganz wie bei jedem großen Meister."

Seite 66, Absatz 2: Auslassung nach „schöne Werke": „Und das sind Beispiele, die mir gerade einfallen, ohne daß ich besonders danach suche."

Seite 69, Absatz 2: Auslassung vor „Besonders auffallend": „Es ist natürlich heute nicht nur möglich, im einzelnen auf die unzähligen Formschönheiten bei Mahler hinzuweisen. Erwähnen möchte ich einiges nur, um den Generalpächtern der Musikästhetik den Mund zu stopfen."

Seite 72, Absatz 1: Auslassung nach „für Mahler zu zitieren": „Und der Autor dieses Wortes ist und bleibt ein geachteter Musikwissenschaftler, während man Mahler, den raffinierten Dilettanten, ohne eigentliche Erfindung, aber mit einem Wollen, das einer Vermessenheit gleichkommt, verachtete."

Seite 76, Absatz 2: Auslassung nach „dichterischen Inhalts": „Die Zeitschrift ‚Der Merker' brachte im vorigen Jahr einige seiner Briefe. Als ich sie las, verlor ich beinahe den Mut, etwas über ihn zu sagen. Hier ist ja das Schönste gesagt. Erläuterung verkleinert nur. Hier gibt es nur Bewunderung. Wie er die Schlußszene aus ‚Faust' erklärt, das gibt einen Begriff davon, wie tief er als Theater-Direktor das Wesen der Dichtung erfaßte, die er darstellte."

Die II. Symphonie von Gustav Mahler, komponiert zwischen 1893 und 1895, wurde unter Mahlers Leitung am 13. Dezember 1895 in Berlin uraufgeführt. Die erste Wiener Aufführung, die Schönberg gehört haben dürfte, fand im April 1899 mit den Wiener Philharmonikern, wiederum unter Mahlers Leitung, statt.

Die Folterszene aus Puccinis Oper „Tosca" (1897/99) findet sich im 2. Akt. Während der Polizeichef Scarpia die Sängerin Tosca umwirbt, wird in einer nahen Folterkammer versucht, dem Maler Cavaradossi das Versteck seines Freundes Angelotti, eines politischen Flüchtlings, zu entlocken.

Sixtus Beckmesser, der Stadtschreiber und „Merker" der Regelverstöße beim Meistergesang, ist eine Figur aus Wagners Oper „Die Meistersinger von Nürnberg" (1861/67). Die Figur trug ursprünglich den Namen Hans Lich – eine travestierende Anspielung auf den Wiener Musikkritiker und Gegner Wagners Eduard Hanslick.
Die Schlußszene aus dem zweiten Teil von Goethes „Faust" vertonte Mahler im zweiten Teil seiner 8. Sinfonie Es-Dur („Sinfonie der Tausend") für Soli, Chöre, Orchester und Orgel (1907).
Schopenhauer kommt auf Petrarca in „Die Welt als Wille und Vorstellung" (1859) in den Paragraphen 67 und 68 zu sprechen. Schönbergs Bemerkung bezieht sich auf folgende Stelle aus § 68: „Einen sehr edlen Charakter denken wir uns immer mit einem gewissen Anstrich stiller Trauer, die nichts weniger ist, als beständige Verdrießlichkeit über die täglichen Widerwärtigkeiten (eine solche wäre ein unedler Zug und ließe böse Gesinnung fürchten); sondern ein aus der Erkenntnis hervorgegangenes Bewußtsein der Nichtigkeit aller Güter und des Leidens alles Lebens, nicht des eigenen allein; Doch liegt eben auch hier die Klippe der Empfindsamkeit, sowohl im Leben selbst, als in dessen Darstellung im Dichten: wenn nämlich immer getrauert und immer geklagt wird, ohne daß man sich zur Resignation erhebt und ermannt; so hat man Erde und Himmel zugleich verloren und wässerichte Sentimentalität übrig behalten."
Der Urheber der Äußerung, Mahler habe „riesenhafte symphonische Potpourris" komponiert, konnte bislang nicht ermittelt werden. In diesem Zusammenhang bemerkt Kurt Blaukopf: „Ein sorgsam forschender Biograph könnte mit hundert ähnlichen Invektiven aufwarten, die die Mahler-Gegner vor und nach 1911 und bis zum heutigen Tage zu Papier gebracht haben." (Zit. nach: Gustav Mahler oder der Zeitgenosse der Zukunft, Wien 1969, S. 290.)
Mahlers Meinung zur Programmusik, die Schönberg zitiert, findet sich in einem Brief vom Sommer 1904 an Bruno Walter (vgl. Briefe, Leipzig 1985, S. 315).
Den Unterschied zwischen Talent und Genie hatte Schönberg insbesondere in dem Aufsatz „Probleme des Kunstunterrichts" (1910) diskutiert, ausgehend von der These: „Der Geniale lernt ... eigentlich nur an sich selbst, der Talentierte hauptsächlich am anderen. Der Geniale lernt aus der Natur, aus seiner Natur, der Talentierte aus der Kunst."
Mahlers Brief an seine Frau wurde in Toblach im Juni 1909 geschrieben. Schönberg zitiert mit geringfügigen Abweichungen in Orthographie und Interpunktion (vgl. Briefe, a. a. O., S. 401).

Neue Musik, veraltete Musik, Stil und Gedanke

Der Text folgt der deutschen Fassung Schönbergs aus dem Jahr 1945, die der englischen Übersetzung für „Style and Idea" zugrunde liegt. Der Titel lautet dort: „New Music, Outmoded Music, Style and Idea". Kein anderer Aufsatz der Sammlung hat eine so komplizierte, variantenreiche Entstehungsgeschichte. Schönberg konzipierte ihn ursprünglich als Vortrag, den er unter dem Titel „Neue und veraltete Musik, oder Stil und Gedanke" erstmals am 22. Oktober 1930 in Prag hielt. Das Typoskript einer dritten Fassung trägt den Vermerk „Ausgebessert am 26. 11. 1932, neuerlich ausgebessert am 10. 2. 1933". In dieser Version hielt Schönberg den Vortrag im Wiener Kulturbund am 15. Februar 1933. (Unsere Ausgabe druckt ihn im Anhang.) Einzelne Abschnitte daraus übersetzte Schönberg 1933/34 zu Beginn seines amerikanischen Exils für Vorträge in Boston mit den Titeln „About New Music", „Something about Bach" und „About Romanticism" ins Englische. Eine neuerliche Revision trug er in seiner Gastvorlesung an der University of Chicago am 16. Mai 1946 unter dem Titel „New Music, Obsolete Music, Style and Idea" vor. Sie bildete schließlich die Grundlage für Dika Newlins Übersetzung für den Sammelband. Eine erste deutsche Übertragung von Andres Briner wurde im Heft Juli/August 1958 der Zeitschrift „Melos" veröffentlicht.

„Feuerzauber" ist eine populäre Bezeichnung für die Final-Musik aus Wagners „Walküre"; „Venusberg-Musik" meint vor allem das Bacchanal zu Beginn des 1. Akts von Wagners „Tannhäuser".

Master of Arts ist ein akademischer Grad (Magister der philosophischen Fakultät) in englischsprachigen Ländern, der etwa dem Universitäts-Diplom in der DDR entspricht.

Beethovens Ausspruch über Johann Sebastian Bach wird gewöhnlich in der Fassung: „Nicht Bach! Meer sollte er heißen" überliefert (vgl. z. B. Albert Schweitzer, Johann Sebastian Bach, Leipzig 1963, S. 215).

Grove's Dictionary of Music and Musicians, begründet und erstmals in vier Bänden herausgegeben seit 1878 von George Grove (1820–1900), erschien in zweiter, auf fünf Bände erweiterter Auflage zwischen 1904 und 1910, nun herausgegeben von J. A. Fuller Maitland. Die dritte Auflage von 1927 und die vierte von 1940 edierte H. C. Colles.

Beethovens Wort vom „Gutsbesitzer" bezieht sich auf seinen jüngsten Bruder Johann (1776–1848), der durch Armeelieferungen während der antinapoleonischen Kriege zu Wohlstand gekommen war und 1819 ein großes Landgut in Gneixendorf bei Krems erworben hatte.

Der Begriff „Gedanke" wurde von Schönberg auf ähnliche Art

schon in seinem Vortrag „Probleme der Harmonie" (1927) formuliert: „Ein Gedanke in der Musik besteht hauptsächlich in dem Verhältnis von Tönen zueinander."
Das Fazit „Ein Gedanke kann niemals vergehen" entnahm Schönberg seinem Aufsatz „Gesinnung oder Erkenntnis?" (1925), wo es heißt: „Der Gedanke hat keine Zeit, darum kann er ruhig warten; aber die Sprache muß sich beeilen!"

Brahms, der Fortschrittliche

Der Text folgt „Brahms the Progressive" in „Style and Idea". Das englische Typoskript vermerkt das Datum 28. 10. 1947. Dabei handelt es sich, wie Schönberg selbst anmerkt, um „eine völlig überarbeitete Fassung" seines ursprünglichen Vortrags, den er am 12. Februar 1933 – anläßlich des 100. Geburtstages von Brahms – im Frankfurter Rundfunk gesprochen hatte. Diese Urfassung liegt im Nachlaß nicht vor. Josef Rufer hat lediglich ein achtzehn Seiten umfassendes Manuskript mit Notizen festgestellt und in seinem Buch „Das Werk Arnold Schönbergs", a. a. O., S. 151, unter der Nummer C 54 katalogisiert. Der Dirigent Hans Rosbaud hatte Schönberg zu einem Vortrag nach eigener Wahl im Frankfurter Sender eingeladen. Am 7. Januar 1933 fragte daraufhin Schönberg aus Barcelona an: „Würde Sie ein Vortrag über Brahms interessieren? Ich hätte hier wahrscheinlich etwas zu erzählen, was nur ich sagen kann. Denn meine Altersgenossen und die, die älter sind als ich, haben zwar auch noch die Brahmszeit erlebt, sind aber nicht ‚modern'. Die jüngeren Brahmsianer aber kennen die Brahmstradition nicht mehr aus eigenem Erleben und sind auch meistens ‚reaktionär'. Aber: ich denke an Kompositionstheoretisches, nicht an Anekdotisches!" Der Frankfurter Vortrag war Schönbergs letzte öffentliche Aktivität in Deutschland vor seiner Emigration im Mai 1933.
Robert Haven Schaufflers Buch „The unknown Brahms: his Life, Charakter and Works, Based on new Material" erschien 1933 in New York.
Brahms' Ausspruch (nach der Brahms-Biographie von Kalbeck, III, S. 109): „Jawohl, und noch merkwürdiger ist, daß das jeder Esel gleich hört", bezieht sich auf das Hauptthema des Finales seiner 1. Sinfonie c-Moll op. 68.
Das Notenbeispiel 2 aus Giuseppe Verdis Oper „Der Troubadour" entstammt der Arie (Stretta) des Manrico „Di quella pira" („Lodern zum Himmel seh' ich die Flammen") aus dem Finale des 3. Aktes.
Das Notenbeispiel 4 zitiert aus der 1. Strophe des Rellstab-Liedes „In der Ferne" aus dem sogenannten „Schwanengesang" (1828), D 957.
„Vagierend" nennt Schönberg seit seiner „Harmonielehre" (1911)

eine Klasse von Akkorden ohne tonartliche Bestimmtheit (verminderte oder übermäßige Dreiklänge zum Beispiel), „weil sie wie Nomaden zwischen (tonalen) Regionen, wo nicht zwischen Tonarten wandern, ohne sich jemals niederzulassen". In den vagierenden Akkorden zeige sich „das Bestreben, die chromatische Skala und die Vorzüge der in ihr durchaus enthaltenen Leittonaffinität zum Zweck überzeugenderer, zwingenderer, weicherer Akkordverbindungen zu benutzen."
„Winterstürme wichen dem Wonnemond" und „Als zullendes Kind zog ich dich auf" stammen aus Wagners „Walküre".
Das Notenbeispiel 15 stammt aus Joseph Haydns Klaviersonate D-Dur, H. I,XVI, Nr. 14, Finale.
Das Notenbeispiel 16 stammt aus W. A. Mozarts Streichquartett B-Dur, KV 458, Menuetto moderato (2. Satz).
Der Begriff der „musikalischen Prosa", der in Schönbergs Musikdenken zur zentralen Kategorie avanciert und wichtige Merkmale seiner kompositorischen Praxis charakterisiert, reicht bis ins 18. Jahrhundert zurück (François-Jean de Chastellux, Essay sur l'union de la poesie et de la musique, 1765) und wurde im frühen 19. Jahrhundert von Schumann (bezüglich Berlioz' „Fantastischer Symphonie") oder von Grillparzer (bezüglich Webers „Euryanthe") beispielsweise schon gebraucht. (Vgl. Carl Dahlhaus, Musikalische Prosa, in: Schönberg und andere, Mainz 1978, S. 134ff.)
Was Schönberg, ein „Schüler Mozarts", von diesem gelernt hatte, verzeichnete er in einem Manuskript vom 24. 2. 1931 unter der Überschrift „Nationale Musik", wo er Mozart neben Bach, Beethoven, Wagner und Brahms als „Lehrmeister ... in erster Linie" nannte. Von Mozart habe er lernen können: „1. die Ungleichheit der Phrasenlänge, 2. die Zusammenfassung heterogener Charaktere in eine thematische Einheit, 3. Die Abweichung von der Gradtaktigkeit im Thema und in seinen Bestandteilen, 4. Die Kunst der Nebengedankenformung, 5. Die Kunst der Ein- und Überleitung".
(Zit. nach: Rufer, Das Werk Arnold Schönbergs, a. a. O. S. 138.)
Friedrich Nietzsche traf die geistesgeschichtlich so folgenreiche wie verwirrende Unterscheidung zwischen apollinischer und dionysischer Kunst erstmals in der Richard Wagner gewidmeten Schrift „Die Geburt der Tragödie aus dem Geist der Musik" (erschienen 1871).
Das Notenbeispiel 29 zitiert das Lied „Wie Melodien zieht es mir" aus: Fünf Lieder op. 105 von 1886.
Das Wort von der „elenden Geige" soll Beethoven dem Primarius des Schuppanzigh-Quartetts vorgehalten haben.
Brahms hat durchaus – was Schönberg vielleicht nicht wußte – mit Opernplänen geliebäugelt. Beispielsweise zog er Calderons „Lautes Geheimnis" und Gozzis „König Hirsch" in Erwägung.

Komposition mit zwölf Tönen

Der Text ist die Übersetzung des englischen Originals „Composition with twelve Tones" aus „Style and Idea". Es handelt sich um einen Vortrag, für den Schönberg 1934 umfangreiche Aufzeichnungen vorbereitete. Frühere Titelvarianten lauteten noch etwas umständlich „My method of composing with twelve tones, which are only related with one another" und „My method of composing with twelve inter-related tones". Während sich Pläne für Vorlesungen an den Universitäten von Chautauqua und Princeton zerschlugen, konnte Schönberg den Vortrag im Laufe der kommenden Jahre mehrere Male andernorts realisieren: im Sommer 1935 an der University of Southern California, am 26. März 1941 an der University of California at Los Angeles und am 2. Mai 1946 an der University of Chicago. Eine erste, gekürzte, deutsche Übersetzung von Theodor A. Knust erschien im Sammelband „Komponisten über Musik", herausgegeben von S. Morgenstern, München 1956.

Obgleich Schönberg eine Fülle von Notaten, kleineren und größeren Äußerungen zu seiner Zwölftontechnik schriftlich im Nachlaß verwahrte, blieb der Aufsatz in „Style and Idea" die einzige zusammenfassende Darstellung zu diesem Thema, die er zu Lebzeiten veröffentlichte. Unter dem gleichen Titel „Composition with 12 tones" existiert ein englisches Typoskript, das – einer Angabe von Schönbergs damaligem Assistenten Leonard Stein zufolge – etwa 1947/48 entstanden sein dürfte. Es gibt neben autobiographischer Rekapitulation der kompositorischen Entwicklung einige präzisere und weiterführende Begründungen der Methode:

„Der Sinn der Methode, mit zwölf Tönen zu komponieren, liegt in der Wiederherstellung der Wirkungen, für die früher die strukturellen Funktionen der Harmonie sorgten. Sie kann nicht alles ersetzen, was die Harmonie in der Musik seit Bach – und seinen Vorgängern – bis in unsere Tage bewerkstelligt hat: Abgrenzung, Unterteilung, Zusammenhang, Verknüpfung, Assoziation, Vereinheitlichung, Gegenüberstellung, Gegensatz, Veränderung, Höhepunkt, Entspannung, Auflösung usw. Sie vermag auch keinen ähnlichen Einfluß auf die innere Organisation der kleineren Segmente auszuüben, aus denen die größeren Abschnitte und das ganze Werk bestehen ...

Die Konstruktion einer Grundreihe von zwölf Tönen geht auf die Absicht zurück, die Wiederholung jedes Tones so lange wie möglich hinauszuschieben. Ich habe in meiner Harmonielehre dargelegt, daß die Betonung, die ein Ton durch verfrühte Wiederholung erhält, ihn in den Rang einer Tonika zu erheben vermag. Dagegen werden durch die regelmäßige Verwendung von zwölf Tönen alle anderen Töne auf die gleiche Weise betont, und dadurch wird der einzelne Ton des Privilegs der Vorherrschaft beraubt. Es schien in der ersten Zeit ungeheuer wichtig, eine Ähnlichkeit mit der Tonalität zu vermeiden. Das Gefühl war richtig, daß jene freien Verbindungen von gleichzeitig erklingenden Tönen – jene ‚Akkorde' – in eine Tonart passen könnten. Das heutige Ohr ist so tolerant gegenüber diesen Dissonanzen geworden, wie es die Musiker seinerzeit gegenüber Mozarts Dissonanzen waren. Man kann tatsächlich zu Recht behaupten, daß die Emanzipation der Dissonanz gegenwärtig erreicht ist und in nächster Zukunft Musik nicht mehr aufgrund von ‚Mißklängen' abgelehnt wird. Die andere Funktion ist die vereinheitlichende Wirkung der Reihe. Da es notwendig ist, neben der Grundreihe deren Krebs, deren Umkehrung und den Krebs der Umkehrung zu benutzen, werden Tonwiederholungen öfter als erwartet auftreten. Jedoch erscheint jeder Ton immer in der Nachbarschaft zweier anderer Töne in unveränderlicher Kombination, die ein enges Verhältnis schafft, welches dem Verhältnis einer Terz und einer Quinte zum Grundton äußerst ähnlich ist. Es ist natürlich bloß ein Verhältnis, aber sein wiederholtes Vorkommen kann psychologische Effekte hervorrufen, die jenen näheren Beziehungen sehr ähnlich sind.

Solche Merkmale werden in jedem Motiv, jedem Thema, jeder Melodie auftauchen, und obwohl Rhythmus und Phrasierung eine deutlich andere Melodie daraus machen könnten, wird sie dennoch eine Verwandtschaft mit allen übrigen aufweisen. Die Vereinheitlichung ist auch hier das Ergebnis der Beziehung zu einem gemeinsamen Faktor.

Der dritte Vorteil der Komposition mit einer Reihe von zwölf Tönen ist, daß das Auftreten von Dissonanzen geregelt wird. Dissonanzen werden hier nicht wie in vielen anderen zeitgenössischen Kompositionen als Zutat, die die Konsonanzen ‚würziger' machen soll, benutzt. Für das Auftreten solcher dissonanten Töne gibt es keine erkennbare Regel, keine Logik und keine andere Rechtfertigung als die Diktatur des Geschmacks. Wenn in der Musik überhaupt andere als die erlaubten Dissonanzen zugelassen werden, scheint es, daß als Möglichkeit, ihnen allen einen Bezug zu geben, die Ordnung einer Grundreihe zu diesem Zweck das logischste und überschaubarste Verfahren ist." (Zit. nach: Arnold Schönberg, Gesammelte Schriften, Bd. 1, a. a. O., S. 380 f.)

Die frühesten Kompositionen „in diesem neuen Stil" – auf der Grundlage atonaler Freiheit – sind Schönbergs 2. Streichquartett mit Gesang (Finale) op. 10, die „Fünfzehn Gedichte aus ‚Das Buch der hängenden Gärten'" (George) op. 15, 3 Klavierstücke op. 11 und das Monodram „Erwartung" op. 17, von Webern die Lieder op. 3 und 4 und die Fünf Sätze für Streichquartett op. 5 sowie von Berg die Vier Lieder op. 2 und das Streichquartett op. 3.

Die Erzählung „Séraphita" von Balzac erschien 1835 im „Buch der Mystik" und wurde 1846 den „Philosophischen Studien" der „Menschlichen Komödie" zugeordnet. Das androgyne Zwitterwesen Séraphitus-Séraphita verklärt sich, entsprechend Swedenborgs Lehre von den „Engelgeistern", in drei Stadien der Liebe (zum eigenen Ich, zur Welt und zum Himmel) zu einer unirdischen Licht-Gestalt in einem imaginären, dimensionslosen Raum. Die theosophischen Entwicklungs-Gedanken und die Raum-Visionen des Buches beeindruckten und beeinflußten Schönberg sehr tief. Um 1912 hegte er den Plan, aus „Séraphita" ein drei Abende umfassendes Bühnenwerk zu machen.

Eine ausführliche Analyse seiner Variationen für Orchester op. 31 verfaßte Schönberg in Form eines Vortrags mit Klangbeispielen, den er am 22. März 1931 im Radio Frankfurt hielt. Der Vortrag ist in den Gesammelten Schriften, Bd. 1, a. a. O., S. 255 ff., publiziert.

Ein gefährliches Spiel

Der Text ist die Übersetzung des englischen Originals „A dangerous game. On collaborators" aus „Style and Idea". Schönberg beendete das Manuskript am 9. Oktober 1944. Das Statement erschien als Teil einer Rundfrage „On Artists and Collaboration" in der amerikanischen Zeitschrift „Modern Music", XXII, 2, November–Dezember 1944.

Schönberg hat sich mehrmals zu den politischen und moralischen Aspekten der Kollaboration von Musikern mit dem Naziregime geäußert und dabei insbesondere auf Wilhelm Furtwängler und Richard Strauss rekurriert. In einem Brief an den New-Yorker Musikschriftsteller und Verleger Kurt List vom 24. 1. 1946 äußerte er: „Ich bin mit Ihnen wegen Furtwängler einer Meinung. Ich bin gewiß, daß er niemals ein Nazi war. Er war einer der altmodischen Deutschnationalen aus der Zeit Turnvater Jahns, als man wegen jener westlichen Staaten, die mit Napoleon gingen, national war. Das ist mehr eine Sache von Studentennationalismus und ist sehr verschieden von dem zur Zeit Bismarcks und später, als Deutschland nicht Verteidiger, sondern Angreifer war. Auch bin ich gewiß, daß er kein Anti-Semit war – oder wenigstens nicht mehr als jeder Nicht-Jude. Und er ist sicherlich ein besserer Musiker als diese Toscaninis, Ormandis, Koussevitzkys und der ganze Rest. Er ist ein wirkliches Talent und er liebt die Musik" (Original englisch, zit. nach: Briefe, a. a. O., S. 249). Im Nachlaß gibt es zur gleichen Frage, vor allem Richard Strauss betreffend, ein weiteres Dokument aus dem Jahr 1946: „Ich bin nicht ein Freund von Richard Strauss, aber, obwohl ich nicht alle seine Werke bewundere, glaube ich, daß er eine der charakteristischen und hervorragenden Figuren in der Musikgeschichte bleiben wird ... Aber ich glaube nicht, daß er ein Nazi war, ebenso wenig wie Furtwängler. Sie waren beide Deutschnationale, beide liebten Deutschland, deutsche Kultur, Kunst, Landschaft, Sprache und Deutschlands Bürger, ihre Landsleute. Sie werden beide ihr Glas erheben, wenn ein Toast auf Deutschland erbracht wird, ‚hoch, Deutschland', und wenngleich sie französische und italienische Musik und Malerei hoch schätzen, betrachten sie alles Deutsche als überlegen. Ihre Begeisterung – natürlich auf hohem Niveau – war in ihrer Natur eng mit der der Bierbank und des Deutschen Männergesangvereins verbunden. Darf ich wiederholen: natürlich auf einem höheren Niveau, weil beide, Strauss und Furtwängler, eine höhere Erziehung hatten. Doch darf man nicht durch diese Erziehung geblendet werden. Wir wissen, daß Wissenschaftler, Ärzte, Professoren, Schriftsteller, Dichter und Künstler die musikalische Vulgarität des Horst-Wessel-Liedes ertrugen und den schrecklichen Text mit ebenso viel Feuer und Begeisterung sangen wie der einfache Mann auf der Straße. Ich bin nicht über St.s und F.s diesbezügliche Haltung informiert, aber es steht für mich außer Zweifel, daß sie zumindest die Musik verachteten ... Ich spreche nicht aus sentimentalen Gründen ... Ich spreche nicht als Freund von Richard Strauss; obwohl er mir Hilfe erwiesen hat, als ich jung war, hat er später seine Haltung gegen mich verändert. Ich bin sicher, daß er meine Musik nicht liebt und darin kenne ich kein Mitleid: ich betrachte solche Leute als Feinde. Ich spreche vom Standpunkt der Ehrenhaftigkeit." (Zit. nach: Hans Heinz Stuckenschmidt: Schönberg – Leben, Umwelt, Werk, Zürich 1974, S. 499.)

Daß Richard Wagner, wie Schönberg einer gängigen Überlieferung zufolge unterstellt, das alte Dresdner Hoftheater „mit in Brand steckte", ist nicht nachzuweisen und bestenfalls in einem ideellen Sinne zu verstehen. Am 6. Mai 1849 sah er allerdings aus nächster Nähe das Opernhaus in Flammen aufgehen. In seinen Annalen, Wagners Gedächtnis-Protokoll bei der Abfassung seiner Autobiographie, findet man die Eintragung: „Opernhaus nun abgebrannt. Sonderbares Behagen." (Vgl. Martin Gregor-Dellin: Richard Wagner, Sein Leben, Sein Werk, Sein Jahrhundert, München 1980, S. 269 und 860.)

Schulung des Ohrs durch Komponieren

Der Text ist die Übersetzung des englischen Originals „Eartraining through Composing". Es handelt sich um einen Vortrag, den Schönberg am 30. Dezember 1939 auf dem Kongreß der 61. Jahresversammlung der „Music Teachers National Association" in Kansas

City, Missouri, hielt. Er war zu zwei Referaten eingeladen worden, und er hielt auch das erste unter dem Titel „How can a music student earn a living?" zwei Tage vorher. Beide Referate wurden zuerst im Kongreßbericht („Volume of Proceedings für 1939 of MTNA") veröffentlicht. In dem Referat „Wie kann ein Musikstudent seinen Lebensunterhalt verdienen?" plädiert Schönberg für praktische Nebentätigkeiten während des Studiums, die auf die Musik bezogen sind: Übung der Handschrift, Arrangements von Musik, Korrepetieren und Unterrichten, Schreiben über Musik, Tätigkeiten im Musikalienhandel oder Verlagswesen. Einleitend sagte er: „Es ist wundervoll, daß amerikanische Studenten – meines Wissens häufiger als in anderen Ländern – sich während des Studiums ihren Lebensunterhalt verdienen. Der Vorteil davon ist offensichtlich: indem der Student auf sich selbst angewiesen ist, wird er reif; er gewinnt Achtung vor dem Wert des Geldes und weiß, was es bedeutet, keines zu haben; er lernt Menschen kennen, erwirbt Verständnis ihrer Psyche und ihrer sozialen Beziehungen; er lernt, was er von ihnen erwarten kann, wenn er sie richtig behandelt, und wie man fehlgehen kann, wenn man es nicht tut." (Zit. nach: Gesammelte Schriften, Bd. 1, a. a. O., S. 359.)

Herz und Hirn in der Musik

Der Text ist die Übersetzung des englischen Originals „Heart and Brain in Music". Schönberg datierte zwei Niederschriften mit 18. 1. 1946 und 22. 4. 1946. Es handelt sich um einen Vortrag, den er im Mai 1946 an der University of Chicago hielt. Die erste Veröffentlichung findet sich in „The Works of the Mind", University of Chicago Press 1947; eine erste deutsche Übersetzung unter dem Titel „Herz und Verstand in der Musik" brachte die Zeitschrift „Stimmen" 1947/48, Heft 9. Das Thema, existentiell für ihn, hat Schönberg mehrfach behandelt (unter anderem in einer gleichnamigen Aufzeichnung aus dem Nachlaß vom 19. 9. 1927), und es gehört zu den leitenden Motiven in mehreren Aufsätzen der vorliegenden Sammlung. Zu Balzacs „Séraphita" vergleiche man die Anmerkung zum Aufsatz „Komposition mit zwölf Tönen".
In der österreichischen Armee diente Schönberg während des ersten Weltkrieges 1915/16 und 1917/18. Unter anderem komponierte er 1916 anläßlich eines Einjährigen-Kameradschaftsabends des Wiener Hausregiments Hoch- und Deutschmeister in Bruck an der Leitha den kuriosen Marsch „Die eiserne Brigade" für Klavier und Streichquartett. Auf der Partiturabschrift Schönbergs Vermerk: „Original Manuskript dem Dr. Kusmitsch 1916 Oberlt. in Bruck a/L., Gerichtsbeamter in Budapest geschenkt (der das nicht zu würdigen verstand)."

Bei dem erwähnten Streichquartett handelt es sich offenkundig um das Streichquartett D-Dur, das 1897 in Wien entstand und zu den traditionsorientierten Frühwerken vor Opus 1 gehört.
Das Streichsextett „Verklärte Nacht" op. 4 (1899) komponierte Schönberg nach dem gleichnamigen Gedicht von Richard Dehmel aus dessen Lyrikband „Weib und Welt" (1896).
Zur 1. Kammersinfonie op. 9 vergleiche auch den Aufsatz „Komposition mit zwölf Tönen" sowie Schönbergs Analyse des Werks in: Gesammelte Schriften, Bd. 1, a. a. O., S. 440 ff.
Das Notenbeispiel 5 bringt einen Kanon, den Schönberg am 16. Februar 1922 in Mödling komponierte und mit der Überschrift versah: „Eyn doppelt Spiegel und Schlüssel-Kanon for vier Stimen gesetzet auf niederlandsche Art".
Das Notenbeispiel 6 bringt einen Kanon, der am 15. Dezember 1931 entstand. Schönbergs Unterschrift: „zwei Tage krank gewesen, kann heute nichts Gescheites arbeiten".

Kriterien für die Bewertung von Musik

Der Text ist die Übersetzung des englischen Originals „Criteria for the Evaluation of Music" aus „Style and Idea". Das Typoskript wurde mit 24. 4. 1946 datiert und diente für einen Vortrag Schönbergs an der University of Chicago am 23. Mai 1946. Merkwürdigerweise enthält der Umschlag, in dem das Typoskript aufbewahrt wurde, folgende Anmerkung Schönbergs: „Nach dem mißglückten Versuch der Umarbeitung nicht in das Buch (Style and Idea) aufgenommen. Enthält einige gute Ideen, ist aber im übrigen nicht gut. Dezember 1947." Ähnlichen Fragen widmen sich mehrere frühere Texte Schönbergs, so ein Manuskript „Kriterien musikalischer Werte" von 1927 und der Vortrag „Erfolg und Wert" von 1933, der in den Gesammelten Schriften, Bd. 1, a. a. O., abgedruckt ist.
Schönberg hat immer wieder auf seine Originalität wider Willen hingewiesen. Solches taktisches Mimikry läßt beispielsweise ein Brief vom 12. 5. 1947 an Hans Rosbaud erkennen: „... das Verständnis für meine Musik leidet noch immer darunter, daß mich die Musiker nicht als einen normalen, urgewöhnlichen Komponisten ansehen, der seine mehr oder weniger guten und neuen Themen und Melodien in einer nicht allzu unzureichenden musikalischen Sprache darstellt, – sondern als einen modernen dissonanten Zwölftonexperimentierer. Ich aber wünsche nichts sehnlicher (wenn überhaupt) als daß man mich für eine bessere Art von Tschaikowski hält – um Gotteswillen: ein bißchen besser, aber das ist auch alles. Höchstens noch, daß man meine Melodien kennt und nachpfeift. Ich glaube, wenn dieses Ihr Experiment" [die Aufführung der Kammersinfonie mit analytischen Erläuterungen; F. Sch.]

„oft genug wiederholt wird, wäre der Erfolg meiner Musik wesentlich ‚erfreulicher', für mich wenigstens erfreulicher, der ich ja gar nicht interessant sein will." (Zit. nach: Josef Rufer, Das Werk Arnold Schönbergs, a. a. O., S. 137f.)
Der von Schönberg englisch zitierte Satz aus Goethes Roman „Wilhelm Meisters Wanderjahre" kommt dort nicht vor. Hingegen begründet Goethe die Interpolation der Geschichte „Die gefährliche Wette" im 8. Kapitel des 3. Buches wie folgt: „Unter den Papieren, die uns zur Redaktion vorliegen, finden wir einen Schwank, den wir ohne weitere Vorbereitung hier einschalten, weil unsere Angelegenheiten immer ernsthafter werden und wir für dergleichen Unregelmäßigkeiten fernerhin keine Stelle finden möchten."
Zur „verbotenen Musik von Allegris Miserere" heißt es bei Hermann Abert: Im April 1770 war in Rom „gerade noch Zeit genug, um in die Sixtinische Kapelle zu eilen und das ‚Miserere' von Allegri zu hören. Und hier legte Wolfgang jene viel berühmte Probe feinen Gehörs und treuen Gedächtnisses ab. Er schrieb nämlich das berühmte ‚Miserere' (Psalm 50) von Greg. Allegri (1629–1640 Mitglied der päpstlichen Kapelle) nach dem Anhören aus dem Gedächtnis nieder. Dieses abwechselnd für fünf- und vierstimmigen Chor mit einem neunstimmigen Schlußsatz komponierte Stück wurde regelmäßig am Mittwoch und Freitag der Karwoche gesungen. Es galt allgemein als die Krone seiner Gattung und als der Höhepunkt der päpstlichen Karfreitagsmusik. Kein Wunder, daß, wie L. Mozart berichtet, die Kapelle ängstlich darauf bedacht war, es vor unberufenen Abschreibern zu hüten. L. Mozart übertreibt etwas, denn Burney erzählt, daß der Papst Abschriften ... machen ließ, und daß der päpstliche Kapellmeister Santarelli ihm eine Kopie mitteilte, die er 1771 in London abdrucken ließ ..." (Zit. nach: Hermann Abert, W. A. Mozart, Leipzig 1955, Bd. 1, S. 155.)
Die Uraufführung des „Don Giovanni" von Mozart fand am 29. Oktober 1787 in Prag statt. Die von Schönberg zitierte Äußerung Josephs II. lautete nach Lorenzo da Pontes Mitteilung: „Die Oper ist köstlich, ist göttlich, vielleicht selbst besser noch als der Figaro, aber sie ist keine Speise für die Zähne meiner Wiener." (Zit. nach: L. da Ponte, Denkwürdigkeiten des Venezianers, Dresden 1924, Bd. 1, S. 259f.)
Das Notenbeispiel 2 (vgl. Notenbeispiel 6 in „Brahms, der Fortschrittliche") zitiert Isoldes Befehl aus der 2. Szene des 1. Aktes von „Tristan und Isolde" sowie die ersten Takte der Einleitung zu dieser Oper.
Robert Schumanns Wort von der „himmlischen Länge" bezieht sich auf die von ihm in Wien 1839 im Nachlaß Schuberts entdeckte große C-Dur-Sinfonie D 944, über die er in der Neuen Zeitschrift für Musik, XII, 1940 einen Aufsatz schrieb.

Ob sich Schönberg über Sibelius und Schostakowitsch andernorts öffentlich geäußert hat, konnte nicht ermittelt werden. Über letzteren äußerte er sich gegenüber Kurt List in einem Brief vom 17. 7. 1944 (vgl. Vorwort, S. 35).
Zur abschließenden Relativierung vgl. den Vortrag „Erfolg und Wert", wo es in eigener Sache heißt: „Als meine ‚Verklärte Nacht', die heute sehr erfolgreich ist, bei ihrer Uraufführung ausgezischt wurde und ein Handgemenge begann, ... wurde ich starrköpfig, und als einem meiner nächsten Werke das gleiche Schicksal widerfuhr, sagte ich zu meinen Freunden – 1901 jungen Leuten wie ich selbst: ‚Dies Werk hatte großen Erfolg, weil es ausgezischt wurde!' Das war die arrogante, jugendliche Äußerung eines Menschen, der an seine Vorstellungskraft glaubte und sich durch das Benehmen des Publikums verletzt fühlte. Heute würde ich nicht so weit gehen, zu behaupten, daß jedes Werk, das ein Mißerfolg war, für ein Meisterwerk gehalten werden muß, ich würde sogar noch nicht einmal behaupten, daß jedes Meisterwerk zunächst ein Mißerfolg sein sollte. Aber ich möchte behaupten, daß Erfolg kein Maßstab für Wert ist..." (Zit. nach: Gesammelte Schriften, Bd. 1, a. a. O., S. 337.)

Symphonien aus Volksliedern

Der Text folgt der deutschen, von Schönberg selbst hergestellten Übersetzung des englischen Originals „Folcloristic Symphonies". Das englische Typoskript ist datiert vom 3. 1. 1947. Die erste Veröffentlichung brachte der 3. Band von „Musical America", Februar 1947. Die deutsche Version erschien in den „Stimmen", Jahrgang 1/1947/48 Nr. 1 vom November 1947. Auch dieses Thema beschäftigte Schönberg mehrmals, beginnend mit dem Mahler-Aufsatz von 1912, über das Manuskript aus dem Nachlaß „Volksmusik und Kunstmusik" (vor 1926) bis zu den Aufsätzen „Why no great American Music" von 1934 und „Faschismus ist kein Exportartikel" (um 1935), die in den Gesammelten Schriften, Bd. 1, a. a. O., publiziert sind.

Menschenrechte

Der Text fußt auf der deutsch geschriebenen Originalfassung vom 21. 7. 1947, den Dika Newlin für „Style and Idea" ins Englische übersetzte. Die deutsche Originalfassung unterscheidet sich von der autorisierten englischen Übersetzung in „Style and Idea" (der unsere Ausgabe folgt) auf Grund des von Schönberg nachträglich veränderten englischen Wortlauts an folgenden Stellen:
VII, 1. Absatz, nach „in seinem Fache bei": „auch dann, wenn ein

anderer die Kosten trägt". Die beiden nächsten Sätze fehlen. Der 2. Absatz endet nach „Propagandist ist" mit: „Es zeigt sich auch hier der Widerspruch zweier Rechtssphären – moralisch geistiger diesmal."

VIII lautet: „Ein Goldbergwerk, eine Ölquelle, ein Kaufhaus, eine Bank, eine Fabrik und dgl. kann niemand dem entferntesten Nachkommen des ersten Besitzers wegnehmen. Das Eigentumsrecht aber an Werken des Geistes und der Kunst ist durch eine Schutzfrist begrenzt, während welcher es ein strafbares Verbrechen ist, den Hervorbringer oder Schöpfer zu bestehlen. Nicht etwa, weil Stehlen unmoralisch und entehrend ist. Nach Ablauf dieser Frist ist es nicht mehr strafbar, obwohl es nicht aufhört, auch ein Diebstahl zu sein, aber ein gesetzlich geschützter. Nun gehört es der Allgemeinheit, die daran nur das Recht hat, das ihr von ihrer Macht verliehen wird. Moralisch und ökonomisch ist das ein kompletter Unsinn. Aber in der Ausführung wird es zum Verbrechen. Denn während Nachkommen und Erben des Original-Hervorbringers eventuell in Not geraten, genießen ruchlose Exploiteure den Gewinn geraubter Werte, sonst brächten sie nicht Gewinn."

IX, letzter Satz: „Man darf es jedoch mit Überredung (ein Wort unleserlich)." Unser Text folgt hier der englischen Übersetzung.

XI, zwei letzte Wörter des 1. Satzes: fehlen.

XIV, nach dem letzten Satz: „Wer bekämpft, will siegen, und den Besiegten unterdrücken. Ist es Menschenrecht, besiegte Kunst, besiegte Ideen zu unterdrücken?"

XVI, nach „Gleichwertigkeit zuerkennen": „Wie viele unserer Wissenschaftler verfügen über einen sicheren Instinkt? Aber über bessere Apparate."

XVII lautet: „Ist Geborenwerden oder Geburtenregulierung eines der Menschenrechte? Oder verlangt ein anderes, daß Geburtüberschüßlinge hungersterben? Reden wir nicht von der Religion."

XVIII, 1. Absatz, nach „heilige Kuh schlachten": „Nicht etwa, weil sie die Menschenrechte der Kühe respektieren, sondern – ja, wie soll man Menschen dieses Glaubens erklären, was ihre Menschenrechte sind. Etwa nach dem Muster der alten Dame ..."

XIX, 1. Satz: „Das sind wirkliche Probleme."

Im Nachlaß gibt es zu „Menschenrechte" zwei Entwürfe. Der erste enthält einen Gliederungs-Versuch nach Schlagworten: „I. Allg. M. Recht (2) [II. fehlt] III. Contr. interest (4a) IV. Scheiterhaufen und Hitler (4b) V. Erben (7) VII Originalität, Nachahmer (7) VI. Rechte verfeinern, Erzbischof, (1 Wort unleserlich), Ehrenschild (5) Schutz der moralischen Minoritäten (6) VIII. Die Musiksprache, Gedankenfreiheit (15) IX. Verbreitung der Ideen (14) X. Recht-Macht (3) XI. Glaubensfreiheit (11) XII. MR und Dem. Ver. (9) 51%–49% (8) XIII. Menschenfresser-Recht (16) XIV. Gebur-

tenregelung (17) XV. MR reduziert (10) XVI. Die Inder und das Huhn (12) XVII. 10 Gebote (12a) XVIII. Wahre und falsche Glaubensfreiheit (12) XIX. Schluß (19)"
Zum zweiten Entwurf gehört eine Seite mit dem Anfang von „Menschenrechte", datiert 24. 6. 1947, auf der Schönberg zusätzlich vermerkt: „Right should not derive from power, but only from ideas." In IV strich Schönberg in der Originalfassung am Ende des 1. Absatzes: „Und dennoch sind wir noch nicht so weit, daß ein bibelfester Priester einer Art von Scheiterhaufen zu entgehen sicher ist, wenn er etwa die Unhaltbarkeit der Relativitätstheorie bewiese, oder die Möglichkeit der Atomzertrümmerung bestritten hätte." Zu IV, letzter Absatz, lautet eine von Schönberg gestrichene Variante: „Hitler allerdings, wenn er rebellierende Generäle nackt hängen ließ, hat auch hier der Welt etwas zur Nachahmung empfohlen. Er hat es laut in die Welt hinausposaunt, während aus Rußland kein solcher Bericht zu uns gelangt ist. Die Hitleriten sind ehrgeizig und eitel, sie fordern Bewunderung auch für ihre Tätigkeit: Grauen zu erwecken. ‚Recht ist, was dem Deutschen frommt', alles übrige ist Menschenrecht."

On revient toujours

Der Text ist die Übersetzung des englischen Originals vom Oktober 1948. Die erste Veröffentlichung brachte die „New York Times" vom 19. 12. 1948; die erste deutsche Übersetzung brachten die „Stimmen", 2. Jahrgang 1949, Heft 16, „Zum 75. Geburtstag Arnold Schönbergs".

Der Segen der Sauce

Der Text ist die Übersetzung des englischen Originals „The Blessing of the Dressing" aus dem Jahr 1948.
Im Vorwort seiner „Harmonielehre", die 1911 in der Wiener Universal Edition erschien, heißt es: „Wenn ich unterrichte, suchte ich nie dem Schüler bloß ‚das zu sagen, was ich weiß'. Eher noch das, was er nicht wußte. Aber auch das war nicht die Hauptsache, obwohl ich dadurch schon genötigt war, für jeden Schüler etwas Neues zu erfinden. Sondern ich bemühte mich, ihm das Wesen der Sache von Grund auf zu zeigen. Darum gab es für mich niemals diese starren Regeln, die so sorgsam ihre Schlingen um ein Schülerhirn legen. Alles löste sich in Anweisungen auf, die für den Schüler so wenig bindend sind wie für den Lehrer ... Der Lehrer muß den Mut haben, sich zu blamieren. Er muß sich nicht als der Unfehlbare zeigen, der alles weiß und nie irrt, sondern als der Unermüdliche, der immer sucht und vielleicht manchmal findet."

Schönbergs Polemik gegen „weibliche Denkweise" betrifft die Schule der französischen Komponistin und Pädagogin Nadja Boulanger (1887–1979). Nadja Boulanger, Schülerin von Gabriel Fauré, war 1909 bis 1924 Assistent der Harmonieklasse am Pariser Konservatorium und leitete dort seit 1946 eine Klasse für Klavierbegleitung. 1920 bis 1939 lehrte sie an der Ecole Normal de Musique in Paris und wirkte 1921 bis 1950 auch als Dozentin am Amerikanischen Konservatorium in Fontainebleau, das sie seit 1950 leitete. 1940 bis 1946 lehrte sie in den USA am Wellesley College, Radcliffe College und an der Juilliard School. Sie bildete Generationen junger Komponisten aus vielen Ländern sehr erfolgreich aus, wobei sie in stilistischer Hinsicht vor allem neoklassizistischen Kompositionsprinzipien folgte. Schönberg in einem Brief vom 12. 4. 1949 an Rudolf Kolisch: „Es ist tatsächlich so, daß sich das Publikum widerstandslos von seinen Führern in deren Geschäftsbetrieb leiten läßt und garnichts dazu tut, denen diese Führung aus der Hand zu nehmen und sie zu zwingen, nach anderen Prinzipien ihre Leistungen zu ordnen. Aber dieser Lethargie gegenüber steht die große Aktivität der amerikanischen Komponisten, der Schüler der Boulanger, der Imitatoren von Stravinsky, Hindemith und jetzt auch Bartók. Diese betrachten das Musikleben als einen Markt, den sie zu erobern wünschen, und sie sind sicher, daß es in der europäischen Kolonie, die es ja für sie ist, mit Leichtigkeit gelingen wird ..." (Zit. nach: Briefe, a. a. O., S. 283.)

Die Anspielung auf Thomas Mann und Theodor W. Adorno bezieht sich auf die Kontroverse zwischen Mann und Schönberg, die im Roman „Doktor Faustus" die Darstellung der Zwölftontechnik sowie deren wirkliche Urheberschaft betraf. (Vgl. dazu Hans Heinz Stuckenschmidt, Schönberg, Leben, Umwelt, Werk, a. a. O., S. 450 ff.)

Warum Schönberg keinen „Stil", insbesondere keinen „modernen" unterrichtete, erläuterte er unter anderem in einem kurzen Statement „Erziehung zur zeitgenössischen Musik" von 1938: „... Oft erwartet ein junger Mensch, der bei mir studieren will, im Stil der musikalischen Moderne unterrichtet zu werden. Aber er erlebt eine Enttäuschung. Denn in seinen Kompositionen entdecke ich für gewöhnlich sofort das Fehlen einer entsprechenden Vorbildung. Bei oberflächlicher Untersuchung schon finde ich den Grund: die Kenntnis, die der Student von der Musikliteratur hat, bietet den Anblick eines Schweizerkäses – fast mehr Löcher als Käse. Dann stelle ich folgende Frage: ‚Würden Sie es wagen, wenn Sie ein Flugzeug bauen wollten, jedes Detail, aus dem es zusammengesetzt ist, selber zu erfinden und zu konstruieren, oder würden Sie nicht lieber zuerst versuchen, zur Kenntnis zu nehmen, was all die Männer geleistet haben, die vor Ihnen Flugzeuge ent-

worfen haben? Glauben Sie nicht, daß dieselbe Überlegung auch auf die Musik zutrifft? Nehmen Sie nicht an, daß schon eine Menge vernünftiger Lösungen all der Probleme existieren, denen ein junger Komponist gegenübersteht? Sie mögen vielleicht fürchten, Ihre Originalität einzubüßen, wenn Sie Vorteile aus den Errungenschaften Ihrer Vorgänger ziehen. Aber woher wissen Sie, daß Ihre Gedanken originell sind, wenn Sie nicht in der Lage sind, sie mit dem zu vergleichen, was andere geschrieben haben? Vielleicht ist alles, was Sie für Ihre eigene Schöpfung halten, seit Jahrzehnten allgemein in Gebrauch – oder sogar in Mißbrauch – gewesen. Vielleicht ist es schon veraltet statt originell.' Nur eine gründliche Kenntnis der verschiedenen Stile läßt einem den Unterschied zwischen ‚mein' und ‚dein' bewußt werden. Und dementsprechend kann man den Stil einer Zeit nicht wirklich verstehen, wenn man nicht selbst herausgefunden hat, wie er sich von früheren Stilen unterscheidet. Modernismus im besten Sinne schließt eine Entwicklung von Gedanken und deren Ausdruck in sich. Dies kann und sollte nicht gelehrt werden. Jedoch könnte es dem, der im Aufnehmen der kulturellen Errungenschaften der Vorgänger allmählich fortschreitet, auf natürlichem Wege von allein zufallen."
(Zit. nach: Gesammelte Schriften, Bd. 1, a. a. O., S. 327.)

Das ist meine Schuld

Der Text ist die Übersetzung des englischen Originals „This is my Fault" aus dem Jahr 1949.
Im Vorwort zur Partitur des „Pierrot lunaire" warnte Schönberg die Interpreten, „aus dem Sinn der Worte die Stimmung und den Charakter der einzelnen Stücke zu gestalten. Soweit dem Autor die tonmalerische Darstellung der im Text gegebenen Vorgänge und Gefühle wichtig war, findet sie sich ohnedies in der Musik."
In Ferruccio Busonis „Entwurf einer neuen Ästhetik der Tonkunst" (1906/07) heißt es unter anderem: „Der größte Teil neuerer Theatermusik leidet an dem Fehler, daß sie die Vorgänge, die sich auf der Bühne abspielen, wiederholen will, anstatt ihrer eigentlichen Aufgabe nachzugehen, den Seelenzustand der handelnden Personen während jener Vorgänge zu tragen." (Zit. nach: Von der Macht der Töne – Ausgewählte Schriften, Leipzig 1983, S. 57.)

Zu den Kais

Der Text ist die Übersetzung des englischen Originals „To the Wharfs", vermutlich aus dem Jahr 1949.

Neue und veraltete Musik, oder Stil und Gedanke

Der Text folgt der dritten Fassung des Vortrages, datiert vom 10. 2. 1933 (Näheres vgl. die Anmerkungen zu „Neue Musik, veraltete Musik, Stil und Gedanke" aus „Style and Idea"). Gerade dieser Aufsatz stützt sich in seiner teilweise konkret zeitbezogenen Polemik auf eine Fülle von Aufsätzen, Aufzeichnungen, Notizen und Glossen aus den zwanziger Jahren, die in den Gesammelten Schriften, Bde. 2 und 3 erscheinen werden. Zu den wichtigsten Vorarbeiten gehören der Aufsatz „Zur Frage des modernen Kompositionsunterrichtes" von 1929 (Gesammelte Schriften, Bd. 1) und die umfangreichen Manuskripte zu einem geplanten, großangelegten Werk „Der musikalische Gedanke und die Logik, Technik und Kunst seiner Darstellung", an dem Schönberg seit Mitte der zwanziger Jahre arbeitete, ohne es je abzuschließen. Im Nachlaß findet sich eine erste Gedankenskizze zu dem Vortrag: „Veraltete und neue Musik, oder Gedanke und Stil. 1. Zange 2. Was ist Musik? beides stellt man sich so vor: jeweils a) einige alte Gesetze aufgehoben b) einige neue Gesetze aufgestellt, und auf laufendem Band entsteht serienweise neue Musik, z. B. a) die Harmonie wird gelockert (gelockert!) d. h. man darf Dissonanzen schreiben ohne Diss. beheben, man kann ... Quinten u. Oktaven zu schreiben, bewußt nicht zu kadenzieren, nicht die Tonart zu fixieren b) Gesetze: Musik muß laufen – – –?."

Register der in Schönbergs Texten erwähnten Personen und Werke

Abt, Franz (1819–1885)   227
Adorno, Theodor W(iesengrund) (1903–1969)   247
Allegri, Gregorio (1582–1652)
  Miserere   211
Antonius, Marcus (82–30 v. u. Z.)   101
Auber, Daniel François Esprit (1782–1871)
  Fra Diavolo   222

Bach, Carl Philipp Emanuel (1714–1788)   88, 90, 117, 255 f.
Bach, Johann Sebastian (1685–1750)   71, 86, 88 ff., 92, 111, 116, 175, 212, 215, 220, 227 f., 240, 252, 254–257
  Choralvorspiele   68
  Matthäus-Passion BWV 244   106
Balzac, Honoré de (1799–1850)   206, 210
  Seraphita   156, 186
Beethoven, Ludwig van (1770–1827)   51, 69, 71, 81, 87 f., 95, 99, 111 f., 140, 155, 160, 206, 212, 214 f., 222, 225, 237, 240, 256, 264
  Fidelio op. 72   143, 222
  Konzert für Klavier und Orchester Nr. 5 Es-Dur op. 73   140
  Sonate für Klavier Nr. 29 B-Dur op. 106   100
  Streichquartett B-Dur op. 18 Nr. 6   140
  Streichquartett F-Dur op. 59 Nr. 1   106
  Streichquartett e-Moll op. 59 Nr. 2   106, 225
  Streichquartett f-Moll op. 95   106, 112, 126
  Streichquartett a-Moll op. 132   183
  Streichquartett F-Dur op. 135   155
  Sinfonie Nr. 3 Es-Dur op. 55   104
  Sinfonie Nr. 5 c-Moll op. 67   228
  Sinfonie Nr. 6 F-Dur op. 68   214, 217
  Sinfonie Nr. 9 d-Moll op. 125   212, 225
  33 Veränderungen über einen Walzer von Diabelli op. 120   160
Bellini, Vincenzo (1801–1835)
  Norma   222
Berg, Alban (1885–1935)   50, 149, 247
Billroth, Theodor (1829–1894)   94
Bizet, Georges (1838–1875)
  Carmen   177
Brahms, Johannes (1833–1897)   84, 87, 94, 99–101, 103 f., 106 ff., 110 f., 117, 119, 121, 131 f., 134, 137 f., 140–145, 182, 184, 199, 213, 215 f., 220, 226 f., 237, 240, 261

Am Sonntagmorgen (aus: Lieder op. 49)   122
An den Mond (aus: Gesänge op. 71)   123
An die Nachtigall (aus: Lieder op. 46)   122
Beim Abschied (aus: Lieder op. 95)   123
Feldeinsamkeit (aus: Lieder op. 86)   121
Immer leiser wird mein Schlummer (aus: Lieder op. 105)   124
Mädchenlied (aus: Lieder op. 107)   123
Meerfahrt (aus: Lieder op. 96)   121
Meine Liebe ist grün (aus: Lieder op. 63)   107
Quintett für Streicher Nr. 2 G-Dur op. 111   107, 227
Rhapsodie für Klavier op. 79 Nr. 2   107
Sextett für Streicher Nr. 1 B-Dur op. 18   119f.
Sextett für Streicher Nr. 2 G-Dur op. 36   120
Sonate für Klavier Nr. 1 C-Dur op. 1   99
Streichquartett Nr. 1 c-Moll op. 51 Nr. 1   104ff.
Streichquartett Nr. 2 a-Moll op. 51 Nr. 2   132f., 137
Sinfonie Nr. 4 e-Moll op. 98   108, 134
Variationen über ein Thema von Joseph Haydn op. 56   184
Verrat (aus: Lieder op. 105)   125
Vier ernste Gesänge op. 121   133, 141, 143
Wie Melodien zieht es mir (aus: Lieder op. 105)   123
Bruckner, Anton (1824–1896)   69, 81, 216
Sinfonie Nr. 7 E-Dur   127
Brutus, Marcus Junius (85–42 v. u. Z.)   101
Busoni, Ferruccio (1866–1924)   248

Chopin, Frédéric (1810–1849)   226
Couperin, François (1668–1733)   88

Debussy, Claude (1862–1918)   91, 148f., 214, 219
Dvořák, Antonín (1841–1904)   226

Einstein, Albert (1879–1955)   268
Eisler, Hanns (1889–1962)   247

Galilei, Galileo (1564–1642)   233
Gauguin, Paul (1848–1903)   211
George, Stefan (1868–1933)   54
Gerhard, Roberto (1896–1970)   247
Gershwin, George (1898–1937)   98
Goethe, Johann Wolfgang (1749–1832)   179, 199, 210
  Faust, 2. Teil   62, 80
  Die Leiden des jungen Werthers   179
  Wilhelm Meisters Wanderjahre   210
Gogh, Vincent van (1853–1890)   211

Gounod, Charles (1818–1893) 219
Greco, El (Domenico Theotocopuli) (1541–1614) 211
Grieg, Edvard (1843–1907) 226

Händel, Georg Friedrich (1685–1759) 89, 255f.
Hannenheim, Norbert von (1898–1942) 247
Hanslick, Eduard (1825–1904) 94, 216
Haydn, Joseph (1732–1809) 86f., 111ff., 131, 240, 252, 256
   Sonate für Klavier D-Dur, H XVI: 14 112
Heine, Heinrich (1797–1856) 121
Heuberger, Richard (1850–1914) 94

Ibsen, Henrik (1828–1906) 234

Jalowetz, Heinrich (1882–1942) 50
Joseph II., deutscher Kaiser (1741–1790) 212
Josquin des Prés (etwa 1440–1521) 86, 252

Kalbeck, Max (1850–1921) 94
Kant, Immanuel (1724–1804) 268
Kandinsky, Wassili (1866–1944) 55, 211
   Über das Geistige in der Kunst 55
Keiser (Keyser), Reinhard (1674–1739) 88, 90, 111, 255f.
Kokoschka, Oskar (1886–1980) 55, 211
Kraus, Karl (1874–1936) 50, 54

Lehár, Franz (1870–1948)
   Die lustige Witwe 212
Liszt, Franz (1811–1886) 226
   Ungarische Rhapsodien 227
Loos, Adolf (1870–1933) 50, 237

Mahler, Gustav (1860–1911) 56, 61–69, 71–84, 91, 100, 103, 149,
   214, 222, 234
   Das Lied von der Erde 81, 129
   Sinfonie Nr. 1 D-Dur 80
   Sinfonie Nr. 2 c-Moll 57, 128
   Sinfonie Nr. 3 d-Moll 66
   Sinfonie Nr. 4 G-Dur 66
   Sinfonie Nr. 6 a-Moll 66, 69, 81, 128
   Sinfonie Nr. 7 e-Moll 73
   Sinfonie Nr. 8 Es-Dur 69, 80f.
   Sinfonie Nr. 9 D-Dur 81
   Sinfonie Nr. 10 (Fragment) 81, 83
Mann, Thomas (1875–1955)
   Doktor Faustus 247

Massenet, Jules (1842–1912)
  Manon 179
  Werther 179
Matisse, Henri (1869–1954) 211
Mattheson, Johann (1681–1764) 111
Mendelssohn Bartholdy, Felix (1809–1847) 219, 240
Meyrink, Gustav (1868–1932) 265
Mozart, Wolfgang Amadeus (1756–1791) 71, 87f., 111–114, 116ff., 121, 131, 137f., 140, 142, 182f., 211f., 215, 222, 234, 240, 255f.
  Don Giovanni KV 527 212
  Le Nozze di Figaro KV 492 114f., 222
  Quartett für Klavier, Violine, Viola und Violoncello Nr. 1 g-Moll KV 478 137
  Streichquartett d-Moll KV 421 118, 139
  Streichquartett B-Dur KV 458 113
  Streichquartett C-Dur KV 465 139f., 216
  Die Zauberflöte KV 620 118, 249
Mussorgski, Modest (1839–1881) 149

Nessler, Viktor (1841–1890) 227
Nestroy, Johann Nepomuk (1801–1862) 264, 268
Nietzsche, Friedrich (1844–1900) 117

Offenbach, Jacques (1819–1880) 98

Pasteur, Louis (1822–1895) 233
Petrarca, Francesco (1304–1374) 65
Picasso, Pablo (1881–1973) 211
Poe, Edgar Allan (1809–1849) 179
Puccini, Giacomo (1858–1924) 149, 214
  Tosca 57

Raimund, Ferdinand (1790–1836) 268
Rameau, Jean Philippe (1683–1764) 88
Rankl, Karl (1898–1968) 247
Ravel, Maurice (1875–1937) 91
Reger, Max (1873–1916) 91, 100, 149, 214, 222
  Konzert für Violine und Orchester op. 101 130
Rimski-Korsakow, Nikolai (1844–1908) 216
Rossini, Gioacchino (1792–1868)
  Der Barbier von Sevilla 222

Schauffler, Robert Haven 99
Schönberg, Arnold (1874–1951)
  Erwartung op. 17 188

Fünfzehn Gedichte aus „Das Buch der hängenden Gärten"
  (Stefan George) op. 15   188
  Gurrelieder   95, 242
  Kammersinfonie Nr. 1 E-Dur op. 9   155, 191–195, 241
  Kammersinfonie Nr. 2 op. 38   240
  Konzert für Klavier und Orchester op. 42   202 ff.
  Konzert für Violine und Orchester op. 36   205
  Moses und Aron   157
  Pelleas und Melisande op. 5   242
  Pierrot lunaire op. 21   130, 188, 248
  Quintett für Flöte, Oboe, Klarinette, Horn und Fagott
  op. 26   158, 161–165
  Streichquartett Nr. 1 d-Moll op. 7   196 ff., 201 f.
  Streichquartett Nr. 2 fis-Moll op. 10   188, 190
  Streichquartett Nr. 3 op. 30   205
  Suite für Klavier op. 25   165 ff.
  Suite im alten Stil für Streichorchester   240
  Thema und Variationen für Blasorchester op. 43a   240
  Variationen für Orchester op. 31   168–175
  Verklärte Nacht op. 4   95, 188 f., 193, 216, 242,
  Von heute auf morgen op. 32   175
Schopenhauer, Arthur (1788–1860)   51, 65, 85, 222
Schostakowitsch, Dmitri (1906–1975)   222
Schreker, Franz (1878–1934)   50
Schubert, Franz (1797–1828)   53 f., 105, 111, 116, 118, 212, 216,
  218, 231, 240
  In der Ferne (aus: Schwanengesang, D 957)   105
  Sonate für Klavier D-Dur op. 58, D 850   213
Schumann, Robert (1810–1856)   84 f., 87, 116, 216, 219, 237,
  240
  Arabeske C-Dur op. 18   213
Schweitzer, Albert (1875–1965)   116
Shaw, George Bernard (1856–1950)   210
Sibelius, Jean (1865–1957)   222, 226
Silcher, Friedrich (1789–1860)   227
Skalkottas, Nikos (1904–1949)   247
Smetana, Bedřich (1824–1884)   227
Speidel, Ludwig (1830–1906)   94
Steuermann, Eduard (1892–1964)   203
Strang, Gerald (geb. 1908)   247
Strauß, Johann (Sohn) (1825–1899)   98, 118, 268
  An der schönen blauen Donau op. 314   101
Strauss, Richard (1864–1949)   84, 91, 100, 103, 116, 148 f., 214,
  237
  Sinfonia Domestica op. 53   129 f.

Strindberg, August (1849–1912)   210, 234, 237
Swedenborg, Emanuel (1688–1772)   156

Telemann, Georg Philipp (1681–1767)   88, 90, 111, 255f.
Tschaikowski, Pjotr Iljitsch (1840–1893)   216
  Eugen Onegin op. 24   222

Verdi, Giuseppe (1813–1901)   118, 143
  Der Troubadour   102

Wagner, Richard (1813–1883)   51ff., 61, 69, 71, 76f., 84, 87, 93,
  99f., 103–107, 109, 116ff., 127, 131, 142ff., 148f., 176f., 213–216,
  218, 221, 234, 240
  Lohengrin   77, 249
  Die Meistersinger von Nürnberg   61, 84, 221f.
  Der Ring des Nibelungen   109, 249
  Das Rheingold   107
  Die Walküre   84, 107, 249
  Tannhäuser   84
  Tristan und Isolde   105, 249
Webern, Anton von (1883–1945)   50, 149, 247
Weiss, Adolph (1891–1971)   247
Wolf, Hugo (1860–1903)   69, 214

Zemlinsky, Alexander von (1871-1942)   50, 188
Zillig, Winfried (1905–1963)   247
Zola, Emile (1840–1902)   233

Inhalt

Frank Schneider: Schönbergs Denken über Musik 5
Notiz zur Edition 43

STIL UND GEDANKE

Widmung aus dem Nachlaß 50
Das Verhältnis zum Text 51
Mahler 56
Neue Musik, veraltete Musik, Stil und Gedanke 84
Brahms, der Fortschrittliche 99
Komposition mit zwölf Tönen 146
Ein gefährliches Spiel 177
Schulung des Ohrs durch Komponieren 179
Herz und Hirn in der Musik 186
Kriterien für die Bewertung von Musik 208
Symphonien aus Volksliedern 224
Menschenrechte 232
On revient toujours 240
Der Segen der Sauce 243
Das ist meine Schuld 248
Zu den Kais 250

ANHANG

Neue und veraltete Musik, oder Stil und Gedanke 252
Anmerkungen und Quellen 269
Register der in Schönbergs Texten erwähnten Personen und Werke 293

Universal
Bibliothek

PHILOSOPHIE · GESCHICHTE
KULTURGESCHICHTE

ANTONIO GRAMSCI
Gedanken zur Kultur

Aus dem Italienischen
Herausgegeben von G. Zamiš unter Mitarbeit
von S. Siemund
Mit einem Nachwort von G. Zamiš
Band 1162 · Broschur 2,50 M

Kultur ist für Gramsci (1891–1937) nicht angelesenes Bildungsgut, sondern ein höheres Bewußtsein schlechthin, das im Familienleben, in der Schule, der Lektüre, im Theater, im Zusammenleben der Menschen überhaupt zum Ausdruck kommt. Gramsci, der nicht nur die italienische Geschichte, sondern auch die internationale Kulturentwicklung und die literarischen und kulturellen „Moden" kannte, beobachtete genau, wie die Massen in Italien leben und reagieren. Sein Werk gibt Anregungen für die Gestaltung einer sozialistischen Kultur; zugleich finden sich darin Elemente einer nationalen und Klassenpsychologie.

Universal Bibliothek

BELLETRISTIK

HUGO VON HOFMANNSTHAL
Blicke

Essays

Herausgegeben und mit einem Nachwort von Th. Fritz
Band 1177 · Broschur 3,– M

Das Schreiben über Bücher, Bilder, Inszenierungen war für Hofmannsthal (1874–1929) integraler Bestandteil seiner schriftstellerischen Arbeit, die Kunst war sein Thema. Bei leidenschaftlich vorgetragener Reflexion, die die Intimität des individuellen Kunsterlebens bewahrt, identifiziert er sich mit dem Publikum, immer auf der Suche nach der besonderen, durch Poesie voll erleuchteten Wirklichkeit, die in den Kunstwerken steckt – so beim Schreiben über: D'Annunzio, Balzac, Beethoven, Goethe, Grillparzer, Lessing, C. F. Meyer, Molière, O'Neill, Jean Paul, Max Reinhardt, Shakespeare, Stifter, die Salzburger Festspiele, das Wiener Burgtheater u. v. a.

KUNSTWISSENSCHAFTEN

ALEXANDER SKRJABIN
Briefe

Mit zeitgenössischen Dokumenten und einem Essay von
M. Druskin.
Aus dem Russischen übertragen, herausgegeben und mit
einem Vorwort von Chr. Hellmundt.
Mit 40 Fotos.
Band 1260. Broschur 4,– M

A. N. Skrjabin (1872–1915), Schöpfer zahlreicher Klavierkompositionen und großer, z. T. als „Gesamtkunstwerke" intendierter Orchesterwerke, ist eine der interessantesten Gestalten der Musikgeschichte des beginnenden 20. Jahrhunderts. Fußend auf den musikalischen Traditionen des 19. Jahrhunderts – angeregt durch Chopin, Liszt, Wagner, R. Strauss und Debussy, beeinflußt von Mussorgski, Rimski-Korsakow und Tschaikowski – kam er gleichzeitig mit A. Schönberg auf eigenen Wegen zur Atonalität. Der Auswahlband bringt 266 Briefe sowie interessante Dokumente, die Informationen zur Biographie und Werkgeschichte vermitteln und zugleich die Welt- und Kunstanschauung Skrjabins offenbaren.